OMAN

Der Süden: Dhofar

Salalah und das Weihrauchland

Ilona Hupe Verlag
München

Reisen heißt Entdecken,
dass alle unrecht haben mit dem, was sie über andere Länder denken
nach Aldous Huxley (1894–1963)

Wissenswertes über das Weihrauchland

Geschichte

Bevölkerung

Kulturelles Leben

Omans „Modern Way of Life“

Wirtschaft

Natur und Tierwelt

Unterwegs im Süden Omans

Salalah

Aktuell vorgestellt: Hotelempfehlungen

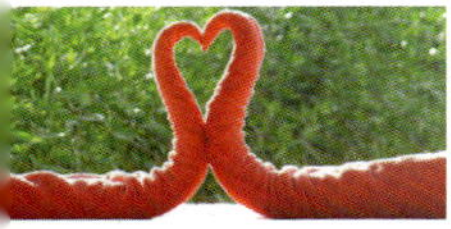

Ausflüge in die Umgebung

Wertvolle Reiseinformationen

Infos für die Reise

Reiseplanung

Praxistipps für Südoman

Kleiner Knigge für die Reise in den Oman

Adressen und Informationsstellen

Landkarten & Ortspläne

Geschichte

Die Geschichte Omans ist außerordentlich reich an Legenden und Mythen, deren wahrer Kern vielfach erst in jüngster Vergangenheit von den Archäologen aufgedeckt werden konnte. In den vergangenen 4000 Jahren erlebte die Region mehrere glanzvolle Perioden blühenden Wohlstands und wirtschaftlicher Privilegien: Das „Land of Bountiful“ (Land des Überflusses) soll in Dhofar gelegen haben, ist im Buch der Mormonen nachzulesen. Die geheimnisvolle Zivilisation Magan pflegte von 2500 bis 1500 v. Chr. florierende Handelsbeziehungen mit der Hochkultur in Mesopotamien. Ein Mythos besagt, die sagenhaft schöne und reiche Königin von Saba habe einst von Dhofar aus ihre Reise zu König Salomon angetreten. Um die Zeitenwende nannten die vom Reichtum des Weihrauchlandes betörten Mittelmeerzivilisationen Dhofar „Arabia Felix“, das glückliche Arabien. Legendär wird später der Ruf einer reichen Handelsstadt, Ubar, die durch Gottes Zorn im Boden versunken sei (in ferner Zukunft wird sie „Lawrence von Arabien“ das „Atlantis der Wüste“ nennen). Im 10. Jh. errichten die Omanis ein mächtiges Seehandelsimperium, werden die überlegene Seemacht im Indischen Ozean. Noch heute sehen sie sich als Sindbads Erben. Hinter ihren Fischerdörfern und Seehäfen wiederum erstreckt sich im Landesinnern das unbekannte „Leere Viertel“, die größte Sandwüste der Welt, und noch immer eines der am wenigsten erforschten Gebiete unseres Planeten. Und darüber hinaus sprudelt in Oman das schwarze Gold: Erdöl sichert dem Land seinen heutigen Reichtum.

Bilder unten: Trilithen, die Steinpyramiden in der Halbwüste Nejd, wurden vermutlich in der Eisenzeit errichtet; Sicheldünen in der Rub al-Khali

Von der Eiszeit zur Wüste

Rund 1 Million Jahre lang halten mehrere Eiszeiten die arabische Halbinsel fest in ihrem starren Griff. Die Klimakapriolen sind extrem: In den Kaltphasen fällt der Meeresspiegel und gibt im Persischen Golf und im Roten Meer fruchtbare Täler und Senken frei; in feuchten Warmperioden steigen die Meere an, überschwemmen solche Landstriche wieder, und es fallen starke Niederschläge, die riesige, breite Flüsse bilden. Dazwischen sorgen Wüstenphasen für anhaltende Dürren.

Bereits vor 125 000 Jahren wandern die ersten Menschen über eine Landbrücke im heutigen Roten Meer von Afrika nach Arabien, wo sie auf fruchtbare Weiden und zahlreiche Wildtiere treffen. Aus dieser Zeit bis vor 40 000 Jahren gibt es Nachweise erster Siedlungen mit Funden von Pfeilspitzen aus Feuerstein und einzelne Nilpferdzähne.

Vor etwa 20 000 Jahren kommt es zu einem drastischen Klimawechsel, der vermutlich durch eine Verschiebung der Erdumlaufbahn verursacht wird. Ganz Arabien und weite Teile Afrikas, Asiens und Australiens erhitzen sich, vertrocknen und werden zur Wüste. Die Menschen wandern aus den betroffenen Regionen ab, und es gibt keinerlei Zivilisationsspuren im arabischen Raum aus dieser Dürreperiode. Für mindestens tausend Jahre fällt hier kein Regen mehr.

Vor 8000 bis 10 000 Jahren kehrt der Regen zurück, und jetzt beginnt die Warmzeit des Weltklimas mit gemäßigten Temperaturen. Das milde Klima schafft ideale Lebens- und Jagdbedingungen mit fruchtbaren Weideflächen, fließenden Gewässern und Seen in der heutigen Sandwüste Rub al-Khali. Jetzt tauchen auch wieder Menschen auf der arabischen Halbinsel auf; die Besiedlung erfolgte diesmal von Norden und in der sehr kurzen Zeit von nur etwa 200 Jahren. Es sind nomadische Hirtenvölker, die ihre Rinderherden vor sich her treiben, erste Stammesgemeinschaften bilden und der Nachwelt eindrucksvolle Felsbilder hinterlassen. Sie finden reiche Jagdgründe vor und verwenden neolithische Wildfallen bei der gemeinschaftlichen Jagd. Ihre Pfeilspitzen fertigen sie aus Feuerstein zunächst mit Widerhaken, verfeinern diese aber bald mit Zacken und Rillen, die man trihedrale Form nennt. Durch die gezackte Kontur sind keine Widerhaken mehr nötig. Großes handwerkliches Geschick erfordern diese speziellen Techniken, denn dafür müssen zwei Steine schräg aneinander gerieben werden. Solche Pfeilspitzen aus der Zeit von 4500 vor bis 500 nach Chr. findet man später in ganz Dhofar.

Es ist eine gute Zeit für die Bewohner Südarabiens. Der Sommermonsun reicht damals viel weiter ins Landesinnere als heute. Die Menschen lernen, Wildtiere wie Esel und Kamele zu domestizieren. Ihre Gräber statten sie mit Steinwerkzeugen und Perlen aus.

Eine bedeutsame hochkulturelle Entwicklung auf nordomanischem Boden setzt archäologischen Erkenntnissen zufolge vor knapp 5000 Jahren in der „Hafeet-Periode" ein. Die berühmten **Bienenkorbgräber** am Jebel Hafeet nahe Buraimi (UNESCO-Welterbestätten, siehe Foto oben) legen ein Zeugnis davon ab. Wer immer diese bis zu acht Meter hohen runden Grabtürme errichtet hat, die in Reihen weithin sichtbar auf den Bergrücken stehen, begrub darin seine Toten. Auch die Kultivierung der Dattelpalme fällt in diese Zeit. Die direkt danach folgende Umm-an-Nar-Kultur markiert die frühe Bronze- und Kupferzeit von 2700–2000 v. Chr.

Fotos oben: Die endlosen Dünen des Leeren Viertels wenige Kilometer nach der historischen Oase Ubar; Süßwasserquellen in den Qarabergen

Damals beherrschen blühenden Kulturstaaten die bekannte Welt, deren Geschichte und Errungenschaften uns bis heute beeindrucken: Das alte ägyptische Reich am Nil und die blühenden Metropolen im Zweistromland und im Industal. Zur gleichen Zeit erlangt aber auch ein Handelsreich Bedeutung, von dem die moderne Wissenschaft bis vor wenigen Jahrzehnten nur den Namen kannte: das Reich **Magan**. Die Sumerer erzählen in ihren Keilschrifttexten von einer Handelsmacht in hohen Bergen, die Mesopotamien mit hochwertigem Kupfer beliefert. Diese Hochkultur ist nach ihrem Niedergang praktisch völlig in Vergessenheit geraten. Erst der chemische Vergleich der Kupferschlacken in den arabischen Lagerstätten mit den sumerischen Kupferfunden ermöglichte es, Magan dem Hajargebirge Nordomans zuzuordnen.

Bereits zu dieser Zeit, im dritten Jahrtausend vor Christus, erlebt der Süden des heutigen Oman eine völlig andere Kulturentwicklung, denn Dhofar steht unter dem Einfluss seiner jemenitischen Nachbarn (siehe S. 16).

Um 2000–2500 v. Chr. setzen wieder einmal deutliche Klimaveränderungen ein. Der Sommermonsun reicht nicht mehr über die Qaraberge hinaus, die Seen der arabischen Halbinsel verdörren, und die sprudelnden Flüsse versickern zu sporadisch fließenden Wadis. Ehemals fruchtbare Weiden verwüsten, und die Menschen schließen sich nun notgedrungen in Oasen zusammen, wo ihre Brunnen das lebensnotwendige Grundwasser erreichen können. Die Rinderzucht verschwindet fast überall in Arabien und macht dem Kamel Platz, dessen Bedeutung für den Transport und das Überleben in ariden Zonen sprunghaft ansteigt.

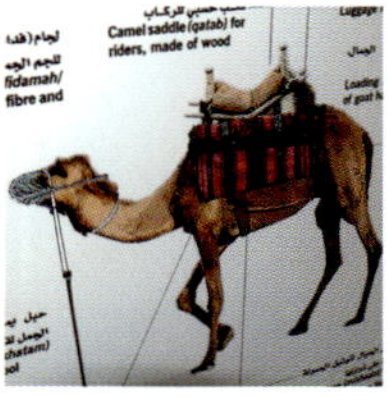

Oben: Das Kamel wird zum wertvollsten Gefährten der Araber und Beduinen

Arabien wird zur Wüste – bis auf die Küstenregion von Dhofar. Hier herrscht weiterhin alljährlich der Sommermonsun, ein unschätzbares Geschenk der Meteorologie. Dank dieser Besonderheit wird Dhofar die einzige Region Arabiens bleiben, in der bis heute Landwirtschaft und Rinderzucht möglich sind und sogar prosperieren. Dichte Vegetation bedeckt die küstennahen Berghänge, und aus zahlreichen Quellen sprudelt ganzjährig Wasser, während das Hinterland zur Rub al-Khali hin allmählich völlig verwüstet. So wird auch durch die veränderten äußeren Bedingungen die kulturelle Entwicklung Dhofars vom Rest Nord- und Ostarabiens getrennt. Die Hirten ziehen in die Qaraberge, wo sie Quellwasser und Weihrauchbäume finden. Sie werden sesshaft und gründen eine Siedlung namens Hagif. Nicht weit entfernt entstehen in den Bergen Jemens und des Hadramaut Hochkulturen und Königreiche wie das minäische Reich, das sabäische Reich, Qataban, Ausan und Hadramaut. Es ist der Beginn einer neuen Zeit.

Die südarabischen Großreiche entstehen

Die Oase Ubar am Rande des Leeren Viertels

Während die meisten Dhofaris ihr Auskommen in der monsunbegünstigten Küstennähe finden, ziehen einige Nomadenbeduinen im Landesinnern von Quelle zu Quelle bis an den Rand der großen Sandwüste Rub al-Khali. Eine der ergiebigsten Quellen entdecken sie bei Shishur. Hier gründen sie ab 900 v. Chr. die letzte Oase vor den riesigen Sanddünen des „Leeren Viertels", eine Entscheidung, die sie reich machen wird. Denn **Ubar** liegt direkt an den neu entstehenden Handelsrouten, die Dhofar mit dem nördlichen Arabien verbinden. Alle Kamelkarawanen, die unter härtesten Bedingungen die tödliche Sandwüste durchqueren wollen, müssen hier rasten und Wasser fassen. Die kleine Oase ist bald mächtig und weithin bekannt, denn wer der Herr über die Zitadelle von Ubar ist, der ist hier König. Das sagenumwobene „Atlantis der Wüste" wird zur Handelsmetropole, von der selbst griechische Gelehrte wie Herodot berichten. Hier werden später Scherben hochwertiger Töpferkunst aus der ganzen bis dahin bekannten Welt gefunden, aus Indien, Persien, Griechenland und dem Römischen Reich (siehe dazu auch S. 196ff).

Bilder unten: Die Ausgrabungsstätte Ubar; Weihrauch im Souk von Salalah

Die Tränen der Götter

Neben grünen Berghängen und fruchtbaren Tälern verdankt Dhofar dem regelmäßigen Sommermonsun auch eines der begehrtesten Luxusgüter der Antike, denn die hier gedeihenden Weihrauchbäume liefern das wertvollste

Oben: Die Weihrauchstraße umspannt die gesamte damals bekannte Welt

und edelste Harz der Welt. Schon 1000 v. Chr. setzt der Handel mit dem weltweit gefragten Gummiharz ein, seinen Höhepunkt erreicht er zwischen 500 vor bis 400 nach Christus. Aus dieser Epoche sind zahlreiche Legenden überliefert. So soll die legendäre Königin von Saba mit riesigen Mengen **Weihrauch** und einer pompösen Kamelkarawane vom Jemen zu König Salomon in Palästina gereist sein. Im alten Babylon wird das berauschende Harz tonnenweise verbrannt. In Rom verbraucht Kaiser Nero allein sechs Tonnen des teuren Duftharzes beim Begräbnis seiner Frau. Das Rauschmittel wird zu dieser Zeit überall verehrt, dient kultischen Zwecken und gilt als Mittel der Reinigung und Spiritualität. Die Exportmengen steigern sich auf mehr als 7000 Tonnen Weihrauch pro Jahr, und man nimmt an, die reichsten Menschen der Welt leben in jener Zeit in Südarabien.

Info Erfolgreich verheimlichen die Jemeniten, dass der edelste Weihrauch in Dhofar wächst

Die Nachfrage nach südarabischem Weihrauch wird so groß, dass sie sogar die etablierten Handelsrouten vom Persischen Golf an das Rote Meer umlenkt. Die Hadrami als direkte Nachbarn Dhofars beschaffen den Weihrauch von dort, und die Minäer und Sabäer transportieren ihn entlang der **Weihrauchstraße** über Mekka und die Felsenstadt Petra bis ans Mittelmeer und nach Syrien und Ägypten. Dabei halten die jemenitischen Königreiche ihr Bezugsgebiet Dhofar strengt geheim und das Erntegebiet wie eine Kolonie fest im Griff. Sie achten peinlichst darauf, die Herkunft des Edelharzes vor den Absatzmärkten zu verschleiern. Jahrhundertelang wird die Welt glauben, der beste Weihrauch werde im Jemen geerntet, weil sie von Dhofar noch nie gehört hat.

In den Jahrhunderten vor Beginn unserer Zeitrechnung teilen sich die Macht im südlichen Arabien die fünf Königreiche aus dem Jemen (in Dhofar) und die Perser, die 563 v. Chr. unter dem Achämenidenkönig Kyros dem Großen in den heutigen Nordoman einfallen und das Gebiet für die nächsten tausend Jahre ihrem Imperium zuschlagen. Zeitweise dehnt sich sogar das aksumitische Reich in Äthiopien auf Teile Südarabiens aus. Der wirtschaftliche Reichtum durch den Weihrauch- und Gewürzhandel führt zu zahlreichen Machtkämpfen zwischen den Hochzivilisationen auf den Gebiet des heutigen Jemens. Um 450 v. Chr. beginnt der Zerfall des Königreichs Saba, die Minäer und Hadrami steigen stattdessen zur größten Macht Südarabiens auf. Um 120 v. Chr. werden sie wiederum von den Himjaren abgelöst, die sich vom Königreich Qataban abgespalten haben. Trotz wechselnder Vorherrschaft bleibt Dhofar stets ein Vasall dieser jemenitischen Königreiche.

Oben: Der Stamm des Weihrauchbaums

Der lukrative Weihrauchhandel setzt mehrere Einwanderungswellen altjemenitischer Beduinenvölker nach Dhofar in Gang. Der Überlieferung nach wandern um 200 v. Chr. 6000 Männer des Al Azd Volkes, das zur Gruppe der Hinawi zählt, unter der Führung von Malik bin Fahm nach Dhofar und gründen dort die Al Jolanda-Dynastie, nachdem sie das Heer der Perser, die sich ihnen in den Weg stellen, nach dreitägigem Kampf schlagen. 70 Jahre später folgen die Adnani aus der Volksgruppe der Ghafiri. Viele Historiker vermuten, die Ghafiri seien aus Zentralarabien eingewandert.

Der Feldzug der Römer nach Südarabien endet kläglich

Um die Zeitenwende droht Südarabien Ungemach aus dem Mittelmeerraum: Die Weltmacht Rom will das südarabische Monopol auf die teuren Luxusgüter nicht länger hinnehmen. 24 v. Chr. sendet Kaiser Augustus den in Ägypten stationierten Präfekten Aelius Gallus nach **„Arabia Felix“**, dem glücklichen Arabien. Er soll – unter der Führung des nabatäischen Prokurators Syllaeus – mit seinen Streitkräften den Zugang zum sagenhaften Weihrauchland erzwingen. Doch der Feldzug gerät zum Desaster: Syllaeus leitet die Römer bewusst auf Irrwegen durch die Wüste. Die römischen Reiter sind den lebensfeindlichen Bedingungen im Inneren Arabiens nicht annähernd gewachsen, sie erliegen der tödlichen Hitze, dem Wassermangel und verheerenden Seuchen, verlieren ihre Pferde und warten vergebens auf Nachschub. Nur ein Bruchteil der ausgezogenen Streitkräfte kehrt schließlich unverrichteter Dinge nach Alexandria zurück, und Südarabien bleibt weiterhin alleiniger Herr über die Weihrauchproduktionsstätten.

Die Neuankömmlinge in Dhofar, jene altjemenitischen Beduinenvölker Yolanda, Adnani und Ghafiri, gründen eine Reihe befestigter Seehäfen an geschützten Küstenlagunen und Speicher für die Lagerung des edlen Harzes im Hinterland, z. B. in Hanun und Andhur. Rasch weiten sie den Seehandel bis nach Indien und Ostafrika aus. Dies wiederum ruft den Neid der persischen Besatzer an der Straße von Hormus hervor. Die Achämeniden, Parther und Sassaniden aus Persien fallen mehrfach über die Häfen Dhofars her; 400 n. Chr. zerstören sie den antiken Hafen **Samharam**. Ungeachtet der Auseinandersetzungen entlang der Küste floriert die Oase Ubar weiterhin, denn bis an den Rand der Wüste wagen sich weder die Hadrami noch die Perser vor, und so bleibt dieser Weihrauch-Karawanenweg unbeeinträchtigt.

Mit der Ausbreitung des Christentums versiegt der Weihrauchhandel

Für den Niedergang des Weihrauchhandels zeichnen sich maßgeblich der Zerfall des weströmischen Reiches, dem Hauptabnehmer arabischer Luxusdüfte, und die Ausbreitung des Christentums verantwortlich. Im Jahr 313 n. Chr. erklärt Kaiser Konstantin das Christentum zum neuen Staatsglauben des Römischen Reiches. Damit setzt sich die Erdbestattung ohne Weihrauchkult durch; im Monotheismus verschwinden auch die Opfergaben, die bislang den vielen Göttern geweiht worden sind. Arabiens Wohlstand bricht zusammen, und die südarabischen Weihrauchstaaten zerfallen einer nach dem anderen. In Südarabien setzt nach einer Phase blutiger Religionskämpfe zwischen Christen aus dem äthiopischen Reich von Aksum und dem zum Judentum bekehrten Himjaren-Reich ein Prozess der Beduinisierung ein. Die altjemenitischen Hochkulturen und Königreiche verschwinden, die Gesellschaftsstrukturen reduzieren sich fortan auf kleinbäuerliche Gemeinschaften und Nomadentum.

Unten: Kunstvolles Fenster einer Moschee. Die neue Religion durchdringt rasch alle Lebensbereiche

Die Islamisierung Arabiens

Im späten 6. Jh. wächst ein Waisenjunge in Mekka heran, der eine Weltreligion begründen wird. Der Jüngling verdingt sich einige Jahre als Schafhirte, ehe er durch mehrere Offenbarungserlebnisse seine religiöse Berufung erfährt. Fortan verbreitet der **Prophet Mohammed** in Mekka die neue monotheistische Religionslehre. Im Jahr 622 emigriert er mit ersten Anhängern nach Medina und beginnt dort seine weltpolitische Laufbahn als Stifter der Weltreligion Islam, indem er Bündnisverträge mit Gemeinden und Städten schließt, mehrere Kriegszüge gegen Ungläubige führt und die totale Unterwerfung von seinen Gegnern fordert. Der neue revolutionäre Glaube breitet sich rasant aus. Mohammed schickt auch Abgesandte mit Drohbriefen an die Herrscher Arabiens und fordert sie auf, den neuen Glauben anzunehmen, andernfalls unterwerfe er sie mit Gewalt. So gelangt der Kaufmann Amr bin al-As im Jahr 630 nach Oman und überbringt den Herrschern der Azd Mohammeds Aufruf. Machtpolitische Erwägungen führen rasch dazu, dass die Azd-Brüder der Al Jolanda-Dynastie zum Islam konvertierten. Das militärische Bündnis mit der aufstrebenden und kampffreudigen Religionsgemeinschaft ermöglicht ihnen, interne Machtkämpfe auszuschalten und die Perser endgültig zu vertreiben. In einem einzigen Jahrzehnt seit der Ankunft des ersten Glaubensbruders hat sich der Oman friedlich und freiwillig islamisiert.

Der Tod des Propheten stürzt die junge Glaubensgemeinde allerdings in heftige Auseinandersetzungen um die Erbfolge, die 661 zur Spaltung des Islam in sunnitische und schiitische Glaubensrichtungen führen. Die Al Jolanda-Brüder nützen die Zerrissenheit der Glaubensbrüder für ihre eigenen Expansionswünsche und erobern im Handstreich Basra im Zweistromland. Dort hält sich der muslimische Prediger Abdullah bin Ibad auf, der um 684 die These vertritt, einer jeden gläubigen Gemeinde müsse zugestanden werden, ihren Imam frei zu wählen und gegebenenfalls auch abzuwählen. So viel Mündigkeit der einzelnen Gläubigen ist dem in Mekka und Damaskus herrschenden Klan der Umayyaden ein Dorn im Auge. Als der Kalif von Damaskus seine Truppen in die aufmüpfige Stadt Basra entsendet, fliehen der Prediger und seine Anhänger an den Jebel Akhdar im Hajargebirge. Von dort aus verbreiten Abdullah bin Ibad und der Rechtsgelehrte Abu Saatha die Glaubensschule der Ibaditen in ganz Oman.

Bilder dieser Seite: Sultan Qaboos Moschee in Maskat; muslimische Gräber und Mausoleum von Mohammed bin Ali al Alawi in Mirbat

Die gesonderte Entwicklung in Dhofar

Die Region Dhofar befindet sich keineswegs durchgehend unter omanisch-arabischem Einfluss. Vielmehr ist es die abwechselnd jemenitische und persische Fremdherrschaft, die diesen Abschnitt Südarabiens über Jahrtausende prägt. Um die Zeitenwende liegt Dhofar im Machtbereich von Zafar, einer frühen, in religiösen Fragen sehr toleranten Föderation himjarisch-jemenitischer Völker. In diese Epoche fällt die Blütezeit von Samharam (Khor Rori) als Außenposten und Handelszentrum. 570 n. Chr. fällt der Perser Wahriz über die Region her und gründet seine Kapitale Raysut. Im 7. Jh. marschiert ein muslimischer General in Dhofar ein und islamisiert die Region. Die Haupt- und Hafenstadt Mirbat wird im 9. Jh. Sitz einer arabischen Festung, steht aber lange im Schatten der Handelsmetropole Al Baleed. Im frühen 13. Jh. attackieren die Hadrami erneut das Weihrauchland. Al Haboodhi vertreibt die Perser und gründet eine neue Dynastie, zerstört die Metropole Al Baleed und lässt sie unter dem Namen Mansura wieder neu aufbauen.

Um 1278 stirbt der letzte Vertreter der Al Haboodhis, die Macht übernimmt jetzt der Rasooli-Klan. Wenige Jahre später, 1285, gelangt der venezianische Handlungsreisende Marco Polo auf seiner Chinareise nach Mansura (Al Baleed) und lässt sich dort vom Handel mit edlen Rassepferden beeindrucken. Auf die Rasooli-Dynastie folgt eine neue Invasion aus den Bergen des Hadramaut, als das jemenitische Sultanat von Kathiri nach Dhofar vordringt. Ihre Dominanz wird für mehrere hundert Jahre nur durch die Expansionsversuche des aufstrebenden Osmanenreichs bedroht, denn sowohl die Portugiesen, die Al Baleed vernichten, als auch die Piraten, die im 17. und 18. Jh. die südarabische Küste bedrohen, beschränken sich auf eine küstennahe Präsenz. Said der Große, Sultan von Muskat und Oman, beendet die jemenitische Epoche 1804, als er Dhofar dem Großreich Oman einverleibt. Noch einmal macht ein Pirat, Muhammad Akil, die Küste unsicher und bezieht in Mirbat eine Festung, von der er eine Schreckensherrschaft über Dhofar ausübt, aber die Jebalis aus den Bergen töten ihn bereits nach zwei Jahren. Dies nimmt das Sultanat zum Anlass, endlich mehr Präsenz zu zeigen, und es installiert 1879 einen Wali (Gouverneur) in Salalah. Von da an wird die omanische Vorherrschaft nur noch im Dhofar-Krieg ernsthaft herausgefordert.

Sindbads Söhne stechen in See

Bis 750 untersteht das Land den Umayyaden, einem Familienklan, dem auch der Religionsgründer Mohammed entstammte, doch nach dem Tod des letzten Kalifen von Damaskus gelingt es den Ibaditen, sich vom Einfluss aus dem Norden zu befreien, und sie wählen 751 Jolanda bin Masud zum ersten ibaditischen Imam Omans. Mit diesem Akt der Unabhängigkeit manifestiert sich auch eine Zweiteilung der Macht im Land. Die nächsten dreihundert Jahre regieren ibaditische Imame von Nizwa aus das beschauliche, abgekapselte Landesinnere. Entlang der Küstenlinie gehören die Fischer und Händler dagegen den Sunniten und Schiiten an, und sie schicken sich an, ein gigantisches Seehandelsimperium aufzubauen. Sie revolutionieren die Schiffbaukunst, verbessern die Navigation auf See und entdecken im 10. Jh. das Prinzip der Passat- oder Monsunwinde, der „Trade Winds". Ihre Handelsreisen führen sie bereits nach China, Indien und zur Malaiischen Halbinsel. Mit den Trade Winds erobern die Omanis nun auch die ostafrikanische Küste. Der Nordostpassat trägt ihre Dhaus im November nach Ostafrika, und vier Monate später treibt sie der Südwestmonsun verlässlich wieder in die Heimat zurück. Die begnadeten Schiffskonstrukteure verbreiten im ganzen Raum den islamischen Glauben, vermischen sich mit den Afrikanern und gründen das Küstenvolk der Suaheli. Wagemutig segeln sie in ihren Dhaus über die Weltmeere. Ihr Handelsreich erstreckt sich jetzt über den gesamten Indischen Ozean und beschert den tüchtigen Seefahrern großen Reichtum. Edles Teakholz und Reis aus Indien, seltene Gewürze aus Südostasien, exotische Waren aus China sowie Sklaven, Elfenbein und Gold aus dem Innern Afrikas wechseln auf den omanischen Umschlagplätzen in Muskat, Sohar oder Sur die Schiffe, um zu den Märkten in Europa und dem Mittelmeergebiet überführt zu werden, wo sie phantastische Gewinne erzielen. Das Seeimperium Oman steht auf dem Zenit seiner Macht, ist aber durch und durch eine handelsorientierte Zivilgesellschaft ohne militärische Absicherung und politische Ambitionen. Ihr Wohlstand basiert allein auf dem freien Handel in einem halbwegs friedlichen Umfeld. Damit sind sie einer ehrgeizigen europäischen Seefahrernation wenig gewachsen, die anstrebt, das arabische Handelsmonopol zu brechen.

Fotos oben: Porzellangefäße aus dem Fernen Osten; historische Dhau und ein Anker in der Ausgrabungsstätte Al Baleed

Portugal entdeckt den Seeweg nach Indien

Ursächlich beteiligt an den portugiesischen Aktivitäten sind im Grunde die Osmanen. Sie überrennen 1453 das christliche Konstantinopel, und der Landweg zwischen Europa und Arabien, über den die teuren Luxusgüter bisher in die Salons Westeuropas gelangen, ist in Gefahr.

In Portugal bestieg zuvor ein Mann den Thron, dessen lebenslange Leidenschaft der ruhmreichen Seefahrt gilt: **Heinrich der Seefahrer** (1394–1460) schart Astronomen und Kartografen um sich, gründet eine Seefahrtsakademie, steckt enorme finanzielle Mittel in den Flottenausbau und zwingt das kleine bäuerliche Königreich förmlich zum Aufstieg zur kolonialen Seemacht. Der Visionär will Entdeckungsgeschichte schreiben und wird von missionarischem Eifer getrieben. Noch glaubt die Wissenschaft, die Erde sei eine Scheibe. Der König von Portugal spekuliert darauf, entlang der afrikanischen Küsten noch vor dem „Ende der Welt" nach Ostindien zu gelangen. Um den vielversprechenden Handelsweg zu den tropischen Produktionsstätten zu finden, sendet er seit Jahrzehnten unermüdlich Entdeckungsfahrten entlang der westafrikanischen Küste aus.

1446 erreichen seine Seefahrer den Gambia-Fluss in Westafrika, und 1485 stehen sie an der Mündung des Kongo. Drei Jahre später umrundet Bartholomäo Diaz das Kap der Guten Hoffnung. Im Januar 1498 gelangt der Seefahrer Vasco da Gama schließlich bis nach Indien.

Die Beharrlichkeit der Portugiesen hat sich ausgezahlt: der Seeweg nach Ostindien ist entdeckt, und die Seefahrer haben unterwegs Landstriche entlang der Küsten eingenommen, deren Fläche ein Vielfaches des Mutterlandes betragen. Die unbekümmerte Unterstützung arabischer Seeleute wie Ahmad bin Majid, der den Portugiesen den Seeweg nach Indien beschrieben haben soll, erleichtern den Portugiesen die Entdeckungsfahrten im Indischen Ozean ungemein. Ihre Flotten verwenden arabische Seekarten und folgen der omanischen Navigation.

Die Portugiesen zerschlagen den omanischen Seehandel

Ihre Großzügigkeit wird den Arabern wenig gedankt. Den portugiesischen Entdeckungen folgt die Besitzergreifung. Schon 1506 landet Afonso de Albuquerque mit fünf Kriegsschiffen vor der südarabischen Küste in der Absicht, Kolonien zu gründen und die strategisch wichtigen Zugänge zum Persischen Golf und zum Roten Meer zu blockieren. Die Eindringlinge von der iberischen Halbinsel treffen auf wenig Widerstand und haben ein leichtes Spiel, die kleinen arabischen Dhaus mit ihren Latinersegeln zu versenken, denn sie haben den hochgerüsteten Kriegsschiffen der Angreifer nichts entgegensetzen. Den portugiesischen Kanonen können auch die arabischen Lehmhäuser nicht standhalten, und so liegen die blühenden arabischen Hafenstädte bald in Schutt und Asche. Die Portugiesen gehen grausam und skrupellos gegen die Omanis vor. Gewürz- und Handelsmonopol haben sie rasch an sich gerissen, und mit befestigten Fortanlagen sichern sie sich als neue Machthaber im Land ab. Doch ihr Gebaren sät Hass bei der Bevölkerung, und so kommt es zu keiner Annäherung zwischen den beiden Kulturen.

Neue Gefahr droht durch die Osmanen von Norden

Dabei bräuchte Portugal genau diesen Rückhalt bei der arabischen Bevölkerung, denn es droht Ungemach von Norden. Die Türken erobern 1517 Ägypten und greifen von dort aus mehrmals die portugiesischen Besitzungen in Arabien an. Das osmanische Großreich wird zur ständigen Bedrohung. 1581 nehmen die Türken sogar Muskat ein, müssen sich später aber wieder zurückziehen. Die portugiesischen Besatzer flüchten in der Zwischenzeit ins Landesinnere und übernehmen nach dem Rückzug der Osmanen wieder die Macht in Muskat. Der Stern Portugals sinkt aber dennoch bereits zum Ende des 16. Jh., als neue Seemächte aus Europa in den Indischen Ozean drängen. Briten und Niederländer gründen nun in ganz Asien und Indien Niederlassungen und gehen politische Bündnisse ein. Beide Nationen unterstützen diesen offensiven wirtschaftlichen Expansionskurs von der Heimat aus politisch und finanziell. Das kleine Mutterland Portugal ist dagegen erschöpft und verarmt; es kann der modernen Entwicklung nur zusehen. Bald beschränkt sich die portugiesische Macht nur noch auf die Festung in Muskat. Selbst die Straße von Hormus hat Portugal verloren, seit Großbritannien und Persien ein Bündnis geschlossen haben. Im Jahr 1650 erkennt der Imam von Nizwa die Schwäche der verhassten Besatzer und kann die Portugiesen bei einem Angriff vom Landesinnern vernichtend schlagen. Damit wird nicht nur Portugal für immer aus Arabien vertrieben, es markiert auch das Ende jeglicher Fremdherrschaft in Oman.

Oben: Das historische Handelssschiff schmückt die Hausfassade eines alten Dhofar-Prachtbaus in der Altstadt von Sadah

Der Aufstieg der Imame

Das omanische Imperium blüht wieder auf

Sofort nehmen die Omanis den Seehandel wieder auf und senden ihre Schiffe über die Meere. Der Imam von Nizwa, Sultan bin Saif aus der Yaruba-Dynastie, geht gestärkt wie nie zuvor aus dem letzten Scharmützel mit den Portugiesen hervor. Seine Macht beschränkt sich nun nicht mehr auf das Landesinnere. Der Familienklan der Al Yaruba setzt erstmals durch, dass nur noch Angehörige der Herrscherfamilie zum Imam gewählt werden können, was eine Aufweichung der ibaditischen Rechtsschule gleichkommt. Die Dynastie stellt während der folgenden 70 Jahre die Imame und führt das Land in eine kulturelle und wirtschaftliche Glanzzeit. 1652 vertreiben die omanischen Seeleute die verhassten Portugiesen von der Insel Sansibar und teilen so Ostafrika untereinander auf; drei Jahre später muss Portugal Bombay den Rücken kehren. Als die Portugiesen zum Ende des Jahrhunderts endgültig aus dem Indischen Ozean vertrieben werden, gilt die omanische Seemacht wieder unangefochten als Herr der Region. Der Aufschwung nimmt allerdings ein völlig unerwartetes, jähes Ende, als der Tod des letzten Yoruba-Imams Sultan bin Saif II. im Jahr 1718 die Gläubigen in einen Erbfolgekrieg stürzt. Denn er hinterlässt einen noch minderjährigen Sohn, und die Rechtsgelehrten können sich nicht durchringen, das Kind zum Imam zu erklären. Sie installieren wenig später einen Gegenimam, der wiederum so wenig Rückhalt bei der Bevölkerung genießt, dass sich ein dritter Anwärter aus dem Yoruba-Familienklan Chancen auf die Führung ausrechnet, an die Macht putscht und den Gegenimam ermordet. Damit erregt er den Volkszorn, wird zum Abdanken gezwungen, und

Ein Erbfolgekrieg bricht aus und bedroht das Handelsreich

das Kind wird zum zweiten Mal zum Imam ernannt. Für eine Befriedung des Landes ist es allerdings zu spät, denn inzwischen sind alte Rivalitäten zwischen den altjemenitischen Volksgruppen der ibaditischen Hinawi und der sunnitischen Ghafiri ausgebrochen.

Das Land versinkt im Bürgerkrieg

Oman versinkt für zwanzig Jahre in Anarchie und Bürgerkrieg. Es kommt zu einer Zweiteilung, als beide Völker ihren eigenen Imam ausrufen. Der Jüngling Saif wird schließlich ein drittes Mal als Oberhaupt der Ibaditen bestätigt, bleibt seinem Widersacher Belarab bin Himyar militärisch aber unterlegen. Nach einer Zeit des Waffenstillstands sucht Saif Unterstützung bei den Persern, die 1737 das Land verwüsten. Fünf Jahre später ruft der schwache Imam erneut das persische Heer zu Hilfe, diesmal haben sich Untertanen gegen ihn erhoben. Die Perser schlagen den Aufstand nieder, bleiben diesmal aber gleich selbst im Land, besetzen das Fort in Muskat und belagern die Hafenstadt Sohar. Es gelingt den Omanis erst 1747 mit einem Hinterhalt, das persische Joch abzuschütteln. Dazu lädt der Imam die Perser zu einem Festessen in seine Festung in Barka ein, wo er die ahnungslosen Gäste schonungslos ermorden lässt. Das Massaker geht unter dem Namen „Festmahl von Barka" in die Geschichte ein.

Das Massaker an den ahnungslosen Persern

England wird zum Verbündeten gegen radikale Islamisten

Nach dieser Tat gelingt es dem Imam, das Land wieder zu einigen und die innenpolitischen Krisen beizulegen. Mit ihm gelangt die Al Said-Dynastie an die Macht, die bis heute das Land regiert. Ahmad bin Said al-Busaidi lenkt nach einer Sondierungsphase nun auch außenpolitisch geschickt die Interessen seiner Nation. Denn hier haben sich die Machtstrukturen während des omanischen Bürgerkriegs verändert. Die Seemacht Portugal ist von aufstrebenden Europamächten abgelöst worden, die sich jetzt um die besten Plätze im Überseegeschäft streiten. Niederländische, französische und britische Kriegs- und Handelsschiffe kämpfen um die lukrativsten Besitzungen und strategisch wertvollsten Küstenabschnitte im Indischen Ozean und den asiatischen Gewässern. Besonders erbittert streiten Großbritannien und Frankreich um die Vormachtstellung. Beide Nationen wollen sich so viel Autorität wie möglich in der Region sichern, und so gerät auch Oman zum Spielball des Ringens um Macht und Einfluss. Zudem mehren sich in der Mitte des 18. Jh. Angriffe von der den Emiraten vorgelagerten Piratenküste

Frankreich und Großbritannien streiten um die Vorherrschaft in der Region

Fotos rechts: Verzierte Fenster und Türen zählen zu den arabischen Kunstfertigkeiten

auf omanische Schiffe. Fundamentalistische Wahabiten der radikalen Saud-Dynastie in den Wüsten Zentralarabiens gründen einen konservativen Gottesstaat mit streng sunnitischer Ausrichtung, rufen den Heiligen Krieg aus und erheben sich gegen ihre Nachbarn, die anderen islamischen Rechtsschulen folgen. Nachdem die Mehrheit der Gläubigen in Oman der Lehre Ibads folgt, fühlt sich der Imam akut bedroht. Er nähert sich politisch Großbritannien an, von dem er sich Schutz erhofft. 1798 kommt es zu einem britisch-omanischen Abkommen: Die Briten sichern fortan militärisch den Seeweg an der Straße von Hormus und schützen Oman gegen vermeintliche Angriffe von den Saudis. Im Gegenzug verpflichtet sich Oman, den britischen Kriegsgegnern Holland und Frankreich keinerlei Unterstützung mehr zu gewähren.

Für den Oman wird sich dieses Bündnis als sehr vorteilhaft erweisen. Denn er erlangt während der Regentschaft von Said bin Sultan, Said dem Großen, zwischen 1804 und 1856 die größte Ausdehnung seines Einflussgebietes. Oman reicht jetzt von Sansibar bis an die Küsten des heutigen Iran. Selbst den Landesteil Dhofar kann sich der Sultan von Oman 1829 erstmals einverleiben.

Der Sultan zieht nach Sansibar

Die Insel Sansibar vor der ostafrikanischen Küste gewinnt immer größere wirtschaftliche Bedeutung für den Oman, denn hier liegt der Mittelpunkt des Elfenbein-, Gewürz- und Sklavenhandels, mit dem sich die größten Gewinne erzielen lassen. Said der Große trägt dem Rechnung und verlagert seinen Amtssitz 1828 nach Sansibar. Von hier aus leitet er die Geschicke des „Sultanats von Muskat und Sansibar" und wird sogar zum „Global Player". Er schließt in dieser Zeit weitreichende internationale Verträge, entsendet einen Botschafter nach London und nimmt sogar diplomatische Beziehungen zu den Vereinigten Staaten von Amerika auf. Natürlich geht es ihm dabei um die Sicherung des lukrativen Sklavenhandels, und so bereitet dem Sultan, der sich seit 1806 nicht mehr Imam nennen lässt, die Abkehr seines Bündnispartners Großbritannien von Sklavenhandel und Sklaverei einiges Kopfzerbrechen. Nur sehr widerwillig wird er sich dem britischen Druck beugen.

Auf Druck seiner humanistisch gesinnten Bevölkerung schafft Großbritannien bereits 1772 als erstes beteiligtes Land die Sklaverei auf seinem Staatsgebiet und 1807 in den britischen Kolonien ab. Um 1834 beginnen die Briten dann

Bilder oben: Szenen aus dem Alltag der Seefahrer dominieren die meisten historischen Abbildungen; der Clock Tower in Salalah verrät den britischen Einfluss auf Oman

mit der Rückführung befreiter Sklaven und gehen vehement gegen andere europäische Staaten vor, die weiterhin am Sklavenhandel festhalten. Englische Schiffe patrouillieren entlang der ostafrikanischen Küste, während die entrüsteten arabischen Händler keineswegs bereit sind, das Sklavengeschäft aufzugeben. Rasch verlagern sie den Handel auf unbekannte Häfen an der Küste Afrikas, wie Inhambane und die Insel Ibo. Korrupte Staatsdiener helfen dort, ein dichtes Schwarzmarktnetz aufzubauen. Sklaven für französische Baumwollplantagen deklariert man in den Listen fortan z. B. als „Auswanderer". Das grausame Geschäft mit der menschlichen Ware läuft bis Ende des 19. Jh. weiter; manche Quellen besagen sogar, dass es nach dem offiziellen Handelsverbot erst seine größten Ausmaße annimmt.

An der Gier der Erben zerbricht das Sultanat

Mit dem Tod des langjährigen Regenten Said bin Sultan verschwindet auch eine ganze Epoche. Die glanzvollen Jahre in verschwenderischem Reichtum neigen sich wegen der erzwungenen Abkehr vom Sklavenhandel dem Ende zu. Said der Große hinterlässt zwar ein riesiges Reich, aber auch drei Haupt- und 75 Nebenfrauen, mit denen er 26 Söhne und 21 Töchter gezeugt hat. Direkt nach seinem Ableben bricht Streit um die Nachfolge aus. Zwei seiner Söhne, Majid und Thuwaini, fordern den Thron jeweils für sich und bekämpfen einander so erbittert, dass die Schutzmacht Großbritannien auf höchster Ebene einschreiten muss, um einen Erbfolgekrieg zu verhindern. Nur fünf Jahre nach des Sultans Tod zerbricht das Omanische Seeimperium für immer in zwei Teile. Thuwaini, der ältere Sprössling des Sultans, wird das „Sultanat von Muskat und Oman" zugesprochen. Majid hat als künftiger „Sultan von Sansibar" das größere Los gezogen, denn die Staatseinnahmen werden fast ausschließlich auf der ostafrikanischen Insel erwirtschaftet. Er muss daher noch viele Jahre vertraglich fixierte Ausgleichszahlungen an seinen Bruder leisten, kann sich damit aber politisch vollständig vom restlichen Oman lösen.

Trotz dieser Zahlungen aus Sansibar verarmt das Kernland in Arabien rasant, denn zum Wegfall der Handelseinnahmen kommen weitere Hiobsbotschaften: Dampfschiffe gelten als neueste technische Errungenschaft und befahren die Weltmeere mit bahnbrechenden Geschwindigkeiten. Die arabischen Dhaus haben ausgedient. Und 1869 feiert die Welt die Öffnung des Suezkanals und mit ihm die kurze Passage durch das Rote Meer. Von jetzt an gehören die Afrikaumseglungen der Vergangenheit an. Für den Oman haben diese Veränderungen katastrophale Auswirkungen. Die Macht der Elite in den Küstenstädten Südarabiens schwindet, und es legt sich lähmende Verunsicherung über die Menschen. Im Landesinnern begehren der Imam von Nizwa und die Beduinenklans gegen den Sultan auf. Die Herrscher wechseln immer schneller, nicht selten wird durch Mord und Intrige nachgeholfen. Das Sultanat befindet sich nun permanent an der Schwelle zum Staatsbankrott, Großbritannien stützt den Verbündeten mit immer größeren Finanzhilfen. Nach einer Beulenpest-Epidemie greifen die Briten sogar direkt in das Gesundheitswesen ein. Die Gefahr eines Volksaufstands aus dem Landesinneren können auch sie nur mit Mühe bannen.

Unruhen gibt es auch im Bergland von Dhofar. Muskat entsendet ab 1879 einen Wali nach Salalah, der als Gouverneur die Politik des Sultans durchsetzen soll.

1891 wird das Sultanat zum Britischen Protektorat, was seinen wirtschaftlichen Niedergang aber nicht aufhalten kann. Die Proklamation eines Imamats Oman durch die Ibaditen in Nizwa wird an der Küste von Sultan und Briten als Provokation aufgefasst und verschärft die innenpolitischen Spannungen. Es droht ein neuer Bürgerkrieg. Großbritannien hat daran wenig Interesse und es gelingt ihm, beide Seiten an den Verhandlungstisch zu bringen. 1920 unterzeichnen beide Parteien den „Vertrag von Seeb“, der eine faktische, aber keine offizielle Teilung des Landes bekräftigt. Fortan regiert der Sultan in Muskat und entlang der Küste, während dem Imam von Nizwa weitreichende Autonomie zugestanden wird. 30 Jahre lang wird dieser Frieden halten.

Unten: Das Schlafzimmer des Walis im renovierten Fort von Mirbat

Rückzug in die Isolation

Der Brite Bertram Thomas wird an den Hof des Sultans gerufen

Die pekuniäre Lage des Sultans bleibt unverändert, seine Abhängigkeit von der britischen Schutzmacht beklemmend. Er macht sich keine Illusionen für die Zukunft seines Landes, und nun, wie um es zu bewahren, schottet er das Land vollständig von der Moderne ab. Ausländern wird es nahezu unmöglich gemacht, den Oman zu betreten. Zugleich weiß der Sultan um die Schwächen seiner Wirtschaftspolitik und die fehlenden Fachkräfte. In seiner Not ernennt er den britischen Arabienkenner und Forschungsreisenden Bertram Thomas zum Finanzberater, trägt ihm später gar das Amt des Finanzministers an. Thomas nimmt den Posten an, denn es ist für den leidenschaftlichen Arabienfan die einzige Möglichkeit, das Landesinnere des Oman zu betreten. Einige Jahre später gibt ihm der Sultan als erstem Europäer die lang ersehnte Erlaubnis, von Dhofar nach Doha durch die Wüste Rub al-Khali zu reisen (siehe S. 198ff). Bald darauf emigriert der desillusionierte Herrscher nach Indien und übergibt seinem Sohn Said den Thron.

Goldgräberstimmung bei den Ölmagnaten

Said bin Taimur hat in Indien eine britische Schulbildung genossen und daher europäische Denkweisen und Werte frühzeitig kennengelernt. Er spricht wesentlich besser Englisch als Arabisch. Die britische Regierung ist zuversichtlich, als der junge Regent tatkräftig den Schuldenabbau in Angriff nimmt. Gemeinsam wollen sie nun endlich die Kontrolle über das Landesinnere zurückgewinnen, denn erste Ölfunde am Golf von Arabien wecken das Interesse internationaler Ölmagnaten. Durch geschickte Konzessionsvergaben könnte sich der Oman so endlich aus der Schuldenklemme befreien. Doch dafür muss der Sultan zuerst alle Landesteile unter seine Kontrolle bringen. Der Imam in Nizwa und die Scheichs und Stammesfürsten im Hinterland haben aber ihrerseits

Bilder unten: Die Verteidigungsfestung von Taqa und die Nachstellung der Küchenausstattung im Fort des Walis von Taqa

keinerlei Interesse daran, Macht und Einfluss abzugeben. Längst gibt es Schmiergeldzahlungen und andere Mittel, mit denen die Vertreter der Ölfirmen um Zugeständnisse für Probebohrungen werben. Der unentdeckte Ölreichtum, der im Oman vermutet wird, verschärft den Konflikt zwischen Imam und Sultan. 1954 stirbt Imam Muhammad bin Abdullah al-Khalili, und zum Nachfolger wird ein Hardliner gewählt. Der neue Imam Ghalib bin Ali al-Hinawi strebt mit Hilfe der antibritischen Regime in Saudi-Arabien und Ägypten die völlige Unabhängigkeit an. Die Situation eskaliert, die Streitkräfte des Sultans und britische Truppen marschieren in Nizwa ein und stürzen den Imam. Der findet Asyl im fundamentalistischen Saudi-Arabien und hält von dort den Rebellenaufstand am Kochen. Erst 1959 entscheidet die Schlacht von Tanuf den sogenannten „Jebel Akhdar Aufstand“ zugunsten des Sultans. Bei dieser Militäraktion legt die britische Luftwaffe den Ort Tanuf in Schutt und Asche. Damit ist der Aufstand endgültig niedergeschlagen, das Imamat von Nizwa abgeschafft. Der restlos verarmte Sultan – der Aufstand hat die Staatskassen völlig entleert – regiert nun allein über das „Sultanat Oman“, wie das Land von jetzt an offiziell heißt.

Die Schlacht von Tanuf beendet den Aufstand blutig

Oman wird das rückständigste Land Arabiens

Seine Handlungsunfähigkeit gegenüber Großbritannien bedrückt den Sultan sehr, und er entscheidet sich für eine Flucht in die Isolation. Said bin Taimur emigriert nach Dhofar, in den rückständigsten, abgelegensten und von den Briten am wenigsten kontrollierbaren Landesteil. In einer sich immer schneller verändernden Welt erhofft sich der Sultan Ruhe und Frieden in Salalah. Da er eine Prinzessin aus dem Bergtal Darbat geheiratet hat, kann er auf den Rückhalt der Dhofaris hoffen. In Salalah bezieht er einen festungsähnlichen Palast und zieht sich immer stärker zurück. Sein Regierungsstil wird jetzt eigenwillig, um nicht zu sagen schrullig und despotisch. Als wolle er endgültig die Zeit anhalten und sein Volk vor den modernen Einflüssen schützen, kapselt er das Land gegen jegliche Außenbeziehungen ab. Er verbietet den Bau von Schulen und Krankenhäusern, verhindert Straßenbau, erteilt keine Visa an Ausländer und lässt keinerlei technische Neuerungen ins Land. Die Bevormundung nimmt immer stärkere Ausmaße an. Omanis dürfen keine Fahrräder besitzen und keine Sonnenbrillen tragen, auch besteht ein generelles Radioverbot, damit die Menschen von den modernen Verlockungen unbehelligt bleiben.

Sultan bin Taimur flüchtet in die Emigration nach Dhofar

Er schottet sein Land gegen alle Einflüsse von außen ab

Der Dhofar-Krieg

1962 gibt die Entdeckung der ersten Ölfelder in Oman Anlass zur Hoffnung. Bald wird das Land sprudelnde Einnahmen haben und sich endlich von der Last der Schulden befreien können. Großbritannien beginnt einen politischen Rückzug aus ganz Arabien, der schon seit Ende des 2. Weltkriegs angestrebt wird. Die Emirate am Golf, wo nun Öl gefördert wird und dadurch Reichtum und Moderne im Rekordtempo Einzug halten, steuern auf ein arabisches Bündnis zu. Die Kronkolonie Aden, Omans westlicher Nachbar, wird Teil der Südarabischen Föderation. Die politischen Machtverschiebungen innerhalb der Region nach dem Abzug der Briten lösen auch bei den Bergvölkern in Dhofar revolutionäre Ideen aus. Die Dhofaris, kulturell viel näher mit den Nachbarvölkern im Hadramaut und Jemen verwandt als mit dem Sultan aus dem fernen Muskat, begehren gegen dessen Despotismus auf. Politisch engagierte und mit marxistischen Strömungen im Jemen vernetzte Dhofaris gründen bereits 1962 die Dhofar Liberation Front (DFL) unter der Führung von Musalim bin Nufil. Ihr Ziel ist die Unabhängigkeit Dhofars von Oman. Es sind Männer aus dem Bait Khatiri-Klan, die 1963/1964 in die ersten Scharmützel mit den Streitkräften des Sultans geraten. Zugleich erhält die DFL Zulauf aus den meisten Dörfern, außerdem unterstützen die fundamentalistischen Saudis und die marxistisch-kommunistischen Regime in China und der UdSSR den Aufruhr. Sultan Said geht mit Unterstützung der Briten gegen die Aufständischen vor, verkennt jedoch den Ernst der Lage und ist weder bereit, die Gemüter durch Zugeständnisse zu beruhigen noch die nötigen finanziellen und personellen Mittel aufzubringen, um die militante Rebellion wirksam niederzuschlagen. Dabei hätte diese Tür noch offengestanden.

Großbritannien zieht sich aus Arabien zurück, Kommunisten und Separatisten erstarken, und Oman wird zum Spielball der politischen Kräfte im Kalten Krieg

Stattdessen kommt es zu einer Welle von Verhaftungen politisch aktiver Dhofaris, die den DFL radikalisieren. Der erste DFL-Kongress am 01. Juni 1965 beschließt, den bewaffneten Kampf aufzunehmen, um einen kommunistischen Staat in Dhofar zu errichten. Neun Tage später wird der Überfall auf einen Militärposten nahe Thumrait zum offiziellen Auslöser des zehnjährigen Dhofar-Krieges.

Unten: Das Grenzgebiet zum Jemen ist heute frei zugänglich

Kampf um das Öl im Zeichen des Kalten Krieges

Es ist ein Stellvertreterkrieg wie aus dem Lehrbuch des Kalten Krieges: Der kapitalistische Westen kämpft gegen die kommunistisch-marxistischen Rebellen um die Vorherrschaft am Persischen Golf. Die schmale Meerenge entspricht einer

Oben: Ölpumpe in den Ölfeldern von Marmul; Jebalis in Ain Athom

Lebensader für den Westen, denn 40 % des Erdöls für die westlichen Industrienationen werden über die Straße von Hormus geleitet. Und doch bleibt dieses Drama nahezu unbeachtet. Die Weltöffentlichkeit blickt auf den amerikanischen Vietnamkrieg und nimmt gar nicht wahr, dass die Auseinandersetzung im Süden Arabiens strategisch viel bedeutsamer und bedrohlicher ist für die Zukunft der westlichen Welt. Fällt Dhofar an die Kommunisten, dann fällt vermutlich der ganze Oman, und dann steht der Feind unmittelbar an der Pforte zu den Öllieferanten am Golf.

Es sind wieder einmal die Briten, die dem Sultan von Oman jetzt die nötige Rückendeckung geben. Sie schicken ihre besten Elitesoldaten, junge Spezialisten der Luft- und Bodentruppen, die sich in den Dienst des Sultans stellen. Die „Dhofar Brigade" wird auf 10 000 Mann aufgestockt und ist ein Sammelbecken für Soldaten aus allen möglichen Regionen des British Empire. Seite an Seite mit den Omanis kämpfen neben Engländern auch Iraner, Pakistanis, Belutschen, Jordanier und Ägypter.

Trotz ihrer technischen Überlegenheit können die Truppen des Sultans nicht verhindern, dass die Aufständischen immer größere Landgewinne machen. Im Guerillakrieg in den lebensfeindlichen Bergen und einsamen Wüsten des Hinterlands sind die ortskundigen Rebellen im Vorteil und werden von der Bevölkerung unterstützt. Kilometer um Kilometer rückt die „Volksfront für die Befreiung Omans und des Arabischen Golfes", wie sich die DFL seit 1968 nennt, von Westen an Salalah heran.

Die Lage scheint aussichtslos

Im Sommer 1970 hat sich die Front bis an die Qaraberge verlagert, und die Rebellen blicken von ihren Stellungen direkt auf die kleine Provinzhauptstadt hinab. Der Sultan hält jetzt nur noch die Küstenebene zwischen Salalah und Mirbat. Nun legt sich auch noch die Khareef, der dreimonatige Dauernebel des Sommermonsuns, über die Küste und macht die britische Luftabwehr handlungsunfähig. Allen ist klar: Die Lage ist brandgefährlich, mit einer Invasion und dem Fall des Sultanats ist jederzeit zu rechnen. Und doch wendet sich das Blatt praktisch in letzter Sekunde.

Oben: Ein verfallenes Stadthaus in Mirbat, nicht weit entfernt vom Zentrum der Schlacht vom Juli 1972

Ein Putsch in höchster Not

Am 23. Juli 1970 kommt es im Sultanspalast von Salalah zu einer Palastrevolte. Sein eigener Sohn stößt Sultan Said vom Thron. Der 29-jährige Qabus (englisch: Qaboos) übernimmt mit sofortiger Wirkung alle Staatsgeschäfte und leitet umgehend einen Richtungswechsel und die Öffnung des Landes ein. Es ist dies genau der Schritt, auf den die Menschen gehofft und gewartet hatten.

Vorausgegangen sind monatelange Beratungen und geheime Gespräche zwischen der omanischen Elite und britischen Diplomaten und Militärs. Der alte Sultan, unfähig zur Modernisierung des extrem rückständigen Landes und zu Kompromissen mit seinen politischen Gegnern, hatte seinem Sohn zwar eine vorbildliche Ausbildung in Großbritannien ermöglicht, steht ihm nach seiner Rückkehr aber gerade deshalb besonders misstrauisch gegenüber und verhängt einen Hausarrest. Sechs Jahre lang fristet Qabus ein abgeschottetes Dasein unter der Aufsicht seines Vaters, offiziell um den Koran zu studieren. Sechs Jahre, in denen der weit gereiste Absolvent der britischen Royal Military Academy machtlos mit ansehen muss, wie sein Vater jegliche Entwicklungsansätze blockiert, und Oman zum rückständigsten Land der Welt verkommt. Qabus lässt sich daher von Scheich Buraik bin Hamud al-Ghafiri überzeugen, dass nur ein Putsch das Land retten kann. Der verläuft auch nahezu unblutig und mit der Beteiligung von britischen Elitesoldaten. Nur der

Sultan selbst schießt mit seiner Pistole um sich und verletzt dabei Scheich Buraik und sich selbst. Er wird anschließend nach London ausgeflogen und verbringt seinen Lebensabend in einer luxuriösen Hotelsuite.

Für den Dhofar-Krieg bedeutet die Machtübernahme von Sultan Qabus bin Said die entscheidende Wende. Der junge Mann verkörpert nicht nur einen glaubwürdigen Neuanfang, er hat noch einen viel größeren Joker zu bieten: Sultan Qabus ist Halb-Dhofari, seine Mutter ist die Jebali-Prinzessin Mazun al-Maschani des mächtigen Bergvolkes Bait Maschani aus der Nähe von Taqa. Diese Blutsbande geben Sultan Qabus eine Autorität und ein Vertrauen in der Bevölkerung von Dhofar, die sein Vater nie erlangen konnte. Und er weiß diese Chance richtig zu nutzen. Militärisch erhält er zusätzliche Unterstützung aus Persien, denn der Krieg hält mit unverminderter Härte an. Die Wende im Dhofar-Krieg kommt mit der Schlacht um Mirbat. Am 19. Juli 1972 greifen etwa 250 Rebellen die Festung der alten Hafenstadt an, die nur mit neun Soldaten verteidigt wird. Britische Kampfflugzeuge und Helikopter eilen zu Hilfe, und nach heftigem Kampf werden die Angreifer zurückgeschlagen. Auf beiden Seiten gibt es Opfer, doch die Rebellenarmee gerät von jetzt an in die Defensive. Sultan Qabus verkündet eine Generalamnestie für alle Rebellen und erreicht, dass immer mehr Aufständische zu den Regierungstruppen überlaufen. Im März 1975 kommt es zu einem Friedensabkommen, und wenige Monate später erklärt der Sultan den Dhofar-Krieg offiziell für beendet.

Info Früher wurde die Hauptstadt des Oman Muskat genannt, inzwischen hat sich auch auf Deutsch die Bezeichnung Maskat durchgesetzt

Die Schlacht von Mirbat: siehe auch S. 181

Die omanische Renaissance

Der junge Sultan steht vor einer gigantischen Aufgabe, als er das Amt antritt. Der politisch völlig isolierte Staat besitzt nur drei Grundschulen und eine einzige Krankenstation für seine etwa 600 000 Bürger. Die Lebenserwartung beträgt daher auch nicht einmal 50 Jahre. Das Land ist dreimal so groß wie Bayern, verfügt aber nur über insgesamt 1700 km Pisten. Die einzige Teerstraße des Landes ist gerade einmal 10 km lang. Und Dhofar ist die mit Abstand am stärksten vernachlässigte Region innerhalb dieses erschreckend rückständigen Landes.

Oben: Sultan Qabus

Sultan Qabus erweist sich als Idealbesetzung für diese Mammutaufgabe, denn er setzt sofort alles daran, die Lebensbedingungen der Menschen zu verbessern. Dabei kümmert er sich überproportional um den benachteiligten Süden des Landes und lässt zahlreiche Gesundheitsstationen aufbauen

Oben: Ein Modell der geplanten Marina, Hotel- und Residenzanlage rund um das Marriott Hotel bei Mirbat

und Schulen errichten. Die stetig steigenden Einnahmen aus den Ölexporten ermöglich all die Infrastrukturprogramme, die der Oman jetzt braucht. Auch außenpolitisch sucht das Land einen Platz in der Weltgemeinschaft. 1971 wird Oman ein Vollmitglied der UNO und der Arabischen Liga, hebt die starren Ein- und Ausreisebeschränkungen auf und strebt die Einführung einer eigenen Währung an. Das erste Jahrzehnt seiner Regentschaft investiert Sultan Qabus vorrangig in Bildung, Gesundheitswesen und Infrastruktur, in den 1980er Jahren richtet sich das Augenmerk stärker auf die industrielle Entwicklung und eine Modernisierung der Agrarwirtschaft. 1986 eröffnet die erste Universität des Landes, 1998 der moderne Containerhafen in Raysut. Zugleich werden die Bürgerrechte gestärkt. Frauen haben seit 1994 das Wahlrecht; und zehn Jahre später vereidigt der Sultan die erste weibliche Ministerin seines Landes.

Mit seinen Nachbarn sucht der Staat durch mehrere Grenzabkommen friedliche Beziehungen und bemüht sich um eine ausgleichende Rolle bei regionalen Konflikten. Als Ägypten und Israel 1979 das Friedensabkommen von Camp David unterzeichnen, brechen innerhalb der arabischen Welt nur Oman und Sudan nicht ihre diplomatischen Beziehungen zu Ägypten ab. Im 2. Golfkrieg 1990/1991 unterstützen Oman und die VAE die alliierten Kräfte um die USA und Großbritannien.

Des Sultans besonnener Regierungsstil und der fortwährende wirtschaftliche Aufschwung führen das Land auch erfolgreich durch seine bisher einzige innenpolitische Krise im Jahr 2011. Der Arabische Frühling bringt im Dominoeffekt ein Land nach dem anderen durch heftige soziale Unruhen

Foto rechts: Eingang zur Salalah Gardens Mall, dem modernsten Einkaufszentrum Dhofars

ins Wanken und erreicht auch Oman. In ersten Unruhen fordern zumeist junge Omanis mehr Arbeitsplätze, bessere Löhne, prangern die Korruption und mangelnde Pressefreiheit an. Zu keinem Zeitpunkt fordern die Demonstranten einen Regimewechsel. Sultan Qabus beweist auch jetzt seine Stärke und stellt sich den Forderungen. Im Öffentlichen Dienst lässt er 5000 neue Arbeitsplätze ausschreiben und die Löhne anheben, außerdem wechselt er drei korruptionsverdächtige Minister aus. Der soziale Frieden ist seither wieder hergestellt.

Oman kann sich glücklich schätzen mit seiner Führung. In atemberaubendem Tempo katapultierte sich das Land vom tiefsten Mittelalter direkt ins 21. Jahrhundert. Derart dramatische Umwälzungen bieten in der Regel viel sozialen Sprengstoff. Nicht so in Oman. Dank ihres umsichtigen Monarchen ist die omanische Gesellschaft heute modern, aufgeschlossen, tolerant und friedlich, und sie ist gleichzeitig weiterhin in ihren historischen und religiösen Traditionen tief verwurzelt. Oman hat sogar ein eigenes „Ministerium für nationales Erbe und Kultur". Und so ist man versucht, dieses Land heute wieder „Arabia Felix" zu nennen.

Was wird allerdings nach Sultan Qabus kommen?

Der Regent hat zwar einmal geheiratet, die Ehe blieb allerdings kinderlos und wurde schon bald wieder geschieden. Die Liberalisierung und Modernisierung des Landes hat sich bislang auf die zivile Ebene beschränkt, im politischen Leben entspricht die Staatsführung noch immer einer absoluten Erbmonarchie. Der liberale Sultan übt die wichtigsten Ämter in Personalunion aus, seine Minister haben nur beratende Funktionen. Die Sorge wächst, wer einmal die Nachfolge des viel geliebten Sultans antreten möge, und ob dieser ähnliche Führungsqualitäten im Umgang mit der Macht beweisen werde.

Bevölkerung

Die Bevölkerungsdichte ist sehr ungleich verteilt

3,1 Mio. Menschen leben in Oman. Die Bevölkerung teilt sich zu etwa 80 % in gebürtige Omanis und 20 % in sogenannte Expatriats, ausländische Gastarbeiter aus vorwiegend südasiatischen Ländern wie Pakistan, Indien, Bangladesch, Sri Lanka und den Philippinen. Mehr als die Hälfte der Bürger wohnen im Großraum Maskat und knapp 80 % in städtischen Zentren.

Ein Nomadenleben führen in Oman nur noch 5 % der Bevölkerung

Oman zählt zu den am dünnsten besiedelten Staaten der Erde, wenngleich die Bevölkerung durch die starke Zuwanderung von Gastarbeitern rasch zunimmt. Der hohe Ausländeranteil zieht eine gewisse Zweiteilung der Gesellschaft nach sich. Omanis leben vielfach ein Leben im Wohlstand, haben Zugang zu Bildung und Gesundheitswesen und finden gut bezahlte Arbeitsplätze in verantwortungsvollen Positionen. Die Angehörigen der Oberschicht sind teilweise an einen verschwenderischen Reichtum gewöhnt, wie ihn sich Mitteleuropäer heute kaum noch vorstellen können. Ihr bequemes Leben ermöglichen jene Tausende Arbeitskräfte, die sich in den arabischen Ländern im Niedriglohnsektor verdingen. Sie kommen als ungelernte Arbeiter aus den ärmsten südasiatischen Ländern, angeworben mit befristeten „Work Permits", um schlecht bezahlte Jobs beim Bau, in Industrie- und Tourismusbetrieben, im Dienstleistungssektor oder als Haushaltshilfen anzunehmen. Die Arbeitsbedingungen sind hart: schlechter Lohn bei langen Arbeitszeiten, kaum Rechte, wenn es Probleme gibt, vielfach Sprachschwierigkeiten und ein niedriger Sozialstatus in der arabischen Gesellschaft. In den meisten Fällen stellen die Arbeitgeber bescheidene Unterkünfte, in denen die Arbeiter zu mehreren gemeinsam hausen. Durch ihre niedrige Stellung und bescheidenen finanziellen Mittel bilden diese überwiegend männlichen Gastarbeiter eine Parallelgesellschaft. Was sie verdienen, schicken sie zu Frau und Kindern in die Heimat, wo ihr Beitrag dringend gebraucht wird. Sie alle erhoffen sich, wenn sie mehrere Jahre im Ausland bleiben können, nach ihrer Rückkehr ein finanzielles Polster erwirtschaftet zu haben, das ihnen nach den entbehrungsreichen Auslandsjahren einen gewissen materiellen Wohlstand und sozialen Status in der Heimat bietet. Sogenannte „Expats" aus westlichen Ländern findet man in Oman auch, allerdings in kleinerer Zahl. Sie gehören zu den gut verdienenden Wirtschaftsexperten und Beratern, genießen eine privilegierte Stellung und leben vorzugsweise in den wirtschaftlichen Metropolen.

Fotos unten: Araberin mit Handy; zwei Omanis in traditioneller Dishdasha

Dhofars buntes Völkergemisch

Die Weihrauchregion stand seit mehr als 2000 Jahren unter dem Einfluss seiner westlichen Nachbarn, der Jemeniten und Hadrami. Von dort wurde der Küstenbereich Dhofars annektiert, von dort folgten auch mehrere Einwanderungswellen und die Besiedlung der Qaraberge. Diese Beduinenklans setzten sich aus den beiden dominanten Völkerschaften Hinawi und Ghafiri zusammen. Während sich die Hinawi in der Wüste ausbreiteten, entwickelten sich die Ghafiri eher zum Berg- und Küstenvolk. Später wurden sie erbitterte Feinde, nicht zuletzt, weil sich die Hinawi den Ibaditen anschlossen, und die Ghafiri der sunnitischen Rechtsschule folgten. Ein sehr strenger Sittenkodex regelte erfolgreich das entbehrungsreiche, harte Leben in der Wüste. Bedu waren arm, aber extrem stolz und kampfesmutig. Sie lebten vom Kamelhandel, gegenseitigen Raubzügen und verdingten sich gelegentlich als Kundschafter und Kämpfer bei kriegsführenden Scheichs. In erster Linie aber waren sie frei und unabhängig. Das ungeschriebene Gesetz der Wüste verlangte Ehrlichkeit, Mut und Zähigkeit. Auch am Dhofar-Aufstand beteiligten sich die Bedu. Viele Küstenaraber sahen früher auf die „unzivilisierten" Bedu herab, doch die wenigen europäischen Reisenden, die Gelegenheit bekamen, Bedu näher kennen zu lernen, überschlugen sich regelrecht in ihren Lobpreisungen. Brauchtum und Gesittung der Bedu wird als die ursprünglichste arabische Lebensart angesehen. Heute leben allerdings nur noch wenige Bedu als Nomaden, die meisten haben ihre Zelte am Rande von Wüstensiedlungen aufgestellt, züchten ein paar Ziegen oder Schafe und führen einem halbnomadischen Lebensstil. Kamele gehören zu ihren

Info Die nomadischen Wüstenbewohner Omans heißen Beduinen bzw. Bedu

Fotos oben: In Dhofar tragen viele einheimische Frauen farbige Kleidung anstelle der schwarzen Abaya der Araberinnen; Gastarbeiter vom indischen Subkontinent in ihrer heimatlichen Tracht

Bevölkerungsdaten

Gesamtbevölkerung:
3 100 000 Einwohner

Bevölkerungswachstum: 3,28 %

Bevölkerungsdichte: 14 Ew./km²
(Vergleich BRD: 230 Ew./km²)

Lebenserwartung: Männer 71,1 Jahre, Frauen 75,7 Jahre
(Vergleich BRD: insg. 80 Jahre)

Durchschnittsalter der Bevölkerung: 24 Jahre
(Vergleich BRD: 45 Jahre)

Ärztedichte:
1,3 Ärzte pro tausend Einwohner
(Vergleich BRD: 3,73/Tausend)

engsten Gefährten, denen sie trotz des Umbruchs auf dem Weg in die Moderne treu bleiben. Als Tourist sieht man manchmal Bedu-Wohnzelte entlang der Fernstraßen, während des Tourism Festivals zur Khareef Season auch in der Salalah-Ebene, oder kommt mit den stolzen Wüstenarabern in einem der Touristencamps in der Rub al-Khali in Kontakt.

Bedu leben nach ihrer Tradition in patrilinear orientierten Großfamilien und Klans, die zusammen einen Stamm bilden. Für einen Bedu bezeichnet der Begriff Heimat keinen geographischen Ort und keine Ortschaft, sondern vielmehr die Zugehörigkeit zum Volksstamm, dem eigenen Klan, der direkten Ahnenlinie und der Familie. Nationalstaaten haben die Bedu weder gebildet noch akzeptiert, ihre Gesinnung blieb stets tribalistisch. Rachefeldzüge und Blutrache waren an der Tagesordnung. Dass sie praktisch ständig untereinander befeindet waren und unterschiedliche Allianzen gegeneinander bildeten, schwächte eine Entwicklung der Region erheblich. Erst mit Sultan Qabus konnten die Bedu dauerhaft befriedet werden. Mit Sorge blickt die Regierung auf das Nachbarland Jemen, wo die Menschen auch heute noch tief in Stammesdenken und uralten Blutsfehden verstrickt sind, und hofft, die omanischen Bedu von den Vorteilen der Rechtsstaatlichkeit und des nationalen Friedens dauerhaft überzeugt zu haben.

Sansibaris, die Nachkommen der im 19. Jh. mit Sultan Said dem Großen nach Sansibar ausgewanderten Omanis, haben sich dagegen überwiegend im Nordosten des Landes angesiedelt, nachdem sie bei den blutigen Unruhen der 1960er Jahre von der ostafrikanischen Insel Sansibar vertrieben worden waren. Die zumeist gebildeten, wohlhabenden Geschäftsleute sind in Dhofar kaum zu finden. Präsent sind dagegen ausländische Gastarbeiter aus zahlreichen südasiatischen Staaten. Pakistani und Nordinder findet man besonders in Verwaltungspositionen und Hotelgewerbe, Bangladeschi und Südinder bilden ein Rückgrat der Landwirtschaft. Fast alle Gastarbeiter sind männlich, nur unter den philippinischen Arbeitskräften sind auch zahlreiche Frauen vertreten, die hier als Haushaltshilfen oder Verkäuferinnen Arbeit finden. Viele Inder und Pakistani leben bereits seit mehreren Generationen in Oman.

Diejenige fremde Kultur, die nach der jemenitischen am stärksten ihre Spuren in Dhofar hinterlassen hat, ist die persische. Über Jahrhunderte bestanden Handelsbeziehungen, und mehrfach breiteten sich die Perser hier auch als Besatzer aus

Südarabische Sprachenvielfalt

Arabisch ist die Amtssprache Omans; sie wird hier relativ dialektfrei gesprochen. Als Schriftsprache ist Arabisch in allen 22 Staaten der Arabischen Liga gleich fest verankert, bei der gesprochenen Sprache gibt es allerdings in den verschiedenen Ländern so starke moderne Dialekte, dass sie sich mitunter nicht mehr gegenseitig verstehen können.

Hocharabisch zählt zu den klassischen Weltsprachen und kennt feinste poetische Ausdrucksweisen

Englisch hat sich in den letzten Jahrzehnten als Geschäftssprache durchgesetzt. Neuankömmlinge müssen sich oft erst ein paar Tage in die arabische Klangfärbung der englischen Sprache einhören, ehe sie die Gesprächspartner gut verstehen. Verkehrs- und Ortsschilder, Speisekarten und die meisten Aufschriften bei den Produkten in Geschäften sind zweisprachig.

Bild links: Ein junger Jebali

Unten: Junge Mädchen aus Salalah im Festgewand

Neben Arabisch sind in Oman aufgrund der vielen ausländischer Gastarbeiter auch iranische und indische Sprachen wie Urdu, Persisch und Balutschi verbreitet. Sansibaris kommunizieren mit einem ostafrikanischen Swahili-Dialekt. In Dhofar sprechen die regionalen Volksgruppen semitische Sprachen, die als Neusüdarabisch bezeichnet werden. Dazu zählen Mehri (Mahra), Harsusi, Shehri (auch Shahra /Jibbali) und Bathari (auch Botahari). Die Dhofarsprachen unterscheiden sich linguistisch von Arabisch sowie untereinander stark durch zahlreiche Dialekte, obwohl sie eng verwandt sind.

Arabische Titel

Sultan: Sultane beanspruchen die absolute Macht mit einer Erbfolge. Es existieren heute nur noch zwei Sultanate, in Oman und in Brunei.

Scheich: Ursprünglich die Bezeichnung eines Familienoberhaupts in Beduinenklans, ist es heute ein Ehrentitel für hochgestellte (ältere) Persönlichkeiten, und nicht mehr unbedingt mit weltlicher Macht verbunden.

Wali: In Oman ist der Wali ein vom Sultan ernannter regionaler Verwalter bzw. Gouverneur.

Imam: Ein Imam ist in der muslimischen Welt ein religiös-politischer Vorsteher; und in Oman der religiöse Führer in den Gemeinden der Ibaditen.

Wilfred Thesiger, der in den 1940ern das Leere Viertel auf einem Kamel durchquerte, hinterließ hierzu einige wunderbare Gedanken (in „Die Brunnen der Wüste“):

„Die Araber sprechen leicht in Versen, wenn etwas sie bewegt. Ich habe einen jungen Burschen spontan das Weideland, das er gerade entdeckt hatte, in Versen beschreiben hören: So gab er seinen Gefühlen auf natürliche Weise Ausdruck.“ Dann fährt er fort: *„Aber so sehr sich die Araber der Schönheit ihrer Sprache bewusst sind, so seltsam blind sind sie für die Schönheiten der Natur. Die Farbe des Sandes, ein Sonnenuntergang, der Mond, der sich im Meer spiegelt, all diese Dinge lassen sie kühl, ja sie bemerken sie nicht einmal. Als wir im Vorjahr aus Maghshin zurückgekehrt und nach der öden Wüste von den Gipfeln des Qaragebirges aus wieder grüne Bäume und Gras und die Schönheit der Berge vor uns hatten, meinte ich zu meinem Begleiter: Ist das nicht schön? Er starrte angestrengt in die Runde und sagte dann verständnislos: Nein – das sind lausig schlechte Weideplätze!“*

Oben: Im Mausoleum von Mohammed bin Ali al Alawi in Mirbat

Religion

Der Islam ist die Staatsreligion Omans. Das Land gehörte zu den ersten, die sich im frühen 7. Jh. bekehren ließen. In nur zehn Jahren breitete sich hier der neue monotheistische Glaube friedlich aus, und seit dem Jahr 630 n. Chr. ist Oman islamisiert. Es ist bis heute das einzige Land, in dem die Bevölkerungsmehrheit der Rechtsschule der Ibaditen angehört. Von den weltweit rund 1,57 Milliarden Muslimen hängt nur eine Minderheit dieser Glaubensrichtung an, die Mehrheit sind dagegen Sunniten (90 %) und Schiiten (8 %).

Unten: Das einsame Grabmal des Propheten Hud, ein versteckter Wallfahrtsort in den Qarabergen

Früher waren mindestens Dreiviertel aller Omanis Ibaditen, doch hat der starke Zuzug von Ausländern und Gastarbeitern diesen Anteil verringert. Inzwischen gilt es als ungewiss, ob noch die Ibaditen oder bereits die Sunniten die Mehrheit im Land bilden. In Dhofar leben besonders viele Sunniten, während die Ibaditen traditionell rund um Nizwa in Nordoman überwiegen. Aufgrund der vielen Immigranten aus Ost- und Mittelasien gibt es in Oman auch etwa 2,5 % Christen, etwa gleich viele Hindus und zahlreiche Juden. Dank der toleranten ibaditischen Lehre können die Andersgläubigen in Oman relativ offen ihre Religion ausüben. In Maskat und Salalah findet man auch einige Tempel und Kirchen.

Die ibaditische Schule

Leben und Wirken von Abdulla bin Ibad, dem Stifter dieser Rechtsschule, sind bis heute sehr nebulös geblieben. Historiker sind sich uneins, ob der Islamgelehrte im 7. oder 8. Jh. in der südirakischen Stadt Basra wirkte. Fest steht aber, dass er sich mit den Umayyaden-Kalifen überwarf, weil er sich gegen die Verweltlichung des Glaubens in Erbfolgefragen aussprach. Er hing dem Ideal der Gleichheit an. Der Imam sollte von allen männlichen Gläubigen einer Gemeinde gewählt werden. Kandidaten sollten nach Eignung, Frömmigkeit und Bildung ausgewählt werden, nicht nach ihrer Herkunft. Die Gemeinde sollte notfalls sogar einen unbefriedigenden Imam abwählen können. Damit brachte Ibad natürlich die geistige Elite in Mekka und Damaskus gegen sich auf.

Die Hingabe an Gott als Lebensphilosophie

Wie Christen und Juden glauben auch Muslime an nur einen Gott: Allah, den Schöpfer aller Dinge, dem Engel zur Seite stehen, und der mehrere Propheten zur Erde sandte, wie Moses, Noah, Jesus und Mohammed. Die fünf Säulen des Islam sind für jeden Gläubigen die wichtigsten Gebote: Das Gottesbekenntnis, die fünf täglichen Waschungen und Gebete, das Almosengeben, das Fasten und die Pilgerfahrt nach Mekka (Hadsch).

Abdulla bin Ibad hatte auch sonst revolutionäre Gedanken. Er trat gegen Glaubenskriege ein und gegen fundamentalistische Eiferer, forderte mehr Rechte für die Frauen und Toleranz gegen Andersgläubige, Bescheidenheit in der Lebensführung und erlaubte sogar die zeitgemäße Interpretation des Korans, eine Liberalität, die den meisten Muslimen auch heute noch viel zu weit geht. Der Kalif von Damaskus schickte seine Truppen nach Basra, und Abdulla bin Ibad und sein Anhänger Abu Saatha flüchteten an den Jebel Akhdar im Hajargebirge. Von hier breitete sich die neue Glaubensschule schließlich in ganz Oman aus. Gemäß der ibaditischen Lehre entstanden hier liberale Imamate ohne fanatischen Fundamentalismus. Leider hat sich diese tolerante und friedliebende Richtung außerhalb Omans nur in einigen kleineren Gemeinschaften in Nordafrika erhalten.

Unten: Typisch für Dhofar: Ummauerter Grabhügel in der Altstadt von Salalah

Bei aller Ähnlichkeit zum Christentum gibt es starke Unterschiede, und es zählt zu den wichtigsten Differenzen, dass Muslime nur einen einzigen Gott kennen und keine Dreifaltigkeit, und dass sie Jesus daher als einen Propheten ansehen, nicht als Gottes Sohn. Auch Mohammed ist für Muslime ein menschlicher Gesandter Gottes, hat also keinen göttlichen Anspruch. Ferner verlangt der Islam schon nach der wörtlichen Übersetzung die „Hingabe an Gott" bzw. die „Unterwerfung des Gläubigen" und anerkennt die Vorbestimmtheit des Lebens durch Gott. Dies führt zu einer anderen Einstellung dem Schicksal gegenüber, als sie Christen pflegen.

Religionsstifter des Islam ist der Prophet Mohammed, der um 570 n. Chr. in Mekka geboren und nach einem Berufungserlebnis am Berg Hira zum Verkünder der neuen Religion wurde. Seine Verkündungen wurden in 114 Suren (Versen) im Koran niedergeschrieben. Der Islam ist folglich neben dem Juden- und dem Christentum eine von drei Buchreligionen. Die Suren gelten als Wort Gottes und beinhalten sehr viel mehr als nur religiöse Regeln. Vielmehr handelt es sich um einen Verhaltenskodex für alle weltlichen Lebensbereiche. Hier finden sich Alltagsregeln, Erziehungsvorgaben, medizinische und hygienische Auflagen, Richtlinien und Statute für das Rechtssystem und das Zusammenleben in der Ehe, der Familie und der sozialen Gemeinschaft. Die Richtlinien im

Oben: Viele Omanis haben eine Sehnsucht nach der Natur, der Weite der Wüste und der Stille der Einsamkeit

Koran sind daher deutlich umfangreicher und umfassender als die Gebote der Bibel. Das islamische Recht, die Scharia, basiert auf dem Koran. Dies erklärt, warum Muslime weltliche und religiöse Fragen kaum trennen können, während christlich geprägte Nationen leichter Klerus und Staatsgewalt voneinander abzugrenzen vermögen.

Nach dem Tod Mohammeds am 08. Juni 632 in Medina breiteten seine Nachfolger die Religion rasant weiter aus. Teilweise friedlich, aber auch durch Glaubenskriege wie den „Heiligen Krieg"

Die fünf täglichen Gebete

Ein Muslim ist verpflichtet, fünf Mal täglich zu beten. Der Ruf des Muezzins vor den streng definierten Gebetszeiten erschallt in Oman in der Regel noch live von allen Minaretten. Mit „Allahu Akhbar" (Gott ist größer) beginnt jeder Aufruf. Der genaue Zeitpunkt wird dabei vom Sonnenstand bestimmt. Fadschr, das Morgengebet, findet in der Dämmerung noch vor dem Sonnenaufgang statt. Suhr, das Mittagsgebet, folgt beim Sonnenhöchststand. Das Nachmittagsgebet, asr, sollen Muslime dann sprechen, wenn die Schatten länger als das schattenspendende Objekt werden. In der Dämmerphase zwischen dem Sonnenuntergang und der Dunkelheit folgt das Abendgebet, maghrib. Das Nachtgebet, ischa, schließt die Tagespflicht am späten Abend ab. Aufmerksame Reisende werden in Dhofar entlang der Fernstraßen in regelmäßigen Abständen Gebetsplätze wahrnehmen. Sie helfen Gläubigen, die während der Gebetszeiten im Auto unterwegs sind, ihren Pflichten pünktlich nachzukommen.

Nach dem Christentum gilt der Islam heute mit knapp 1,6 Milliarden Anhängern als die zweitgrößte Weltreligion

Unten: Kamele dürfen ungestört auf Friedhöfen weiden

Oben: Gebetsraum der Shanfari Moschee in Salalah

Die voraussichtlichen Ramadan-Termine der nächsten Jahre:
18.06.–17.07.2015
06.06.–05.07.2016
27.05.–25.06.2017
15.05.–14.06.2018
05.05.–04.06.2019
23.04.–22.05.2020

Religiöse und traditionelle Feste

Ramadan und das Fest des Fastenbrechens: Der Ramadan, der Besinnungsmonat zur Sündenvergebung, fordert strenges Fasten während einer ganzen Mondphase. In dieser Zeit sollen Beruf und Business in den Hintergrund treten, und die Gläubigen ihre sozialen Bindungen pflegen und auffrischen. Am 29. Tag des Ramadan, wenn die Mondsichel nach Neumond erstmals wieder am Himmel steht, feiert die ganze muslimische Gemeinschaft ein mehrtägiges Freudenfest, das Fest des Fastenbrechens, **Eid al Fitr.** Es ist ein Familienfest des Friedens, der Versöhnens und der Nächstenliebe. Die Frauen kochen riesige Mengen feinster Speisen, die Familien besuchen einander, alle tragen Festkleidung, und die Kinder werden liebevoll beschenkt. Die puritanische Hingabe des Propheten, der einst während des Ramadan abends auch nur Wasser und Datteln zu sich nahm, hat sich inzwischen umgekehrt. Heute feiern die Fastenden nach Sonnenuntergang an besonders ausladend gedeckten Tischen, und der Lebensmittelbedarf in den arabischen Ländern steigt während des Fastenmonats alljährlich deutlich an.

Ranghöchstes Fest für Muslime ist das Opferfest, **Eid al Adha**. Es wird zum Höhepunkt der Hadsch, der Pilgerfahrt nach Mekka, rund zehn Wochen nach dem Fest des Fastenbrechens gefeiert und dauert vier Tage an. Ein Fest zu Ehren des Propheten Mohammed, bei dem jeder ein Opferlamm schlachten und Almosen spenden soll. **Maulid al Nabi**, der Geburtstag des Propheten, **Lailat al Isra**, die Nachtreise des Propheten, und das islamische Neujahrsfest,

Ras as Sanah al Hijryah, sind weitere bedeutende Feste im muslimischen Jahreszyklus. Wichtige Feiertage verbringen Muslime meist fernab der Öffentlichkeit im privaten Rahmen, aber durchaus gerne gesellig. Der Verzehr von Schweinefleisch, Alkohol und das Glückspiel sind für Muslime tabu.

Der Freitag ist der wöchentliche Feiertag, an dem männliche Gläubige verpflichtet sind, sich für das Mittagsgebet in einer Moschee einzufinden. Dieses Freitagsgebet wird in der Regel in den größten Moscheen einer Ortschaft abgehalten, um die vielen einströmenden Gläubigen aufnehmen zu können. Ihm geht stets eine bedeutsame Predigt voran. Keine Pflicht besteht dagegen, freitags die Arbeit ruhen zu lassen.

In Oman sind die religiösen Feiertage zugleich staatliche Feiertage. Ein wichtiger Feiertag ist außerdem der Geburtstag von Sultan Qabus am 18. November, an dem stets eine imposante Militärparade stattfindet (siehe auch S. 239)

Info Das Wochenende beginnt aus religiöser Sicht am Donnerstagnachmittag. Im öffentlichen Sektor fällt das Wochenende heute jedoch auf Freitag/Samstag

Der islamische Kalender

Die islamische Zeitrechnung beginnt mit der Flucht des Propheten Mohammed aus Mekka, der Hedschra am 16.07.622. Nach dem islamischen Kalender hat ein Jahr zwölf Mondmonate mit jeweils 29 oder 30 Tagen. Mit durchschnittlich 354 Tagen ist das islamische Jahr daher kürzer als ein Jahr im gregorianischen Kalender. Die beiden Kalender sind somit nicht datumsgleich. Die kürzere Jahresdauer aufgrund der Mondmonate erklärt auch, warum der Fastenmonat Ramadan im 9. Monat des islamischen Mondjahres jedes Jahr um ca. 10 Tage früher stattfindet. Im Alltag und im Geschäftsleben hat sich auch in Oman längst der gregorianische Kalender durchgesetzt, in allen religiösen und vielen kulturellen Belangen wird allerdings weiterhin der Hedschra-Kalender herangezogen.

Omanische Tageszeitungen veröffentlichen beide Datumsangaben

Gesetzgebung

Das Grundgesetz von Oman basiert auf dem Islam, und die Scharia bildet die Grundlage für das Familien- und Personenrecht. Das Strafrecht allerdings wurde in Übereinstimmung mit internationalen Rechtsgrundlagen gebracht. Oman hat die diesbezüglichen Vereinbarungen der UNO unterzeichnet, insbesondere jene gegen die Diskriminierung von Frauen und Andersgläubigen und für den Minderheitenschutz. Die Regierung wahrt die Unabhängigkeit der Justiz. Es gelten die Unschuldsvermutung in der Strafverfolgung, das Verbot von Folter und das Gleichheitsprinzip aller vor der Justiz.

Das Sultanat ist eine absolute Monarchie. Der Sultan regiert per Dekret und wird durch zwei Kammern, den Staatsrat und den Konsultativrat, beraten. Administrativ wird das Land in elf Provinzen mit 61 Landkreisen (Wilaya) aufgeteilt; Dhofar ist die südlichste und größte Provinz Omans.

Ein Zitat von Sultan Qabus (National Day 1994 in Nizwa):

„Religiöser Starrsinn führt innerhalb der Welt der Muslime nur zu Rückständigkeit und der Ausbreitung von Gewalt und Intoleranz, welche tatsächlich weit entfernt sind vom wahren Islam, der jede Übertreibung und jeden Radikalismus scharf verurteilt, da er die Religion der Großzügigkeit ist."

Kultur und Gesellschaft

Die arabische Kultur ist eine bald 1500 Jahre alte Hochkultur, die heute riesige Flächen unserer bewohnten Welt prägt. Einst zogen Wüstenaraber als kämpferische Freibeuter aus, um die römischen Provinzen und riesige Ländereien zu erobern, sie überrannten mächtige Reiche und legten deren glanzvollen Städte und Paläste in Schutt und Asche. Seit den Anfängen des Islam und dem Beginn des Dschihad, des Glaubenskriegs, setzte eine dramatische Expansionsbewegung ein. In hundert Jahren dehnten die Araber ihre Macht von den Pyrenäen bis an die Grenzen Chinas aus, hinterließen gestürzte Königreiche und zerstörten die bestehenden Strukturen des bäuerlichen Lebens, wo immer sie auftauchten. Bis dahin unterschieden sie sich noch nicht viel von anderen grausamen Eroberern, die als wilde Horden über ihre Nachbarn herfielen, wie die Hunnen oder viel später die mongolischen Reiter.

Doch es gab einen Unterschied: Die Araber brachten eine neue kraftvolle Religionslehre, die sie ihren Untergebenen aufzwangen. Der Koran mit seinem allumfassenden Regelwerk durchdrang rasch alle Lebensbereiche. Dadurch verbanden sich die unterschiedlichsten Kulturkreise zu einer neuen Gemeinschaft der Muslime.

Mit der neuen Glaubenslehre setzte sich zugleich triumphal die arabische Sprache durch, und vom Mittelmeerraum und dem Atlasgebirge bis an den Indus und zu den zentralasiatischen Hochebenen vereinte sie nun die Gläubigen und stiftete eine neue Hochkultur. Die arabischen Gelehrten zeigten sich zudem offen für die Errungenschaften anderer Weltreiche. Eifrig übersetzten sie altgriechische Texte und römisches Gedankengut, förderten die Naturwissenschaften, liebten Prosa, Musik und Philosophie, und zeigten eine beachtenswerte Bereitschaft, sich mit fremden Hochkulturen auseinanderzusetzen und ihre eigene durch die Fremdeinflüsse weiterzuentwickeln. Die arabischen Geisteswissenschaften reiften so zur Blüte, während Europa seine dunklen Jahrhunderte im Mittelalter erlebte.

Heute ist Arabisch die Muttersprache von 320 Mio. Menschen, weitere 90 Mio. sprechen sie als Zweit- oder Fremdsprache.

Von Wilfred Thesiger, dem Arabienkenner, der in den 1940ern das Leere Viertel auf einem Kamel durchquerte, gibt es auch zu diesem Aspekt ein bezeichnendes Zitat (in „Die Brunnen der Wüste"):

„Es schien mir nun kein vollkommen abwegiger Gedanke, dass in etwa 2000 Jahren, wenn unsere heutige Zivilisation so völlig verschwunden sein wird wie die Babylons und Assyriens, die Geschichtsbücher in den Schulen den Arabern ein paar Seiten widmen, die Vereinigten Staaten von Amerika aber kaum erwähnen werden."

Oben: Würde und Anmut strahlt diese Bäuerin aus den Bergen Dhofars aus

Schulwesen

Mehr als 1000 staatliche und über 100 Privat- und Koranschulen stehen den Buben und Mädchen in Oman zur Verfügung. Das ist eine stattliche Anzahl, wenn man bedenkt, dass es 1970 nur drei Knabenschulen im ganzen Land gab, zwei davon in Maskat und eine in Salalah. Der Schulbesuch ist kostenlos, es besteht aber keine Schulpflicht.

Der Frauenanteil an den technischen Hochschulen ist mit 40 % bemerkenswert hoch. An der Sultan Qaboos Universität liegt er sogar bereits bei 50 %. Die erste Universität Omans eröffnete 1986, bis heute ist die Zahl auf 20 Unis und Hochschulen angestiegen. Große Fortschritte gelangen auch bei der Erwachsenenbildung. Es gilt als sehr guter Wert innerhalb Arabiens, dass heute nur noch 14 % der Männer und 26 % der Frauen in Oman Analphabeten sind.

Oben: Abendstimmung an der Corniche: Frauen und Kinder am Strand von Salalah, die Männer bleiben unter sich oder spielen Fußball

Die Rolle der Frauen

Die Frau im Islam – darüber herrschen im Westen zahlreiche Klischees und Vorurteile. Dabei sollte man zuallererst dringend vermeiden, das Thema zu verallgemeinern. Denn so wie eine griechische Olivenbäuerin nur wenig gemein hat mit einer norwegischen Ärztin, und sich der Alltag einer Pariserin von dem einer Dorfbewohnerin im Donaudelta unterscheidet, genauso vielschichtig sind heute die Lebensmodelle arabischer Frauen, ob in den Megastädten am Golf oder im Beduinenzelt. Ferner sollte man versuchen, die Unterschiede nicht subjektiv zu bewerten. Uns irritieren z. B. die strenge Verhüllung der Frauen und ihr weitgehendes Fehlen in der Öffentlichkeit. Muslimische Frauen haben dazu in der Regel eine andere Einstellung, und sie haben auch eine differenzierte Vorstellung von Emanzipation und Weiblichkeit. Was wir als Ausgrenzung bemängeln, betrachten sie mitunter als Privileg. Wohlhabende Araberinnen arbeiten oft gar nicht und genießen ein relativ pflichtfreies Luxusleben mit ihren Kindern und anderen Frauen. Sie würden den Spagat ihrer westlichen Geschlechtsgenossinnen, die Kind und Karriere unter einen Hut zu bringen versuchen, gar nicht emanzipiert und frei finden. Viele tragen auch ohne religiösen Zwang freiwillig Kopftuch und Schleier, weil dies ein klares Statement bedeutet, oder weil sie die Trägerin in den Männerdomänen schützen. Natürlich sind viele auch einem sozialen Druck ausgesetzt, sich den Konventionen und Traditionen unterzuordnen, doch sind Frauen in der westlichen Welt davon tatsächlich völlig befreit?

Fotos rechts: Selbst am Pool oder Strand bleiben die Damen verhüllt; Araberinnen auf dem Weihrauchsouk

Der Koran ist keinesfalls allein für etwaige Zwänge und Kleidervorschriften verantwortlich, seine Texte lassen in der Regel eine breite Auslegung zu. Als Mohammed den Islam stiftete, verbesserte er sogar die Rechtslage für die Frauen, denn bis dato galten sie als eine Ware, die man bedenkenlos handeln, vererben und verstoßen konnte. Die Reglementierung der Vielehe auf maximal vier Ehefrauen bedeutete damals eine Reduzierung der bisherigen Praxis. Die Frau bekam im Islam erstmals klar definierte Rechte und Pflichten innerhalb der patriarchalischen Gesellschaft zugesprochen. Das wichtigste Gebot war und ist seither die Sittlichkeit der Frau. Wie sich diese bekleidungstechnisch umsetzt, darüber entscheiden die Gesellschaft und die nationalen Gesetzgeber. In Oman sind weder Schleier noch Kopftuch Pflicht, Sultan Qabus hat stattdessen ein Verschleierungsverbot in der Öffentlichkeit ausgesprochen. Der Sultan befürwortet eine tolerante Auslegung des Korans in Verhütungsfragen, gilt als vehementer Verteidiger von Frauenrechten und forderte immer wieder ihre stärkere Partizipation in Politik, Wirtschaft und öffentlichem Leben. Er sorgte dafür, dass sie die gleichen Bildungschancen haben wir ihre männlichen Kollegen, und so findet man heute in Oman viele Akademikerinnen, Politikerinnen und sogar Unternehmerinnen. Sie fahren hier auch selbstverständlich Autos, was im Nachbarland Saudi-Arabien (noch) völlig unmöglich ist. Es existiert allerdings ein Gefälle zwischen der Hauptstadtregion und dem Hinterland, auch das bäuerlich geprägte Dhofar hat noch deutlich konservativere Strukturen als Maskat.

Der Vorrang des Mannes ist allerdings im Islam fest verankert. Gleichheit besteht also nicht zwischen den Geschlechtern. Frauen dürfen z. B. ohne Zustimmung des Vaters oder des männlichen Vormunds nicht heiraten, sie dürfen ausschließlich Muslime ehelichen, und sie erhalten im Falle einer Scheidung oder beim Tod des Ehemanns grundsätzlich nicht das Sorgerecht für Kinder. Töchter erben nur halb so viel wie Söhne. Und selbst die Rechte, die ihnen nach dem Gesetz zustehen, können Frauen oft nicht durchsetzen, weil sie am starren Widerstand von streng religiösen und konservativen Männern scheitern.

Oben und rechts: Picknicks und Familienausflüge zählen hierzulande zu den beliebtesten Freizeitunternehmungen

Die Rolle der Familie

Der familiäre Zusammenhalt ist das Fundament der arabischen Gesellschaft und das wichtigste soziale Band des Einzelnen. Es gibt klare Regeln: Respekt vor Älteren ist selbstverständlich; jung widerspricht alt niemals. Frauen regeln alle häuslichen Belange, Männer haben sich um die außerhäuslichen Dinge zu kümmern. Die Stellung einer Frau innerhalb der Familie ist direkt abhängig von der Anzahl der Kinder, insbesondere der Söhne, die sie geboren hat. Den höchsten Status erlangen Großmütter, die Söhne geboren und bereits männliche Enkel haben. Unverheiratete Frauen stehen im Rang weit unten, und Kinderlosigkeit ist ein Stigma, das oft zu sozialer Ausgrenzung, Scheidung oder in die Mehrehe führt. Junge Mädchen fiebern ihrer Hochzeit und dem ersten Kind meistens entgegen, so groß ist ihre Angst vor sozialer Ächtung bei ungewollter Kinderlosigkeit. Kinderreichtum bedeutet dagegen Prestige und Altersvorsorge, denn es besteht eine Versorgungspflicht der mittleren Generation für die Alten. Männer tragen eine hohe Verantwortung und müssen die Familienehre schützen, dafür besitzen sie eine nahezu unantastbare Autorität. Der älteste Sohn genießt als Stammhalter eine Vorrangstellung gegenüber allen seinen Geschwistern. Dieses Regelwerk führt dazu, dass fast alle generell die Ehe anstreben, niemand ein Single und kinderlos bleiben möchte.

Hochzeiten sind sehr wichtig, werden mindestens drei Tage lang im sehr großen Kreis gefeiert, und viele verausgaben sich finanziell dafür regelrecht. Groß in Mode sind pompöse Hochzeiten in Luxushotels. Die meisten Ehen werden nach wie vor von den Eltern oder anderen Familienmitgliedern vermittelt. Früher waren die Bräute kaum älter als 15 Jahre, heute heiraten sie deutlich später, weil die meisten jungen Frauen zunächst eine gute Ausbildung erhalten. Die Männer sind oft schon Mitte dreißig, denn sie müssen einen Brautpreis entrichten, den sich viele erst nach Jahren leisten können. Der Brautpreis dient der Absicherung der Braut, wird aber an den Brautvater ausgezahlt. Brautpaare dürfen sich vor der Heirat nur in Anwesenheit erwachsener Familienmitglieder begegnen, um die Keuschheit der Braut zu gewährleisten. Die Hochzeitsnacht verbringt das Paar im Haus der Brauteltern, erst am nächsten Morgen ziehen sie zu seiner Familie um. So vollzieht sich auch symbolisch der Wechsel der Frau zur Familie des Mannes. Muslime tragen keine Eheringe und die Ehefrau behält ihren Namen. Wer sich den teuren Brautpreis nicht leisten kann, heiratet unter Umständen auch eine nicht muslimische Ausländerin. Die gemeinsamen Kinder werden aber unbedingt muslimisch erzogen.

Familie und Privatleben werden auch in aufgeschlossenen Kreisen nach außen abgeschirmt, Fremde nur selten eingelassen. Frauen pflegen enge Bindungen zu weiblichen Verwandten und Freundinnen, die Männer kommen bei geschäftlichen und sportlichen Ereignissen stärker mit Außenstehenden in Kontakt. Beide Geschlechter reduzieren ihre sozialen Beziehungen strikt auf gleichgeschlechtliche Kontakte, wenn es sich nicht um Verwandte handelt.

Eheschließungen innerhalb der Verwandtschaft zweiten Grades (zwischen Cousin und Cousine) sind häufig. Dadurch bleibt das Familienvermögen erhalten, und es garantiert eine gleiche soziale Stellung, was als zuträglich angesehen wird. In heutiger Zeit praktizieren Dreiviertel aller Omanis eine

Unten: Picknick im Wadi Shuwaymyah

Oben: Restaurants haben Familienbereiche, die Männer nur in Begleitung ihrer Frauen oder Familien betreten dürfen

Einehe. Die Verpflichtung, alle Ehefrauen absolut gleich zu behandeln, erscheint vielen Männern kompliziert und finanziell äußerst belastend.

Für den Mann ist es einfach, sich scheiden zu lassen. Nach islamischem Recht braucht er dazu lediglich drei Mal unter Zeugen „Ich verstoße dich" zu rufen. Falls er dies später bereut, liegt es an der Frau, ob sie die ausgesprochene Scheidung wieder rückgängig machen will. Auch Ehefrauen können sich scheiden lassen, müssen ihre Beweggründe aber vor Gericht vortragen. Geschiedene Frauen kehren mit den kleineren Kindern zurück ins Elternhaus oder zu ihrem älteren Bruder. Der Vater ist für die Kinder unterhaltspflichtig, behält dafür aber immer das Sorgerecht. Für seine geschiedene Ehefrau braucht er keinen Unterhalt zu bezahlen. Mit etwa sieben Jahren gehen die Söhne zum Vater, die Töchter bleiben weiterhin bei der Mutter. Es kommt nur sehr selten vor, dass eine Frau alleine lebt. Dagegen ist es häufig, dass sich geschiedene Frauen wieder verheiraten.

In jungen Jahren dürfen Buben und Mädchen ungeniert miteinander spielen, doch spätestens mit Beginn der Pubertät trennen sich ihre Wege. Töchter lernen nun all die häuslichen Belange, und Söhne begleiten ihre Väter bei außerhäuslichen Aktivitäten und wachsen in dessen Fußstapfen

Die Geburt eines Kindes wird in Oman begeistert gefeiert, auch wenn statt des erhofften Sohnes eine Tochter geboren wurde. Für ein neugeborenes Mädchen wird eine Ziege geschlachtet, für einen Buben zwei, und stets wird die gesamte Nachbarschaft zum Fest geladen. Kinder sind ein Segen Gottes, und auch die Väter gehen sehr geduldig und liebevoll mit ihrem Nachwuchs um. Buben werden beschnitten, indem ein Teil der Penisvorhaut entfernt wird. Dies geschieht entweder kurz nach der Geburt oder mit sieben Jahren und gilt als ein Symbol der Reinigung. In Oman dürfen diese Beschneidungen nur in Krankenhäusern stattfinden, und Mädchenbeschneidungen sind streng verboten.

Unten: Nachbildung eines traditionellen Wohnzimmers im Fort von Mirbat

Stirbt ein Muslim, so sollte er noch am selben Tag beerdigt werden. Der Leichnam wird gewaschen, parfümiert, in ein einfaches Leichentuch gewickelt und in der Erde bestattet. Jeder Familienangehörige wird versuchen, der Beerdigung beizuwohnen, was bei überraschenden Todesfällen große Anstrengungen und hohe Ausgaben, z. B. durch kurzfristige Fluganreisen, nach sich ziehen kann. Die Trauerzeit beträgt nur drei Tage, danach sollen die Angehörigen in ihren Alltag zurückkehren. Witwen bleiben noch 100 Tage bei der Familie des Verstorbenen, um eine mögliche Schwangerschaft auszuschließen, ehe sie zu ihrer Familie zurückkehren und möglicherweise erneut heiraten. Mit der Trauer und dem Gedenken an Verstorbene gehen Muslime anders um als Christen. Ihre Friedhöfe sind keine Orte der Trauer für den Verstorbenen, und sie betreiben auch keine Grabpflege. Deswegen stellen sie auch keine Grabsteine mit Namen auf. Üblicherweise werden für Männer zwei aufrecht stehende Steine an den Enden des Grabes aufgestellt, für Frauen zusätzlich ein dritter Stein in der Mitte des Grabes. Ansonsten bleiben die meisten muslimischen Gräber anonym und werden nicht gepflegt oder besucht – Dhofar bildet hier allerdings eine Ausnahme.

Musik und Tanz

Ein Sprichwort besagt, einen Araber begleiten Tanz und Musik von der Wiege bis ins Grab. Musik ist überall präsent und von großer kultureller Bedeutung. Mehr als 130 verschiedene Arten der traditionellen Musik listet z. B. das „Oman Centre for Traditional Music" auf. Die Seefahrernation sammelte über Jahrhunderte Einflüsse aus Indien, Persien und Ostafrika, die die traditionelle Musik befruchteten. Wer sich von der Vielfalt und Ausdruckstärke omanischer Musik überzeugen möchte, braucht nur einmal die Tourism Festivals in Salalah oder Maskat besuchen.

In Dhofar spielen Frauen bei Gesang und Tanz eine wichtige Rolle (im Gegensatz zu vielen anderen arabischen Regionen). Hier kommt eine Trommel nur für Frauen zum Einsatz, die Tabl an-Nisa heißt. Auch fallen die Frauentänze hier besonders temperamentvoll aus. Typisch für die arabische Musik ist die freie Interpretation eines Themas, wie der Seefahrt, dem Fischen, dem Kampf und der Ernte. Dabei dominiert stets der Rhythmus, während Melodien oft in den Hintergrund geraten. Der Bauchtanz, den Abendländer so gerne als arabisch einstufen, ist in Oman übrigens kein traditionelles Kulturgut. Wenn Sie ihm begegnen sollten, handelt es sich um einen Import zur Erfüllung touristischer Klischeevorstellungen. Tief verwurzelt sind dagegen die Kriegstänze älterer Männer, die sie mit all ihren Waffen wie Krummdolch und Vorderladerbüchse darbieten.

Bemerkenswert und ziemlich einmalig in der arabischen Welt ist das Königliche Symphonieorchester, das der Mozartfan Sultan Qabus 1985 ins Leben rief. Hier spielen ausschließlich einheimische Musiker mit großem Erfolg klassische Musik auf der nationalen und internationalen Bühne.

Royal Oman Symphony Orchestra: Das Symphonieorchester des Sultans

Omans „Modern Way of Life"

Fotos rechts: Häuser in Sarfait; Salalahs Lulu Hypermarket wird abends bunt beleuchtet; moderne Stadtvilla

Unten: Szenen in der Altstadt und eine Neubausiedlung aus der Vogelperspektive

Die moderne Gesellschaft in Oman steht noch immer auf diesem seit Jahrhunderten geprägten muslimischen Fundament. Es ist durch und durch eine Feudalgesellschaft, die sich an der Rechtsprechung des Korans orientiert. Und trotzdem ist sie auch eine moderne Industrienation, die innerhalb einer einzigen Generation vom Mittelalter ins 21. Jh. katapultiert wurde. Die Nomaden und Selbstversorger von gestern fahren heute Allradfahrzeuge über mehrspurige Autobahnen, besitzen Kreditkarten und bedienen Mobiltelefone. Sie lieben westliche Wohlstandsattribute und Luxusgüter, bleiben in ihren Traditionen aber weiterhin fest verhaftet. So leisten sich selbst reiche Städter, die in Salalah längst dem modernen Lebensstil frönen, oft eine Kamelweide und ein paar Rinder als Bindeglied zum traditionellen Leben der Vergangenheit. Die Möglichkeiten der persönlichen Entfaltung haben deutlich zugenommen, von den wirtschaftlichen Freiheiten und den Bildungschancen gar nicht zu sprechen, doch gibt es weiterhin starre Grenzen in religiösen und politischen Fragen. Niemand zweifelt die Legitimation des absolutistischen Herrschers an. Das Volk tummelt sich im Internet und unterliegt weder Reise- noch Handelsbeschränkungen, von politischen Entscheidungen bleibt es aber ausgeschlossen. Daran stören sich offenbar weder die gebildeten Eliten noch die darbende Unterschicht. Dies ist eine der Besonderheiten im heutigen Oman.

Gegenwärtige Siedlungspolitik und Architektur

Omanische Siedlungen erscheinen für Mitteleuropäer wie eine eigenwillige Anhäufung von Gebäuden, die scheinbar planlos und willkürlich über die Geröllebene verstreut liegen. Ein Zusammenhang zwischen Straßenbau und Wohnbau erschließt sich nur schwer. Als Besucher stellt man sich die Frage, warum die Häuser und Läden so stehen, wie sie stehen. Sie folgen einfach nicht dem unterbewussten Ordnungsplan der irritierten abendländischen Betrachter.

Früher wurde fast ausschließlich mit Lehmziegeln gebaut, von einfachen Wohnhäusern bis zu mehrstöckigen Prachtbauten mit Balkonen. Auch militärische Befestigungsanlagen, Forts, Moscheen und Paläste – alles wurde jahrtausendelang aus Lehmziegeln errichtet. Die Fassaden bestanden aus einer Mischung aus zerbröckeltem Kalkstein. Die geringe Haltbarkeit solcher Bauten erklärt den oft miserablen Zustand vieler historischer Gebäude. Baufällige Häuser überließ man entweder Wind und Wetter, bis sie verfielen, oder man riss sie nieder und errichtete aus dem Bauschutt gleich wieder ein neues Haus. Diese Praxis erschwert den Historikern heute eine exakte Datierung alter Gebäude. Mit der „Omanischen Renaissance", der Zuwendung zur Moderne und dem aufkeimenden Wohlstand, wurde der Lehmbau immer seltener und wich modernen Beton- und Steingebäuden, in den Städten zunehmend auch Stahl und Glas. Es entstanden immer mehr gesichtslose Straßenzüge, hässliche Hochhäuser und nüchterne Zweckbauten. Omanis lieben aber auch verspielte Gebäude mit Säulen, Erkern, farbigen Elementen; sie statten ihre Wohnpaläste mit verspiegelten oder farbigen Glasfassaden aus und greifen gerne zu einem wilden Stilmix.

Niemand will heute mehr in einer Lehmsiedlung leben, und die alten Häuser werden auch nicht als schützenswertes Kulturgut betrachtet, deshalb lässt man sie fast überall verfallen und modernen Gebäuden weichen. Den Charme dieser historischen Baukunst, den viele westliche Besucher sehr schätzen, spüren die Menschen in Oman bisher offensichtlich nicht. Nur historisch bedeutsame Festungen und Paläste werden aufwändig restauriert. Davon gibt es allerdings reichlich, denn kaum ein Land Arabiens hat derart viele Wehrtürme, Forts und Stadtmauern zu bieten wie Oman, wo die Wehrhaftigkeit gegen mögliche Angreifer vom Meer stets elementare Bedeutung hatte.

Erfreulicherweise verfällt Oman aber nicht dem Gigantismus seiner Nachbarn am Golf. Zwar gibt es auch in Salalah moderne Gebäude und in Maskat Luxusbauten; Wolkenkratzer wie in Abu Dhabi oder Dubai sind hier aber nicht

Lassen wir hier noch einmal Wilfred Thesiger zu Wort kommen:

„... Und dennoch haben ihre Glaubensbrüder in Hadramaut eine Architektur entwickelt, die schlicht, harmonisch und schön ist. Aber auch diese Architektur ist dem Untergang geweiht, denn der Geschmack der Araber ist leicht zu verderben. In jenen alten Städten entstehen bereits neue abscheuliche Gebäude von geschmacklosem Stilgemisch, die moderne arabische Architekten entworfen haben und deren Anblick meine Gefährten tief beeindruckte. Sie sahen mich an und sagten: Bei Gott, es sind wunderbare Gebäude. Es war sinnlos, darauf etwas zu erwidern."

(Zitat in „Die Brunnen der Wüste")

Behutsamer Ausbau statt Gigantismus

zu finden. Oman legt Wert auf einen behutsameren Umgang mit der Tradition als ihn seine Nachbarn pflegen. Es ist z. B. nicht erlaubt, Gebäude mit mehr als zwölf Stockwerken zu errichten. Die städtebaulichen Veränderungen geschehen dennoch atemberaubend schnell. In Dhofar sind so viele neue Siedlungen geplant, dass man häufig moderne breite Straßenzüge, möglicherweise sogar mit Laternen gesäumt, sieht, die derzeit noch unvermittelt als Sackgassen in der staubigen, hässlichen Ebene enden.

Omanische Wohnträume

Privathäuser sind fast immer mit einer hohen, uneinsehbaren Mauer umzäunt und haben auf dem Dach einen riesigen Wasserspeicher. Anstelle eines begrünten Gartens oder einer Terrasse bleibt der Boden entweder unverändert staubtrocken oder wird gefliest und betoniert. Man hält sich nicht im Freien auf. Die Räume eines Hauses haben eher kleine Fenster, die oft vergittert sind und fast immer mit Vorhängen blickdicht zugehängt werden.

Häuser bieten Schutz und Abgrenzung

Je nach Einkommen des Bauherrn handelt es sich bei den Wohnhäusern mitunter um regelrechte Märchenpaläste. Innerhalb des Hauses gibt es traditionell neben dem Eingang einen Raum, der Majlis heißt und dem Empfang von Besuchern dient. Es wird nämlich nur Familienmitgliedern oder sehr guten Freunden gestattet, weiter in die Privatgemächer einzudringen. Denn ein typisches arabisches Haus macht vor allem eines: Es schützt die Innenwelt gegen Blicke von außen, und schirmt die Insassen zuverlässig gegen Belästigung von außerhalb ab.

Kleider machen Leute

Die meisten Araber kleiden sich nach wie vor sehr traditionell. Für Männer bedeutet dies, dass sie praktisch ihr ganzes Leben lang eine **Dishdasha** tragen. Das weiße, knöchellange, gerade geschnittene Gewand sieht ein wenig wie ein nostalgisches Nachthemd aus und eignet sich bestens für heiße Gegenden. Sie ist eine standesgemäße Bekleidung für jeden Mann, ganz egal, welche Position er innehat, ob Markthändler oder Würdenträger. Unter der Dishdasha tragen die Herren bequeme Freizeitkleidung wie T-Shirts und Shorts.

Fotos rechts: Omani mit Dishdasha und Kumma; bestickte Kappen im Souk von Salalah; silberner Krummdolch; Werbeplakat für modische Abayas

Die Dishdashas unterscheiden sich je nach Land nur durch unterschiedliche Abschlüsse am Hemdkragen. Die omanische Variante schließt am Hals mit einer bestickten runden Knopfleiste ab, seitlich mit einer Kordel begrenzt, an der eine Quaste hängt, die, in Parfum getaucht, stundenlang Wohlgerüche verströmt. In Dhofar sieht man relativ häufig pastellfarbige Dishdashas, z. B. in beige oder hellblau. Dies wäre in anderen arabischen Regionen undenkbar. Fast jeder Araber trägt dazu eine Kopfbedeckung, die in Oman gerne eine buntbestickte Kappe, die **Kumma**, ist. Im Souk von Salalah quellen die Läden über mit Kummas in unterschiedlichsten Mustern und Farbvariationen. Bei formelleren Anlässen wählen Omanis allerdings lieber ein edel besticktes Kaschmirtuch für den Kopf, das sie zum Turban schlingen. Man nennt dies einen Massar. An Feiertagen komplettieren ein **Khanjar**, der silberne Krummdolch, und der **Assa**, ein dünner Kamelstecken aus Bambus, den festlichen Aufzug. Die Füße stecken ihr ganzes Leben lang in bequemen Ledersandalen.

Die Damenwelt trägt in der Öffentlichkeit als Zeichen des Anstands einen schwarzen, den ganzen Körper bedeckenden und bodenlangen Umhang, die **Abaya**. Sie verhüllt die Frau bis auf Gesicht, Hände und Füße. Darunter verborgen tragen die Frauen traditionell ein reich besticktes, weites Kleid und darunter wiederum eine lange Hose; die bei jungen Frauen gerne auch nach dem neuesten westlichen Geschmack gestylt sein darf. Manchmal lassen die eleganten Schuhe unter eine Abaya darauf schließen, dass ihre Trägerin hautenge Jeans oder teure Designerkleidung trägt. Zahlreiche Frauen verhüllen ihr Gesicht mit einem Gesichtsschleier, der halbdurchsichtig sein kann oder blickdicht, manchmal auch nur einen Sehschlitz offen lässt. Ein Kopftuch tragen alle Frauen, denn die Haare werden in der Öffentlichkeit nicht gezeigt.

Dhofar hat auch bei der Kleidung eine Sonderrolle. Die Jebali-Männer, jene Bergvölker altjemenitischen Ursprungs, die sich von den Arabern schon durch ihre dunklere Haut, die schwarzen Locken und die sehr schlanke Gestalt unterscheiden, bevorzugen lange dunkle, gemusterte Wickelröcke. Darüber tragen sie manchmal ein Hemd und einen Turban, der auch Mund und Nase bedeckt und nur die dunklen, selbstbewusst blickenden Augen frei lässt. Nicht selten sieht man sie aber auch mit freiem Oberkörper über dem Wickelrock. Ihre Frauen kleiden sich viel bunter als Araberin-

Das teuerste Parfum der Welt

1983 ließ Sultan Qabus das teuerste Parfum der Welt vom französischen Duftdesigner Guy Robert kreieren.

Amouage, auf Arabisch „Welle", besteht aus mehr als 120 natürlichen Ingredienzien, Blütenölen, Dufthölzern und Aromen, darunter der edelste Weihrauch Dhofars und die Essenzen vier omanischer Rosenarten wie der berühmten Felsenrose vom Jebel Akhdar. Auch Spuren von Moschus, Amber, Myrrhe, Jasmin, Aprikose, Limone, Lilie, Apel und Sandelholz sollen enthalten sein.

Kein Volk verwendet Düfte so leidenschaftlich wie die Omanis. Sie bestäuben ihre Handgelenke, räuchern die Kleidung über Weihrauchgestellen, parfümieren die Quaste der Dishdasha, und besprengen das Haupthaar mit Rosenwasser und Wohlgerüchen.

langen und farbig bestickten Hose, die Sirwal genannt wird und sich an den Waden verengt, getragen wird. Sie verwenden feine Stoffe und kombinieren leuchtende, kräftige Farben miteinander. Oft legen sie sich auch noch weitere riesige Tücher um Kopf oder Schultern. Ihre Hände und die Fußrücken bemalen sie mit Hennamustern. Ältere Beduinenfrauen tragen außerdem gelegentlich noch eine Burqa, eine Art schützende Gesichtsmaske. Bei jungen Frauen ist dies seltener geworden.

Westlich orientierte Kleidung sieht man fast nur bei den Ausländern, z. B. philippinischen Verkäufern. Jugendliche Araber tragen manchmal bei Restaurantbesuchen oder im Shopping Centre Jeans und Hemd. Viele Gastarbeiter kleiden sich gemäß ihrer jeweiligen Landestracht, sodass man ihre Nationalität daran erkennen kann, z. B. die Pakistanis anhand ihres knielangen Hemdes.

Die Liebe zu Schmuck und Accessoires

Schmückende Accessoires begehren in Oman nicht nur die Frauen; auch der arabische Mann zeigt gerne seinen Rang und Wohlstand. Besonders beliebt sind Gold- und Silberschmuck. Man sollte sich nicht entgehen lassen, einmal das alltägliche Treiben im Gold Souk zu beobachten, denn es offenbart die große Schmuckbegeisterung der Omanis. Allabendlich strömen dort die Frauen zu zweit oder in Gruppen in die Läden, lassen sich ausgiebig die Auslagen zeigen und diskutieren, vergleichen und feilschen, während ihre Ehemänner, Söhne und Väter geduldig im Geländewagen warten. Wird einem der Fahrer die Wartezeit gar zu lang, hupt er in der Hoffnung, seine Damen zu einer Kaufentscheidung und dem Aufbruch anzutreiben. Mehr steht ihm offensichtlich nicht zu, denn Schmuckkauf ist Frauensache, und das dauert eben so lange wie es dauert.

Die Frauen mit wertvollem Schmuck auszustatten, hat eine lange Tradition. Es sicherte Ehefrauen seit jeher beim Tod ihres Mannes oder einer Scheidung finanziell ab, außerdem gilt Schmuck als wirksamer Schutz gegen Verwünschungen. Auch heute noch schenkt ein Mann seiner Braut zur Hochzeit Silberschmuck, den sie bei Festlichkeiten stolz tragen wird. Da kann es dann vorkommen, dass sie bis zu 2 kg Silber in Form von Halsketten, Fuß- und Armreifen, Broschen, Finger- und Ohrringen am Körper trägt, ihre gesamte Wertanlage, um damit in der konkurrierenden Damenwelt Eindruck zu schinden.

Oben: Gebrauchte Flinten und andere Schusswaffen findet man vereinzelt in den Souks

Für Männer sind westliche Luxusartikel Attribute ihres Erfolgs, insbesondere teure Designeruhren, elegante Sonnenbrillen und die neuesten Mobiltelefone. Zugleich zeigen sie sich bei entsprechenden Anlässen auch gerne mit schneidigen Krummdolchen, Patronengürteln und Schusswaffen, die wahlweise moderne Jagdflinten oder museumsreife Vorderlader sein dürfen. So demonstrieren sie ihre Verbundenheit mit der jahrtausendealten Tradition der Wüstenvölker.

Die Geschlechtertrennung im Alltag

Die ausgeprägte Geschlechtertrennung durchdringt den muslimischen Alltag in jeder Hinsicht und ist einer der deutlichsten Unterschiede zu christlich geprägten westlichen Nationen. Hier wandeln die Männer und Frauen die meiste Zeit in getrennten Lebenswelten und begegnen sich möglichst wenig, wenn sie nicht miteinander verwandt oder verschwägert sind. Was uns Abendländern wie eine Ausgrenzung der Frau erscheint, verteidigen Muslime – und durchaus auch die Frauen selbst – als Schutz für die Weiblichkeit gegen Belästigungen und als klar strukturierte Freizonen für die Frauen. Deswegen gibt es im öffentlichen Leben entsprechende Rückzugszonen und Sonderbereiche für Frauen, z. B. die Family Rooms in Restaurants, Ladies Prayer Rooms in den Moscheen, Ladies Days in öffentlichen Anlagen und Ämtern, reine Frauenmärkte und getrennte Hochschulfakultäten. Frauen fühlen sich in weiblicher Gesellschaft wohler und Männer in Männerkreisen. Man schließt keine Freundschaften mit dem anderen Geschlecht (außerhalb der Verwandtschaft), und man führt keine gemischtgeschlechtlichen Gesprächskreise. Für viele Mitteleuropäer, in deren

Foto links: Pakistanische Expatriats

Freizeitgestaltung, Berufs- und Lebensalltag heute eine völlige Geschlechtervermischung herrscht, ist das besonders schwierig nachzuvollziehen.

Auch innerhalb der Familie bleibt die arabische Geschlechtertrennung deutlich, in der Regel beziehen Männer und Frauen sogar getrennte Wohnbereiche. Freizeitaktivitäten als Familie, mit beiden Elternteilen, beschränken sich oftmals auf Einkaufstouren in modernen Shopping Centres und Wochenendpicknicks in der Natur. Dabei kommen gerne ganze Großfamilien zusammen, und sofort teilen sich die Geschlechter dann wieder in getrennte Gruppen.

Wie kocht man arabischen Kaffee?

In einen halben Liter kochendes Wasser fünf bis sechs Löffel gemahlenen arabischen Kaffees rühren, weitere zehn Minuten kochen lassen ohne umzurühren, damit sich der Kaffee am Boden absetzen kann. Nun entweder einen TL Rosenwasser oder eine Fingerspitze Safranpulver zugeben. Wichtig fürs Servieren: Die Tassen hält man stets mit der rechten Hand, die Kanne in der linken. Außerdem dürfen die kleinen Tassen nur max. zur Hälfte, besser nur zu einem Viertel gefüllt werden. Sie werden immer wieder nachgeschenkt, bis man durch ein deutliches kurzes Schütteln der leeren Tasse anzeigt, dass man keinen mehr möchte. Traditionell werden zum Kaffee Datteln gereicht. Zum Kaffeetrinken sollte man sich immer Zeit nehmen, es gilt als unhöflich, ihn abzulehnen.

Gastfreundschaft

Omanis sind in aller Regel angenehme Zeitgenossen. Ihre freundlich-tolerante Art und die entspannte Lebensführung tragen stark dazu bei, dass Touristen sich in diesem Land wohlfühlen. Das Gebot der Gastfreundschaft ist als wichtiger Bestandteil der muslimischen Lehre auch eine uralte Tradition in Oman. Hier paart sich die höfliche Gastlichkeit mit einer offenen und interessierten Mentalität. Viele Omanis unterhalten sich gern mit ausländischen Besuchern. Selbstverständlich sprechen die Omanis niemals fremde Frauen an, sondern nur Männer.

Deutschland, Österreich und die Schweiz genießen ein gutes Image in der arabischen Welt. Ob der Reisende es nun persönlich verdient oder nicht, die deutschsprachige Nationalität verschafft ihm bereits Wohlwollen und eine gewisse Hochachtung in Oman. Besonders häufig werden Reisende anerkennende Bemerkungen zur Qualität der Industrieprodukte und zu technischen

Leistungen hören. Effizienz und Leistungsbereitschaft, wie sie unserem Kulturkreis nachgesagt werden, scheinen auch in Oman viel Ansehen zu finden. Dabei bleibt die Begegnung stets auf Augenhöhe. Omanis sind stolz auf ihre eigene Kultur und begegnen Europäern weder devot noch ehrerbietig, sondern eher wohlmeinend jovial. Sie sind überzeugt, dass ihr Land und ihre Traditionen den gleichen Respekt verdienen, wie sie ihn ihren abendländischen Gästen erweisen.

nen. Ihre **Jallabia** ist ein Kleid, das über einer sehr weiten, Ein Blick in den Kochtopf

Traditionell genießt das gemeinsame Essen in Arabien einen sehr hohen gesellschaftlichen Stellenwert. Der Genuss am Essen, die Freude an den reichhaltigen Köstlichkeiten, das Beisammensein und Kommunizieren, sich gegenseitig mit feinen Speisen zu bewirten, die Nahrung zu teilen und sich bei alledem in guter Gemeinschaft entspannt Zeit zu lassen – all das macht es aus, warum Araber das Essen gerne zelebrieren. Eine Essenseinladung ist daher auch immer etwas Besonderes.

Oben: Die Küche eines einfachen Straßenlokals; gebratenes Huhn mit Basmatireis

Bilder links: Eingang zur Salalah Gardens Mall; arabischer Kaffee und Datteln zur Begrüßung im Crowne Plaza Resort

Jedoch kann man auch beobachten, wie sich dieses Verhalten mit dem Einzug der Moderne verändert. In Salalah wie in allen anderen großen Städten des Landes beobachtet man abends den neuen omanischen Way of Life beim Abendessen: Familienväter fahren mit ihren Geländewägen bei den unzähligen Restaurants vor, geben ihre Bestellung direkt vom Fahrersitz aus auf und warten dort auf die Lieferung, die wenig später ein Bangladeschi oder Pakistani an die Fahrertür trägt. Verknotete Plastiktüten, in denen Styroporschachteln die Speisen warm halten, und ein paar Geldnoten wechseln die Besitzer, und schon rauscht der Omani heim zu Frau und Kindern. „Takeaway" und Fast Food anstelle von Selbstkochen werden immer beliebter. Die großen Hypermarkets haben das längst erkannt und bieten meterlange Theken mit warmen und kalten Gerichten zum Mitnehmen an.

Dies zeigt denn auch gleich, was die typischen Speisen moderner Omanis sind: Mit Begeisterung ernähren sich die Menschen heute indisch, pakistanisch, libanesisch und chinesisch. Die omanische Küche per se ist bereits ein Sammelsurium unterschiedlichster Einflüsse aus den Ländern, mit denen Oman seit langem in Handelskontakten steht. Die zum Teil seit Generationen anwesenden Immigranten und die vielen Gastarbeiter aus diesen Ländern haben dazu geführt, dass arabische Restaurants in den Hintergrund geraten sind. Indische Currys und Reisgerichte wie Biryani haben hier denn auch einen ähnlichen Siegeszug erlebt wie einst italienische Spaghetti in Deutschland, sie werden in Oman nur etwas milder gegessen als in ihren Heimatländern.

Reis ist das Hauptnahrungsmittel und kommt in unterschiedlichen Sorten und Zubereitungsarten auf den Tisch. Dazu werden Eintöpfe mit Gemüse, Fisch und Fleisch gereicht. Nie fehlen darf Brot, das als Fladenbrot frisch gebacken wird. Zumeist werden die Speisen gekocht und gebraten, seltener gedünstet oder frittiert. Salat, eingelegtes Gemüse, Kichererbsenpüree und Gurkenjoghurt sind klassische Beilagen. Verfeinert werden viele Gerichte durch die hervorragenden omanischen Datteln und Nüsse. Da der Verzehr von Schweinefleisch für Muslime tabu ist, besteht das Fleischangebot hier aus Rind, Lamm, Huhn und Ziege. Kamelfleisch und warme Kamelmilch sind eine Spezialität der Beduinenküche, die in Dhofar im Landesinneren und in den entsprechenden Lokalitäten von Salalah angeboten werden. Sie findet zwei Abnehmergruppen: einheimische Bedu und Jebalis, die ihrer gewohnten Küche treu bleiben, und arabische Touristen aus den Nachbarländern, die Dhofar während

der Khareef besuchen. Kamelfleisch ist teuer und für die reichen Araber aus den Megazentren am Golf, die in ihrem Alltag kaum noch mit der traditionellen Wüstenküche in Berührung kommen, eine seltene Delikatesse.

Wichtig in der muslimischen Welt ist es, dass jedes Schlachtvieh geschächtet – **halal** – sein muss: Der Schlachter murmelt religiöse Formeln, während er die Halsschlagader des unbetäubten Tieres mit einem glatten Schnitt durchtrennt und das Tier rasch ausbluten lässt. Daran hat sich auch trotz der Moderne nichts verändert. Jedes Fleisch muss halal zubereitet sein.

In Oman wird zwar vergleichsweise mild gegessen, auf Gewürze und Aromen aber dennoch großen Wert gelegt. In fast jedem Gericht sind Curry- und Korianderblätter, oft auch Minze oder frische Limettenblätter enthalten. Chilis finden frisch oder getrocknet ihre Verwendung, außerdem Ingwer, Zimt, Sesam, Nelken, Anis und Senfkörner. Gewürzpulver aus aromatischem Garam Masala, Kreuzkümmel, Tamarinde, Rosenwasser und Kardamom dürfen nicht fehlen. Farbe bringen Safran und Kurkuma in die Speisen.

Bei den Nachspeisen liebt es die arabische Welt sehr süß. Hier darf der Honig triefen und das Gebäck so zuckersüß sein, dass dem Unerfahrenen der Atem stockt.

Bei der Getränkewahl stehen heiße, süße Tees und Wasser an der Spitze der Beliebtheitsskala, gefolgt von Limonaden, Fruchtsaft und dem Trinkjoghurt Laban, den es in verschiedenen Geschmacksrichtungen gibt. Kaffee mit Kardamom, der in winzigen henkellosen Tassen serviert wird, bildet den Abschluss einer guten Mahlzeit.

Oben: Kamelfleischbraterei in Salalah
Bilder links: Tandur-Ofen; Gewürze im Supermarkt; Fleischspieße am Souk; Speisen auf dem typischen Silbertablett

Wirtschaft

Vor 50 Jahren, kurz bevor Oman sein erstes Erdöl förderte und verkaufte, befand sich der Wüstenstaat wirtschaftlich wie im tiefsten Mittelalter: völlig isoliert, rückständig, verarmt und ohne jegliche technische Errungenschaften, die zu diesem Zeitpunkt bereits weltweit verbreitet waren. Die viel gerühmte „**Omanische Renaissance**“, ein außergewöhnlicher Kraftakt, wäre ohne die Hilfe des „Schwarzen Goldes“ auch niemals möglich gewesen. Als Sultan Qabus 1970 seinen Vater entmachtete und die Modernisierung und Öffnung des Landes einleitete, lebten seine Untertanen unter ärmlichen Bedingungen von einer bescheidenen Selbstversorgung, betrieben ein wenig Tauschhandel untereinander und pflegten jahrhundertealte Anbautechniken, die sie nie verändert hatten. Ein großer Teil der Bevölkerung zog als Nomaden von Weide zu Weide durch das Landesinnere. Sesshaft waren damals nur die Küstenbewohner, die ein wenig Fischerei betrieben und als Handwerker im Schiffsbau und in den Schmieden ihr Auskommen fanden, und die Oasenbauern mit ihren Dattelplantagen. Die viehzüchtenden Nomaden halfen saisonal bei der Dattelernte aus und erlangten gelegentliche Einkünfte durch die Handelsgüter ihrer Kamelkarawanen. Im Tausch erhielten sie Trockenfisch von den Küstenfischern, Metallwaren und landwirtschaftliche Produkte. Die Geldwirtschaft war noch gar nicht üblich. Es gab kein Radio, keine Fahrräder, und kein Einfluss von außen drang nach Oman.

Dies alles ist kaum noch vorstellbar, wenn man heute durch den Oman reist. Natürlich gibt es in der Wüste noch einige Nomaden, doch auch sie fahren heute in der Regel mindestens einen Pkw oder Geländewagen und leben häufig in einer Art Übergangsstadium zwischen Nomadentum und Sesshaftigkeit. Viele Bedu haben heute ihren Hauptwohnsitz in einer Stadt wie Salalah, zugleich aber auch noch ihre Kamel- und Rinderherden. Diese hüten sie meistens nicht mehr selbst, dafür heuern sie ausländische Gastarbeiter an. Der breite Wohlstand im Land hat auch den Bedu materiellen Besitz gebracht, an den sie sich gewöhnt haben. Sie mögen das Stadtleben oft nicht besonders und schätzen die Freiheit, ihre Viehherden auf Sommer- und Winterweiden zu treiben, praktizieren das aber nun bequem vom Geländewagen aus und genießen dazwischen die Annehmlichkeiten und Zerstreuungen der modernen Urbanität. So sind sie im Gestern nicht mehr zu Hause, im modernen Stadtleben aber auch noch nicht angekommen. Während der Khareef beziehen viele Stadt-Omanis wieder Zelte in der Salalah-Ebene und pflegen für ein paar Wochen den Lebensstil ihrer Vorfahren. Alte Werte zu bewahren und mit neuen Werten in Einklang zu bringen ist ein Konflikt, mit dem alle Omanis, am sichtbarsten aber die Bedu, konfrontiert werden.

Bilder links: Die älteren Männer treffen sich mit Vorliebe vormittags in den Souks und Märkten; Ziegenherde; Kamelfohlen und Dhofar-Rinder

Dramatisch sind die Veränderungen in den urbanen Zentren. Vor gut 40 Jahren gab es nur zwei oder drei Ortschaften im Land, die den Namen Stadt verdienten. Heute reihen sich in der Hauptstadtregion die Städte aneinander, und ihre Grenzen verschwimmen zusehends. Von der Armut ist auch kaum noch etwas zu sehen, denn alles glänzt und funkelt im modernen Oman. Edle Limousinen und Luxuskarossen zählen zu den Hauptimporten Omans, man sieht sie überall. Jachthäfen sind edel bestückt, teure Rassepferde stehen in den Boxen, die Damen tragen hochkarätige Juwelen, die Herren Designeruhren. Eine schwindelerregende Bautätigkeit verwirrt den Besucher, und die neuen Shopping Malls stellen alles, was der Europäer von Zuhause kennt, in den Schatten. Erfreulicherweise gibt sich Oman nicht dem protzigen Gigantismus seiner Nachbarn in Dubai, Abu Dhabi und Doha hin, wo der Reichtum ungebremst zur Schau gestellt wird. So demonstrativ hypermodern will Oman gar nicht erscheinen, vielmehr sucht das Land einen maßvollen Weg in die Zukunft, der auch Platz lässt für die reiche Landeskultur und seine Flora und Fauna.

Omans Wohlstand

Das durchschnittliche Haushaltseinkommen Omans liegt bei 1200 OMR. 90 % aller Haushalte besitzen heute ein Auto, 95 % haben Zugang zu sauberem Trinkwasser und mehr als 50 % leben in modernen Häusern.

Unten: Der moderne Kamelhirte treibt seine Tiere im Geländewagen an

Der Reichtum des Landes basiert auf dem Erdöl, das als schier unerschöpfliche Geldquelle all die notwendigen Investitionen und Entwicklungsschritte ermöglichte. Dass es den Omanis heute so gut geht und sie einem bequemen Lebensstil nachgehen können, verdanken sie aber auch den Gastarbeitern. Ohne dieses unermüdliche, fleißige Heer tausender dienstbarer und billiger Arbeitskräfte würde die Wirtschaft zusammenbrechen, und müssten die Omanis selber Hand anlegen.

Erdöl

Oman besitzt kleinere Ölvorkommen als seine Nachbarn, und seine Erschließung ist aufwändiger und damit auch teurer. Es wird auch erst seit 1967 exportiert, viel später als der Ölboom in den Emiraten begann. Für den Aufbau eines modernen, reichen Ölstaats hat es allemal gereicht. Heute stellen die Ölexporte rund 65 % der omanischen Exporteinnahmen, und etwa 5 Milliarden Barrel Ölvorräte sichern dem Land den riesigen Geldfluss noch für Jahrzehnte. Nur 10 % seiner Fördermengen verbraucht Oman selbst, 90 % gehen direkt in den Export. Doch die einseitige Wirtschaftsausrichtung hat auch ihre Schattenseiten, denn die Abhängigkeit vom Ölpreis ist enorm, und die Anfälligkeit bei globalen Krisen ebenfalls. Deshalb ist es eines der Hauptanliegen der Regierung, andere Wirtschaftszweige stärker zu erschließen.

Erdgas

Erdgas soll das Erdöl später einmal bei den Deviseneinnahmen ablösen, denn es werden in Oman riesige Mengen vermutet. Die Regierung fördert intensiv den Ausbau von Industriebetrieben zur Gewinnung und Weiterverarbeitung eigener Erdgasvorkommen, wie die Aluminiumverarbeitung, Düngemittelherstellung, Stahlproduktion und Schmelzen. Es gibt bereits erdgasbetriebene Kraftwerke und Meeresentsalzungsanlagen, außerdem exportiert Oman Flüssiggas.

Landwirtschaft

Land- und Viehwirtschaft dienen in ariden Wüstenstaaten seit jeher hauptsächlich der Eigenversorgung. Nur ein verschwindend kleiner Teil, 0,26 % der Landfläche Omans, gilt als landwirtschaftliche Anbaufläche, trotzdem ist heute jeder vierte Arbeitsplatz in der Landwirtschaft zu finden (durch den großen Anteil an Oasenbauern). Hier unterscheidet sich die Region Dhofar allerdings deutlich vom Rest des Landes, denn in Dhofar sind 5 % der Landfläche Weideland.

Foto rechts: Falaj an der Quelle Ain Tabrook

In Dhofars Küstenebene und den Qarabergen wird seit Jahrtausenden Viehzucht betrieben, und dieser bescheidene Landstrich ist heute die einzige Region ganz Arabiens, in der Rinder erfolgreich gehalten werden können. Dies verdankt sie allein dem Monsunregen, der zuverlässig von Juni bis September für 500–700 mm Regenfälle und Nebelnässe sorgt und üppigen Pflanzenwuchs an den Südhängen der Qaraberge anregt, welcher Rindern, Kamelen und Ziegen viele Monate lang als Futterweide dient. Während des Monsuns müssen die Tiere allerdings in die Ebenen zu Füßen der Berge getrieben werden, so dass die Viehhaltung hierzulande eine halbnomadische ist. Die Dhofar-Rinder haben eine kleine Statur und sind robust und genügsam, damit sie die karge, trockene Zeit zwischen den Monsunmonaten überstehen können. Dadurch geben sie allerdings auch nur wenig Milch.

Es wird versucht, durch Bewässerungsmaßnahmen größere Plantagen anzusiedeln, Exporteinnahmen werden jedoch auch damit nicht zu erwarten sein. Vielmehr soll die niedrige Produktionsrate von nur 50 % des Eigenbedarfs an Nahrungsmitteln verbessert werden, damit Oman langfristig weniger Lebensmittel importieren muss. Diese Maßnahmen kollidieren zugleich mit dem Anspruch, das ökologische Gleichgewicht erhalten zu wollen. Bereits jetzt erregen die Überweidung und die Grundwasserentnahme Besorgnis. Zu den landwirtschaftlichen Produkten, die Oman exportiert, zählen Datteln, Bananen, Tabak, Limonen, Mangos und Kokosnüsse aus Dhofar.

Das Falaj-Bewässerungssystem

Zur Bewässerung ihrer Plantagen und Felder haben die Vorfahren der Omanis ein besonderes System entwickelt, das seit 2006 von der UNESCO als Weltkulturerbe eingestuft ist. Es wird Falaj-System genannt (auch Aflai, Faladsch) und ermöglicht mittels eines unterirdischen Kanalsystems die ganzjährige Bewässerung. Das Quell- und Grundwasser wird dabei in unterirdischen Sickergalerien aufgefangen und durch kilometerlange Kanäle geleitet, die nur ein minimales Gefälle haben. So gelangt das kostbare Gut geschützt talabwärts bis in die Gärten. Vermutlich haben die Perser vor 1500 Jahren diese Technik nach Oman gebracht, wo sie dann verfeinert und ausgebaut wurde. Es könnte aber auch andersherum passiert sein; da sind sich die Historiker bisher nicht einig. Dafür ist belegt, dass spätestens seit dem 9. Jh. die Wasserverteilung strengen Regeln unterworfen war, und die Anlagen überwacht und gewartet wurden, um kein Wasser zu vergeuden. In Abständen gibt es daher Einstiegsschächte in die Kanäle, über die sie gereinigt werden können. Die gerechte Verteilung des Wassern erfolgt über kleine Stauwehre vor und zwischen den Gärten.

Heute kennt man drei verschiedene Falaj-Arten: „Aini-Falaj" für Quellwasser, „Iddi-Falaj" für Grundwasser aus einem tiefen Brunnen, und „Ghaili-Falaj" für das Grundwasser eines Wadis, das als einzige der drei Arten überirdisch und offen in Kanälen transportiert wird. Mehrere Tausend solcher Falajs sind heute noch in Oman in Gebrauch, die wenigsten allerdings in Dhofar, wo es durch den Sommermonsun ganzjährig Wasser aus Quellen und Bächen gibt.

Bei den Oasenpflanzungen hat sich ein Pflanzsystem aus drei Etagen erfolgreich durchgesetzt. Am Boden gedeihen Futtergräser, Kräuter und niedrige Gemüsesorten. In der mittleren Wachstumsstufe findet man Orangen- und Zitronenbäume, Hibiskussträucher und Bananenstauden. Am höchsten wachsen die Dattel- und Kokospalmen, deren Wedel den darunter liegenden Pflanzen Schatten geben. In den vielen Obstgärten von Salalah sind diese Etagenpflanzungen sehr anschaulich zu sehen.

Fischerei

Fischereiprodukte spielen für den Export eine Rolle, weil die Fangmenge von ca. 150 000 Tonnen pro Jahr nicht durch den Eigenbedarf verbraucht wird. Moderne Kühltechniken erlauben heute eine ganzjährige Fischerei, die inzwischen bereits von der Regierung saisonal und regional beschränkt wird, um den Bestand der Fische und Schalentiere nicht zu gefährden. Vor der Küste Omans kommen 35 Barscharten vor (Hamour genannt), außerdem viele Sardinen.

Bergbau

Kupfer wird in Nordoman nachweislich schon seit 5000 Jahren abgebaut. Nun rücken auch andere Bergbauprodukte wie Chrom, Nickel, Eisen, Steinkohle, Mangan und Zink in den Fokus der Regierung, sind bisher aber noch wenig erschlossen worden.

Wirtschaftsdaten im Vergleich:	Oman	BRD
Wachstumsrate	5,2 %	1,3 %
Kaufkraft für 1 US$	1,59	0,87
Staatsausgaben (in % des BSP)	44 %	48 %
Staatsverschuldung (in % des BSP)	7,3 %	51 %
Landwirtschaftliche Anbaufläche in %	0,26 %	30 %
Anteil d. Landwirtschaft (in % des BSP)	2,5 %	0,9 %
Anteil Dienstleistungen (in % des BSP)	59,30 %	69,70 %
Anteil d. Industrie (in % des BSP)	38,20 %	29,40 %
Erdölverbrauch pro Jahr pro Einwohner	8,47 Barrel	11,90 Barrel
Ölreserven	6100 Mio. Barrel	395 Mio. Barrel
Erdgasreserven	829 100 Mio. cbm	605 800 Mio. cbm

Tourismus

Der Ausbau des Tourismus ist ein weiteres erklärtes Ziel der omanischen Regierung. Dabei ist dieses Gewerbe noch recht jung im Wüstenstaat: Bis in die 1980er Jahre gab es hier nicht einen einzigen Urlauber oder Kulturreisenden, es wurden einfach gar keine Touristenvisa ausgestellt. Man sagt, die erste Reisegruppe, die jemals in den Oman einreisen durfte, sei 1982 eine 14-köpfige Gesellschaft unter der Führung der Ehefrau eines Exbotschafters gewesen. Es dauerte dann aber noch weitere Jahre, ehe der Staat bereit war, Touristenvisa regelmäßig auszustellen. In den 90er Jahren nahm der Tourismus allerdings allmählich Fahrt auf. Man sah auch in Maskat die ungeheure Entwicklung in Dubai und Abu Dhabi, wo Luxushotels aus dem Boden schossen, und in jedem Jahr noch größere Besucherströme Devisen ins Land spülten. Und sie schuf Arbeitsplätze. Also öffnete sich auch Oman dem internationalen Tourismus, und seit 2004 gibt es hier sogar ein eigenes Tourismusministerium. Dabei verfolgt die Regierung klare Ziele. So will man einen qualitativ hochwertigen Kulturtourismus fördern, der ökologisch verträglich bleibt. Klasse statt Masse, also kein Billigtourismus und keine Backpackerszene, sondern gebildete Besucher, die sich den Gepflogenheiten des Landes ein wenig anpassen. Dafür wurden in den letzten Jahren immer mehr Erleichterungen geschaffen, wie die Einführung eines günstigen Kurzzeitvisums. Aktuell werden die beiden internationalen Flughäfen in Maskat und Salalah vergrößert und modernisiert, und das Netz der staatlichen Oman Air ausgebaut. Im Jahr 2012 kamen 2 Millionen Besucher in den Oman, darunter mehr als 100 000 Deutsche.

Der Ausbau des Tourismus soll zahlreiche Arbeitsplätze in der Region schaffen

„Klasse statt Masse" ist das erklärte Ziel der Regierung

In der Zukunft soll der Tourismus auf 5 % des BSP ansteigen und dadurch besonders für junge Omanis, die verstärkt auf den Arbeitsmarkt drängen, vielfältige Jobs kreieren.

Dhofar kann sich glücklich schätzen, durch den Sommermonsun, Khareef, ein zusätzliches touristisches Standbein zu haben, denn seit vielen Jahren herrscht hier zwischen Juni und September, wenn sich Dauernieselregen und Nebel über die Küste senken, Hochsaison für arabische Gäste. Allein im Jahr 2005 reisten eine Viertelmillion Gäste aus dem eigenen Land und ganz Arabien in die kühle Sommerfrische, um sich von der heimatliche Glutofenhitze zu erholen und im tropisch grünen, aber regnerischen Salalah an schlappen 25 Grad Tageshöchsttemperatur zu erquicken. Ein paar Jahre später entdeckten findige Tourismusexperten auf der Suche

Während des Sommermonsuns herrscht Hochsaison in Dhofar, allerdings ausschließlich bei arabischen Gästen

Bilder links: Der Hafen in Mughsail; Schild einer Kamelschlachterei; Fische; Futtergetreide für Kamele

nach einem Ersatz für das krisengeplagte Ägypten das Weihrauchland als ideale Winterdestination für die Mitteleuropäer. Seither wird am Ausbau einer modernen und hochwertigen Hotellerie gearbeitet. Die Flüge nach Salalah haben im Jahr 2012 bereits um 25 % zugenommen, und seit 2013 fliegen auch Charterflüge aus Deutschland in die Hauptstadt von Dhofar. Das neue Winterzielgebiet im Südoman hat beste Voraussetzungen, ein großer Erfolg zu werden: ein angenehmes Klima, keine tropischen Krankheiten, keine lange Flugdauer, eine stabile politische Lage, eine hochinteressante Kultur, Traumstrände zum Baden und eine äußerst gastfreundliche Bevölkerung.

Unten: Am Strand des Rotana Resorts bauen die Angestellten nach einem Event die Deko ab

Zukunftspläne: Die Vision 2020

Sultan Qabus und seine Regierung haben ehrgeizige Pläne für die künftigen wirtschaftlichen Herausforderungen ihres Landes. In erster Linie wollen sie die Privatwirtschaft weiter fördern und die Diversifizierung vorantreiben. Fast zwei Drittel des Bruttoinlandproduktes erwirtschaftet der Staat durch den Export von Erdöl- und Erdgasprodukten, und bei beiden Sektoren tritt der Staat zudem als Hauptinvestor und Hauptabnehmer auf. Dies soll sich ändern, um dem Land eine Zukunft in dauerhaftem Wohlstand zu sichern. Daher beschränkte der Staat nun die Aufgaben des öffentlichen Dienstes, veräußert Staatsanleihen an interessierte Privatunternehmer und wirbt um internationale Investoren, indem er Bürgschaften erteilt, Investitionen vertraglich schützt und erleichtert, Fördermittel vergibt und deutliche Zollerleichterungen schafft. Die Diversifikation soll durch einen starken Ausbau der Wirtschaftsbereiche Handel, Finanzwesen, Industrie und landwirtschaftliche Produktion erreicht werden. Die erfolgreiche Freihandelszone in Port Salalah, wo ein riesiger Containerhafen entstand, ist nur ein Beispiel dafür. Der moderne Hafen soll zum wichtigsten Umschlagplatz Arabiens anwachsen und dem bisher umtriebigsten arabischen Hafen in Dubai den Rang ablaufen. Für dieses Ziel gewährt der Staat ausländischen Investoren sogar Zollfreiheit und erlaubt den Erwerb von Eigentum und Grundbesitz.

Womit wir bei einem weiteren Schlagwort der Zukunftskonzepte angelangt wären, der Omanisierung. Der hohe Ausländeranteil auf dem Arbeitsmarkt steht in starkem Kontrast zur steigenden Jugendarbeitslosigkeit der Einheimischen. Mit der Vision 2020 hat sich die Regierung zum Ziel gesetzt, künftig 95 % aller verfügbaren Jobs mit Einheimischen zu besetzen. Der Ausländeranteil soll zugleich auf ein Drittel des bisherigen Stands sinken. Es zeichnet sich aber schon länger ab, dass dieses ehrgeizige Ziel nicht erreicht werden kann, weil der Staat auf absehbare Zeit noch nicht auf die vielen hoch qualifizierten und berufserfahrenen Gastarbeiter verzichten kann. Der omanischen Jugend mangelt es noch an Ausbildung und Leistungsbereitschaft, denn viele möchten lieber in die Fußstapfen ihrer Elterngeneration treten, die bisher keiner Lohnarbeit nachgehen mussten, die möglicherweise auch nur mittelmäßig bezahlt wird. Sie wollen nicht als Kellner im Hotel, Verkäufer oder Mechaniker arbeiten, und ihre Servicebereitschaft und die Sprachkenntnisse liegen oft weit hinter denen der Gastarbeiter aus dem Indischen Subkontinent zurück. Es gibt bereits einige Berufe, die den Gastarbeitern verwehrt bleiben, wie die Fischerei, das Handwerk und das Taxifahren, aber diese wenigen Ausnahmen werden kaum reichen für die 50 % der Bevölkerung Omans, die jünger als 18 Jahre alt sind und in wenigen Jahren ein eigenes Einkommen erwirtschaften sollen.

Natur und Tierwelt

Ein Wüstenstaat zwischen Afrika und Asien

Die geographische Lage und Oberflächengestalt

Oman liegt im Südosten der Arabischen Halbinsel am Wendekreis des Krebses zwischen dem 16. und 26. nördlichen Breitengrad und dem 51. und 59. Grad östlicher Länge. Mit einer Fläche von 309 500 km² ist es nach Saudi-Arabien und Jemen der drittgrößte Staat Arabiens und in etwa so groß wie Großbritannien bzw. etwas kleiner als Deutschland (357 000 km²).

Das Land grenzt im Süden und Westen an Jemen und Saudi-Arabien sowie im Norden an die Vereinigten Arabische Emirate (VAE). Es besitzt eine 1700 km lange Küstenlinie am Golf von Oman und dem Arabischen Meer, das zum Indischen Ozean zählt. Sein Staatsgebiet ist nicht zusammenhängend. Neben ein paar Inseln besitzt das Sultanat zwei Exklaven; das nur 75 km² große, vollständig von den VAE umschlossene Madha und die nördlich der VAE direkt an der Straße von Hormus gelegene Halbinsel Musandam. An dieser Meerenge zwischen Oman und Iran, die den Persischen Golf vom Golf von Oman trennt, liegt die wichtigste Tankerroute der Welt.

Fotos dieser Seite: Szenerie beim Wadi Shuwaymiyah; Sandverwehungen

Fotos rechts: Steilküste bei Mughsail; Sicheldünen in der Rub al-Khali; Baum in Ain Ishat im Monsunbereich

Der Landesteil Dhofar nimmt mit 99 300 km² Fläche und 320 km Küstenlänge fast ein Drittel Omans ein, liegt im Süden des Landes und grenzt an Jemen und Saudi-Arabien. Die Zentralarabische Wüste und die lange Küstenlinie führen zu einer relativ starken Isolation des Sultanats.

Faltengebirge, Geröllwüsten und ein Meer aus Sand

Oman besitzt eine vielfältige Topographie. Im Norden erstreckt sich der 600 km lange, stark zerklüftete und durchschnittlich 2000 m hohe Hajar-Gebirgszug mit dem höchsten Gipfel des Landes, dem 3009 m hohen Jebel Shams. Daran schließt sich die überwiegend plane Al-Wusta-Region an, eine rund 800 km lange karge Kies- und Geröllwüste mit Kalkstein und Salzböden, in denen gigantische Erdgas- und Ölvorkommen lagern. Nach Westen, in Richtung Saudi-Arabien, geht die Geröllwüste in die riesige Zentralarabische Wüste über.

Das südliche Drittel Omans, **Dhofar**, wird durch eine Oberflächengestalt geprägt, die sich deutlich vom Rest des Landes unterscheidet und viel stärker dem Jemen ähnelt. Hinter einem sehr schmalen, maximal 30 km breiten Küstenstreifen ragen hier die **Qaraberge** auf, ein Faltengebirge mit ausgeprägten Schluchten und Wadis. Dieses Gebirge ist ein etwa 200 km breiter Ausläufer des Ostafrikanischen Grabenbruchs, der sich durch das Rote Meer entlang der Arabischen Tafel zieht. Trotz seiner Höhe bis 1821 m am **Jebel Samhan** fehlen markante Gipfel, und so wirkt das Kalksteinmassiv wie eine Hochebene mit tiefen Einschnitten. Von Juni bis September, wenn der Monsun die Küste Dhofars erreicht, bilden diese Berge eine Wettergrenze. Hier regnen sich die feuchten Winde ab und bescheren dem vegetationsarmen, wüstenhaften Land ein Wunder der Natur. Für einige Monate verwandeln sich die dem Meer zugewandten, steilen Südhänge der Qaraberge in ein üppig bewachsenes, stellenweise tropisch anmutendes Paradies, in dem Wasserfälle sprudeln und Schmetterlinge über Teiche und kleine Seen flattern.

Auf seiner Nordseite flacht das Qaragebirge landeinwärts sanft ab, hier strömen die Niederschläge in ausladenden, flachen Wadis in die Wüstenebene, wo sie verdunsten und versickern. Man nennt dies die **Nejd-Ebene**. Sie erstreckt sich bis zur Zentralarabischen Wüste, die den größten Teil der Arabischen Halbinsel einnimmt und mit 780 000 km^2 größer als Frankreich und die Benelux-Staaten zusammen ist. Im südlichen Bereich der Zentralarabischen Wüste liegt wie eine „Wüste in der Wüste“ die **Rub al-Khali**, ein 20 000 km^3 riesiger Sandhaufen, die größte geschlossene Sandwüste unseres Planeten. Sie verteilt sich über die Länder Oman, Saudi-Arabien, Vereinigte Arabische Emirate und Jemen. Die Bedu haben diesem lebensfeindlichen Ozean aus Sand mit seinen endlos langen Sandkämmen und Dünen, die bis zu 300 m aufragen, die Namen „**Leeres Viertel**“ und „Die Sande“ gegeben. Dhofar besitzt einen großen Anteil an dieser ausgedehnten Sandwüste.

Spielplatz und Lehrbuch für Geowissenschaftler

Dieses Land ist ein Paradies für Geologen, denn wie kaum irgendwo sonst kann man hier direkt auf der frei liegenden Oberfläche die Entwicklungsstadien der Erdgeschichte betrachten, Fossilien, Geoden, Drusen und Meteoriten jeden geologischen Alters entdecken, vielfältige Gesteinsschichten und Erosionsgebilde bestaunen. Hier gibt es Dolomite, Höhlenkammern, Salzdome, Kissenlaven und metamorphes Gestein. Was für den Laien oft wie eine leblose öde Geröllwüste aussieht, offenbart dem Fachkundigen spannende Geheimnisse über das Werden unseres Planeten.

Als bedeutendste Sensation gilt der Semail-**Ophiolith** in Nordoman. Es handelt sich dabei um Bestandteile der ozeanischen Erdkruste und des äußeren lithosphärischen Erdmantels, die vor 90 bis 70 Millionen Jahren durch die immensen Urkräfte einer Ozean-Kontinental-Kollision auf das Festland geschoben wurden. Über Millionen von Jahren drückten sich marine Sedimente und magmatische Gesteine bis zu 16 km dick auf das arabische Festland. Dies ist eine extrem ungewöhnliche Naturerscheinung, weil solche Kollisionen sonst in der Regel genau andersherum verlaufen.

In Dhofar ziehen die **Geoden** die Aufmerksamkeit der Geowissenschaftler auf sich. Die rundlichen hohlen Steine, an deren Innenwänden Quarze und Kristalle lagern, haben einen vulkanischen Ursprung, denn sie entstanden aus Gasblasen in heißen Lavaströmen. Im Laufe der Zeit kondensierte das vulkanische Gas und verflüssigte sich. Dieser Prozess ließ Quarze wie Achat und Amethyst entstehen, und im langen Zeitabschnitt von mehreren zehn bis hundert Millionen Jahren führte die Verwitterung zu den faszinierenden Ergebnissen, die heute locker verstreut im Wüstensand liegen. Von einer Druse spricht man, wenn in der Kristallfüllung noch ein Hohlraum enthalten ist. Ist eine Geode vollständig mit Mineralsubstanz gefüllt, nennt man sie eine Mandel. Geoden sind weltweit in vulkanischen Gebieten verbreitet, und in Dhofar gibt es viele Stellen, an denen der aufmerksame Betrachter fündig werden kann. Die hier typischen Geoden sind kleine, harte, runde Bälle, unerwartet leichtgewichtig durch ihren Innenhohlraum, und häufig am Rande vertrockneter Seen und Wadis gelegen, wo sie einst von Fluten angespült wurden. Besonders schöne Geoden findet man etwa 15 km südlich von Thumrait auf der westlichen Straßenseite.

Fachkundige Besucher entlocken den besonderen Landschafts- und Vegetationsformen Dhofars mit geübtem Blick viele Geheimnisse. Am schwärzlichen Belag auf Felsen und Steinen in den Qarabergen, der durch Flechten und Moose entsteht, erkennt man genau, wie weit die Feuchtluft des Monsuns gelangt. Bäume, die ständig starken Winden ausgesetzt sind, wachsen schräg in Windrichtung.

In der Halbwüste Nejd tauchen mitunter bizarre Gesteinsformationen und Felsüberhänge an den Rändern von Wadis auf. Sie entstanden durch die fortgesetzte Erosion weicherer Gesteinsschichten. Ein andermal begegnet man dem **Wüstenpflaster,** riesigen Steinfeldern voller gleich großer Steine, die aussehen wie von Riesenhand verschüttete Murmeln. An manchen Stellen liegen plötzlich kartoffelgroße, dunkle **Feuersteinknollen**, die bereits vor Jahrmillionen entstanden sind. Darüber hinaus wurden in Dhofar ein Mars- und zwei Mond-**Meteoriten** entdeckt. Und die Gipslagerstätten in den Qarabergen geben Aufschluss darüber, dass hier einst einmal ein Ozean das Land bedeckte.

Keinen geowissenschaftlichen Ursprung haben dagegen die **Trilithen** in Nejd-Gebiet, die eigentlich Tetralithen heißen müssten, weil es sich bei den Steinhaufen stets um ein Gebilde aus vier Steinen statt aus drei Steinen handelt. Der vierte Steinblock lag über den drei aufgestellten, und weil die meisten davon eingestürzt sind, hielt man die Haufen anfangs für ein Gebilde aus drei Steinen. Wer diese Steinhaufen wann und warum in langen Reihen aufgestellt hat, ist unbekannt. Die meisten Forscher gehen von rituellen Absichten oder Bestattungszeremonien aus, verifizieren lassen sich die Thesen aber bisher nicht. Auch die Datierung fällt schwer; es kursieren unterschiedliche Angaben. Aschereste aus Feuerstellen neben den Trilithen lassen auf eine Entstehung und Nutzung in der Eisenzeit zwischen 500 vor und 300 nach unserer Zeitrechnung schließen. Man findet solche Trilithenreihen meistens auf ebenen Terrassen parallel zu einem Wadi angelegt.

Was bedeutet eigentlich Wüstenlack?

Darunter versteht man einen Überzug aus Eisen- und Mangan-Oxiden auf den Wüstensteinen. Doch wie kommt der dorthin? Es hat mit dem nächtlichen Tau zu tun, der sich auf den Steinen niederschlägt. Er löst die Mineralien aus dem Gestein, verdunstet aber anschließend, und so bleiben die Mineralien auf der Oberfläche wie ein dunkler Lack zurück. Dieses Phänomen kann aber nur auf Felsoberflächen beobachtet werden, die nicht der Erosion ausgesetzt sind.

Fotos dieser Seite: Wadi Darbat am Ende der Monsunzeit; Wolkenmassen treffen auf den Jebel Samhan
Fotos rechts: Impressionen des besonderen Klimas mit Nebelbänken und üppiger Vegetation

Wüstenstaat mit außergewöhnlichem Mikroklima

Generell kennt Oman drei Klimazonen:

1: Tropische, ozeanische Bedingungen in den schmalen Küstenebenen mit schwülen, heißen Sommern und trockenwarmen Wintern.

2: Moderates Bergklima in den Gebirgen Nordomans. Hier sind die Sommer mildwarm und die Wintermonate kalt. Nach Stürmen kann es zu Unwettern und Abgängen kommen.

3: Im Landesinnern, das vier Fünftel der Staatsfläche bedeckt, herrscht ausgeprägtes Wüstenklima. Im Sommer ist es sehr heiß und sehr trocken, im Winter bleibt es hier trocken und warm. Die Tag-Nacht-Schwankungen sind extrem ausgeprägt und betragen ganzjährig mindestens 25 Grad. Im Sommer klettern die Temperaturen tagsüber auf mitunter mehr als 50 Grad, im Winter besteht Nachtfrostgefahr. Niederschläge fallen dagegen nur alle paar Jahre.

In Dhofar werden diese Klimadaten allerdings auf den Kopf gestellt: Im Großraum Salalah sind die Temperaturen im Sommer niedriger als im Winter! Hier trifft alljährlich Anfang Juni ein einzigartiges Phänomen auf die Küste, der Südwestmonsun. In Dhofar wird er als **Khareef Season** begrüßt und gefeiert, schenkt er dem Land doch reiche Gaben der Natur: Regen, Kühle, Pflanzenpracht, Wasserfälle, Fischreichtum und Nahrungsmittel.

Dass es zu diesem Ereignis überhaupt kommt, liegt an der unterschiedlich schnellen Erwärmung des asiatischen Kontinents und des Indischen Ozeans. Um diese Luftdruckdifferenzen auszugleichen, entstehen bis zu 55 km/h starke

Südwestwinde, die wiederum mächtige Meeresströmungen auslösen. Eiskaltes Tiefseewasser wird dabei vor Dhofars Küsten an die Oberfläche gespült und trifft dort auf die warmen Luftmassen. Die eisigen Wassermassen erwärmen sich, die warmen Luftmassen kühlen ab, es kommt zu Verdunstung, so entstehen dichte Wolken und feuchte Nebel. Die Südwestwinde drücken die Wolkenschichten an Land, dort prallen sie auf die steilen Qaraberge, vor allem an den Jebel al Qara. Der Nebel heftet sich an alle Oberflächen, die er berührt; an Blätter, Bäume, Blüten, Steine und Felsen. Weil für viele Wochen ständig neue Wolken und Feuchtnebel nachdrücken, die an den Qarabergen hängen bleiben, bildet sich hier für Monate eine undurchdringliche Dunstschicht, die sich ständig als Nebelnässe oder leichter Nieselregen niederschlägt.

Es sind jedoch nur etwa 130 km Küstenlänge in Oman von diesem Naturspektakel betroffen, weniger als 10 % der Fläche Dhofars. Die südarabische Küste misst 2200 km Länge, doch nur rund um Salalah und im Jemen entsteht dieser Monsunnebel, der die Sonne für drei Monate verhüllt und die Tagestemperaturen auf gemäßigte 25 Grad reduziert, während überall sonst in Arabien die Menschen unter der Sonnenglut stöhnen.

Die meteorologischen Ereignisse während der Khareef begünstigen die Fischproduktivität im Arabischen Meer und ziehen dadurch viele Wasservögel an; auch Wale bevorzugen diese Gewässer.

Folgende Ökozonen sind in Dhofar vertreten

1: Laubabwerfende Monsun- und Galeriewälder der Art *Anogeissus dhofarica* (*Combretaceae*) an den steilen Südhängen des Qaragebirges (endemisch in Dhofar und der angrenzenden Region Jemens).

2: Grassavannen im Hochland und auf den Plateausockeln.

3: Strauchsavannen mit Akazien und Dornbüschen in den semiariden Kies- und Geröllebenen jenseits der Qaraberge.

4: Reine Sand- und Steinwüsten in der Rub al-Khali, in denen nur noch Dauergräser und tief wurzelnde Bäume wie der Ghaf überleben.

Ein ungewöhnlicher Pflanzenreichtum

Mehr als 1200 verschiedene Pflanzenspezies innerhalb des Sultanats Oman sind eine erstaunlich große Vielfalt, die den stark variierenden topographischen und klimatischen Bedingungen des Landes geschuldet ist. Davon sind etwa 100 Arten endemisch auf der Arabischen Halbinsel bzw. in Oman, die meisten davon in Dhofar. Gerade diese besonders schützenswerten Arten leiden unter der drohenden Verödung durch Überweidung. So sind 5 % aller Pflanzen in Oman und fast die Hälfte der endemischen Pflanzen Dhofars bedroht oder gefährdet.

Die Wildpflanzen Dhofars: Vom Monsunwald zur Wüste

Reist man von Salalah ins Landesinnere, z. B. nach Ubar und zu den Sanddünen der Rub al-Khali, gelangt man durch mehrere sehr unterschiedliche Vegetationszonen. Anfangs durchquert man die aride, nur von kurzen Gräsern bewachsene **Küstenebene**. Nahe der Quellen und Wadis sind hier Schirm- und Arabische Gummiakazien (*Acacia tortilis, Acacia nilotica*) verbreitet, gelegentlich auch einige Tamarisken (*Tamarix*) und prächtige, schattenspendende Feigen, insbesondere Maulbeerfeigen (*Ficus sycomorus*) und Gummibäume (*Ficus salicifolia*). An den Quellgewässern und kleinen Bächen sprießt fransiges Zyperngras (*Cyperus conglomeratus).*

Am Fuße der **Qaraberge** verändert sich die Vegetation merklich. An den steilen, faltigen Berghängen breiten sich zunehmend Dickichte und Gebüsch aus, sukkulente Sträucher und Ranken. Die Südhänge profitieren auf Höhen bis 600 m am stärksten von den jährlichen Monsunregenfällen, wodurch sich hier ein subtropisches Mikroklima mit teilweise immergrünen und laubabwerfenden Galeriewäldern entwickeln konnte. Vorherrschende Baumspezies sind *Commiphora*-Arten, Afrikanische Kastanien (*Sterculia africana*), vereinzelt auch Baobabs (*Adansonia digitata*, siehe S. 80). Ein Großteil dieser Arten ist in Ostafrika heimisch und jenseits der vom Monsun beeinflussten Berghänge nirgendwo in Arabien anzutreffen. Kletterpflanzen und Rebengewächse wie *Cissus quadrangularis*, Johannisbrotgewächse wie die Zierpflanze *Delonix elata*, das Rankgewächs Rapunzel (*Sarcostemma vimanle*) mit seinen auffallend großen Blütenbüscheln und sukkulente Wolfsmilchgewächse wie *Jatropha dhofarica* und *Croton confertus* ergänzen die enorme Vegetationsvielfalt dieser begünstigten Lagen, die alljährlich für drei Monate dichter Nebelnässe ausgesetzt sind. Während des Monsuns kondensiert die feuchte Luft überall, wo der Nebel auf Flächen trifft, so dass die Pflanzen die meiste Zeit tropfnass sind. Wilder Jasmin (*Jasminum grandiflorum*) und Gladiolen (*Iridaceae gladiolus candidus*) breiten sich jetzt an den nassen Hängen aus.

Am Ende des Monsuns lösen sich Nebel und Wolken auf, die Sonne bricht durch und brennt die folgenden neuen Monate wieder erbarmungslos, lässt Blüten und Blätter verdorren. Auch die höheren Lagen an den südlichen Berghängen sind diesem Phänomen ausgesetzt und von halbimmergrünem Bewuchs bedeckt. Charakteristisch für die Lagen zwischen 400 und 1100 m sind das durch seine fächerartig angeordneten Laubblätter hübsche Spargelgewächs *Sansevieria ehrengerii*, das im Schatten hoher Büsche und Bäume gedeiht, und der seltene, weiß blühende Busch *Euclea schimperi* aus der Familie der Ebenholzgewächse.

Auf bis zu 1800 m steigen die steilen Faltenberge an, doch der größte Teil des Hochplateaus im **Qaragebirge** liegt bei

Fotos links: Drachenbaum (*Dracaena serrulata*); Fettblattbaum bzw. Oscher (*Calotropis procera*)
Fotos von oben: Arabische Gummiakazie (*Acacia nilotica*); Baumwoll-Seidenpflanze (*Gomphocarpus fruticocus*); Weißer Flammenbaum (*Delonix elata*); Raublattgewächs (*Heliotropium bacciferum*); Jochblattgewächs

max. 1500 m. Hier endet auch ziemlich abrupt der Einfluss des Monsuns, denn die Wolken, die machtvoll an die Steilhänge gedrückt werden, verlieren dort ihre Feuchtigkeit und lösen sich am Rande der Hochebene rasch auf. Entsprechend rapide verläuft der Vegetationswechsel: Gräser und Niedriggestrüpp bedecken das Plateau, durchsetzt von markanten Balsam-Euphorbien (*Euphorbia balsamifera*), einem stark verzweigten Strauch, der in diesen windigen Lagen nur etwa 1 m hoch wächst. Dies ist auch das Habitat des bedrohten **Arabischen Drachenbaums** (*Dracaena serrulata,* siehe S. 74). Erwähnenswert sind außerdem die **Sternbüsche** der *Grewia spp.*, denn diese Malvengewächse zählen zu den Fossilien der Botanik; sie haben bereits im Tertiär vor Millionen von Jahren ihre Wurzeln in die Erde getrieben. Auf der Monsunseite bedecken Flechten und Moose die Steine und Felsen.

Landeinwärts flachen die Qaraberge undramatisch ab, und die Vegetation geht hier unmerklich in die Halbwüste Nejd über. In diesem Gebiet taucht die berühmteste Pflanze Dhofars auf – der **Weihrauchbaum** (*Boswellia sacra*). Er breitet sich direkt außerhalb des Monsunbereichs aus (siehe S. 78).

Mit ungeübtem Blick mag die **Nejd-Ebene** wie ein tristes Ödland wirken, doch sie ist das Habitat zahlreicher hitzebeständiger und dürreresistenter Akazien, Dornbüsche, Tamarisken, Halbsträucher und Sukkulenten. In den salzhaltigen Gebieten sprießen allerlei Vertreter aus der umfangreichen Familie der Hülsenfrüchtler (*Leguminosen*). Salzige oder kalkreiche Böden an den Rändern der Wadis mag auch der Harm, ein krautiges grünes Jochblattgewächs aus der artenreichen *Zygophyllum*-Familie. In steinigen Trockenflussbetten findet man den Harmal (*Rhazya stricta decaisne*), ein etwa 50 cm hohes Gesträuch, dessen glänzende Blätter an Lorbeer erinnern.

Allmählich geht die Halbwüste über in die aride Zone der **Rub al-Khali**. Erste Sanddünen tauchen auf, nehmen beständig an Volumen und Ausbreitung zu. Die Wüste wird für das menschliche Auge jetzt immer „schöner", und entgegen der allgemeinen Vorstellung verschwindet hier an den Ausläufern des Leeren Viertels der Artenreichtum zunächst noch nicht. Die Sanddünen selbst sind vegetationslos, weil sich im lockeren, von den Winden verwehten Wüstensand keine Pflanzen verankern können. In den harten Muldensanden setzen sich dagegen Heliotrope wie die Sonnenwende (*Heliotropium kotschyi*) und nahrhafte Salzkräuterbüsche aus der *Salsola*-Familie fest. Als Viehfutter dienen auch die krautigen, gelb blühenden Burzeldorne *Tribulus*. Zu ihnen gesellen sich

Strandflieder (*Limonium axillare*), Süßgräser (*Aristida adscensionis*) und Bruchkräuter (*Herniaria*), die sich in schützende Spalten im Windschatten schmiegen.

Mit 1–2 m erreicht die Zwergpalme (*Nannorrhops arabica Burret*) schon deutlich größere Ausmaße. Doch es gibt noch ausladendere Pflanzen in den Wadis zwischen den pittoresken Sanddünen. Eine davon ist der Syrische Christusdorn, auch **Sidarbaum** genannt (*Ziziphus spina christi*), ein attraktiver frostempfindlicher Wüstenbaum, weit verzweigt und mit auffällig gedrehtem Stamm, bestens angepasst an einen Standort mitten im Flussbett, denn er übersteht Staunässe bis zwei Monate (länger fließt kein Fluss durch die Wadis) und anhaltende Dürren. Das Kreuzdorngewächs wurde bereits im Altertum kultiviert und soll angeblich für die Dornenkrone Christi verwendet worden sein. Seine kirschgroßen gelben Steinfrüchte sind essbar.

Ein anderer häufig anzutreffender Wüstenbaum ist der **Ghaf** (*Prosopis cineraria*). Er bildet einen dicken, hoch aufragenden Stamm und eine dicht belaubte Krone, die ihn bei guten Bedingungen zu einer imposanten Erscheinung reifen lassen. Seine starken Dornen können selbst Autoreifen durchstechen, und seine langen Wurzeln erreichen im Gegensatz zum Sidarbaum selbst in Dünenfeldern noch das Grundwasser, weshalb das Mimosengewächs, das auch Mesquitebaum genannt wird, zu den ganz wenigen Pflanzen zählt, die sich erfolgreich in Dünengebieten ausgebreitet haben. Sein Wurzelwerk dient als Stabilisator für die Dünen.

Wie Pflanzen in der Wüste überleben

Pflanzen, die in ariden Zonen überleben, haben sich im Laufe der Jahrtausende den extremen Klima- und Bodenbedingungen anpassen und erfolgreiche Strategien aneignen müssen. Typische Wüstenbewohner Dhofars sind Heliotrope, Sukkulenten und Xerophyten. Etliche Pflanzenarten entwickelten individuelle **Überlebenstechniken**: Um z. B. die Transpiration in der heißen Trockenheit zu verhindern, produzieren manche Arten nur kleinwüchsige Blätter und schützen sich außerdem durch eine feine Behaarung oder eine Art Wachsüberzug am Stamm. Andere Bäume tragen nur kurze Zeit im Jahr Blätter und bleiben die übrige Zeit starre Gerippe. Bei kurzlebigen annuellen Arten, sog. ephemeren Spezies, trocknen die oberirdischen Pflanzenteile völlig aus, doch die Wurzeln überleben längere Dürrezeiten und sprießen nach sporadischen Regenfällen für eine kurze Zeit wieder. Samenkapseln und -schoten können noch nach Jahren im trockenen Sand wieder aufbrechen und austreiben, wenn sie plötzlich mit Feuchtigkeit in Berührung kommen. Sukkulenten halten selbst während Dürrezeiten in Stamm und Wurzeln mehrere Liter Flüssigkeit. Das Wunderwerk der Botanik offenbart sich nach größeren Regenfällen, wenn die Wadis wieder einmal Wasser führen, und die vermeintlich leblose Wüste stellenweise tatsächlich ergrünt. Die trostlose Ödnis erlebt dann einen unglaublichen Wandel. Gräser sprießen, Dornbüsche schlagen aus, Halbsträucher und krautige Jochblattgewächse beginnen zu blühen.

Weihrauch: Die „Tränen der Götter"

Luban auf Arabisch, Libanos auf Griechisch, Incense auf Französisch und Frankincense auf Englisch – das edle Harz hat viele Namen. Dem Weihrauch haftet mystische Verehrung an, wie schon sein lateinischer Name *Boswellia sacra* offenbart. In der Antike war er das wichtigste Exportgut Arabiens und bescherte dem Land sagenhaften Reichtum mit Handelskontakten bis nach Europa und China. Die Perser und Ägypter opferten das Harz ihren Göttern, Römer und Griechen fertigten daraus medizinische Salben, die Königin von Saba und die Heiligen Drei Könige hatten es als wertvolle Gabe im Reisegepäck, und Kaiser Nero hüllte ganz Rom in Weihrauchschwaden beim Begräbnis seiner Geliebten. In das Zeremoniell der katholischen Kirche hielt das Edelharz im 4. Jh. Einzug, nur der Islam lehnte seine Verwendung zu religiösen Zwecken ab, nicht jedoch den Konsum aus ganz profanem, weltlichem Genuss. Heute dient der Anbau hauptsächlich der Eigenversorgung, als Exportschlager hat ihn längst die Dattelpalme abgelöst. Doch es besteht durchaus weiterhin eine internationale Nachfrage, denn das kostbare Edelharz findet Abnehmer in der Parfum-, Kosmetik- und Kerzenherstellung, und seit neuestem auch in der medizinischen Forschung. Aktuelle Untersuchungen deuten nämlich darauf hin, dass bestimmte Bestandteile, die sich im Harz der höchsten Qualitätsstufe finden lassen, Krebszellen an der Vermehrung hindern und womöglich sogar absterben lassen. Nun wird mit Hochdruck daran gearbeitet, diesen Bestandteil im Edelweihrauch zu extrahieren.

Unterschiedliche Güteklassen entstehen durch die verschiedenen Standorte des Baumes. So gilt nur das grünlich-weiße Harz aus dem östlichen Qaragebirge am Jebel Samhan als edelste Klasse und heißt Al Hojari. Den zweitbesten Rang, Annajdi genannt, erreicht das Harz aus dem Nejd-Gebiet. Der Kenner wertet so die Harzkügelchen immer weiter ab, bis zur schlechtesten Qualität Elshabi, die im nebelnassen Küstengebiet geerntet wird. Für den Laien lässt sich vereinfacht sagen: Je heller und klarer das Harz, umso höher ist sein Niveau, und je dunkler gefärbt, umso weniger rein und hochwertig wird es eingeschätzt. In den schlechtesten Sorten finden sich auch Schmutzpartikel. Einig ist sich die Fachwelt darüber, dass der weltbeste Weihrauch aus Dhofar kommt.

Die Pflanze selbst ist eigentlich eher ein Strauch voller dünner Zweige als ein Baum, denn sie erreicht in der Regel nur 3–5 m Wuchshöhe. Weihrauch breitet sich dort, wo er überhaupt wächst, ganz von allein erfolgreich aus, denn seine Wurzeln geben toxische Terpene ab, die andere Pflanzen am Wachstum hindern. Alle Bäume gehören einem Jebali oder Bedu, der streng über sein Reich wacht; als Abgrenzung zwischen den Besitzungen dienen Steinreihen. Ehe man einen Baum anzapft, lässt man ihn acht bis zehn Jahre ungestört wachsen. Die Ernteprozedur beginnt dann im März/April. Zunächst wird mit dem Messer in einer besonderen Technik, die über Jahrhunderte geheim gehalten wurde, geschickt die silberne Baumrinde mehrfach eingeschnitten. Von der speziellen Methode und der Tiefe des Schnitts hängt ab, wie viel Milchsaft austritt und in den Folgewochen am Stamm härtet. Diese erste Ernte wird nach zwei Wochen entfernt, ebenso das Harz nach dem zweiten Einschneiden, denn beide Frühernten gelten als minderwertig. In den Handel geht erst das ausgereifte Harz, das zwei Wochen nach dem dritten Einschnitt vom Baum gepflückt wird. Bis in den Herbst wiederholt sich nun die Abfolge aus Einschnitten und Ernten, wobei das Herz von Mal zu Mal klarer und heller, also wertvoller, wird. Wie seit uralten Zeiten werden die Erträge zum Aushärten in besonderen Lagerstätten gesammelt, ehe sie, meistens im September, in die Küstenebene zu den Händlern transportiert werden. Solche Lagerstätten gab es schon in der Antike, wie die Ruinen der Weihrauchmagazine von Hanun und Andhur belegen. Im besten Fall produziert ein Weihrauchbaum 20 kg Harz pro Jahr; der Durchschnitt liegt allerdings bei 3–7 kg. Insgesamt beträgt die jährliche Erntemenge Dhofars etwa 7000 Tonnen.

Besonderheiten in Dhofar

Die botanischen Seltenheiten, die in dem winzigen Gebiet an den Südhängen der Qaraberge und den Bergen in der angrenzenden Provinz Jemens endemisch sind, verdanken ihre Existenz dem dreimonatigen Monsun, der sich hier abregnet. Zwei exemplarische Beispiele sind der **Arabische Hirtenbaum** (*Boscia arabica*, Foto rechts oben), ein Kaperngewächs, und der Hülsenfrüchtler *Ormocarpum dhofarense*. Die Hälfte dieser annähernd hundert endemischen Arten ist heute bedroht, weil ihr Lebensraum durch die intensive Viehhaltung schwindet.

Auch der **Weihrauchbaum** (*Boswellia sacra*) verdankt seine Ausbreitung indirekt dem Monsun, obwohl er nicht in den monsunfeuchten Zonen gedeiht, sondern in den direkt daran anschließenden steinigen und kalkreichen Gebieten, die zwar trocken bleiben, aber von kühlen Winden und einer erhöhten Luftfeuchtigkeit während der Khareef profitieren. Genau dort erreicht der Weihrauch seine höchste Güte. Optisch macht der Star unter den botanischen Attraktionen wenig her, wirkt eher unscheinbar und zeigt, wenn er nicht gerade weiße Blüten trägt, nur seine verzweigte Krone voller eingerollter kleiner Blätter. Doch der Baum ist hartnäckig, kann dreijährige Dürren überstehen und produziert das edelste und betörendste Duftharz der Welt.

Fotos von oben: Arabischer Hirtenbaum; Weihrauchstamm und -pflanze

Neben den endemischen Spezies sprießen in diesem Gebiet zahlreiche Pflanzenarten aus eigentlich afrikanischen Gefilden, die sich durch die meteorologische Besonderheit, die ein ähnliches Klima wie in ihrer Heimat erzeugt, bis hierher ausbreiten konnten. Charakteristisch sind die **Afrikanische Kastanie** (*Sterculia africana, erste beiden Fotos von oben*) und viele Feigenarten. In der schmalen Küstenebene unter dem Monsuneinfluss gedeiht ein besonders markanter Baum, der sonst nur in niedrig-heißen Savannenregionen Afrikas vorkommt und nirgendwo sonst in Arabien überlebensfähig wäre, der **Baobab** (*Adansonia digitata, Fotos 3 bis 5*). Der auffällige Vertreter aus der Familie der Wollbaumgewächse bleibt die meiste Zeit unbelaubt, was seine charakteristische knorrige Erscheinung noch unterstreicht. Er bildet große, weiße Blüten, die nur für etwa zwei Tage erblühen, und ovale, samtige Früchte, die extrem viel Vitamin C enthalten.

Kulturpflanzen in Dhofar

Der Monsun beschert der Küste Dhofars ein regelrecht subtropisches Klima, in dem zahlreiche Frucht- und Zierbäume gedeihen, wie Bananen, Papayas, Mangos, Orangen, Zitronen und Hibiskus. Von den 150 000 **Kokospalmen** (*Cocos nucifera*) Omans stehen die meisten in diesem schmalen Küstenstreifen. Dafür ist hier eine andere Palme selten, die im restlichen Oman überaus geschätzt wird, die **Dattelpalme** (*Phoenix dactylifera*). Das feuchtere Küstenklima Dhofars bekommt den Dattelpalmen nicht so gut wie das Wüstenklima im Rest des Landes.

Aus dem Extrakt der lieblichen rot-weißen Blüten der **Wüstenrose** (*Adenium obesum, siehe Fotos S. 81*) gewinnen die Araber Rosenwasser, einen wichtigen Bestandteil ihrer Süßspeisen und Aromen. Der Strauch gehört zu den Hundsgiftgewächsen, deren Milchsaft in Wurzeln und Stamm giftig ist.

Als einer der ältesten Fruchtbäume der Welt genießt der ursprünglich aus Südostasien kommende **Mangobaum** (*Mangifera indica*) tiefe Verehrung. Der immergrüne Laubbaum bildet kräftige schattenspendende Kronen, in denen Hunderte an den Vitaminen A und C reiche Früchte heranreifen. In Dhofar wird zudem Getreide wie Mais und Sorghumhirse angebaut, Tabak kultiviert und für die Viehhaltung das nahrhafte **Alfalfagras** (*Medicago sativa*) angepflanzt, ein Schneckenklee der Leguminosenfamilie.

Was die **Dattelpalme** für Oman bedeutet, lässt sich in Dhofar unmöglich erahnen, denn hier zeigt sich nicht, dass dieses Land schätzungsweise acht Millionen Dattelpalmen besitzt und 157 verschiedene Sorten unterschiedlichster Qualitätsstufen unterscheidet. Die Omanis lieben ihre Dattelpalmen, ihre Ernten zählen zu den besten der Welt, und die Dattel symbolisiert höchste Werte. Bereits vor 8000 Jahren erkannten die Wüstenbewohner den Nutzen dieser haltbaren Energiequelle. 100 g Dattelfleisch enthalten 270 Kilokalorien – damit sind die Früchte so nahrhaft, dass man sich ausschließlich von ihnen ernähren könnte. Für die wochenlangen, entbehrungsreichen Karawanenzüge stellten sie denn auch jahrhundertelang ein Hauptnahrungsmittel dar. Zudem sind das Holz und die Palmwedel der Palme für den Hausbau und als Brennmaterial nützliche Nebenprodukte. Dies alles macht sie so wertvoll, dass man sie manchmal als „Baum des Lebens" bezeichnet. Die meisten Dattelplantagen sind daher aus Sicherheitsgründen umzäunt. Dattelpalmen beanspruchen aber auch sehr viel Pflege. Araber sagen, die Dattelpalme gehöre „mit den Füßen ins Wasser und mit dem Kopf ins Feuer", denn sie braucht gleichzeitig Bodennässe und Sonnenglut. Ständig muss man sie daher wässern, regelmäßig düngen, beschneiden und obendrein zum richtigen Zeitpunkt bestäuben, denn da nur die weiblichen Palmen Früchte tragen, werden auch nur solche angepflanzt, was eine aufwändige künstliche Bestäubung von Hand erforderlich macht. Die männlichen Pollenrispen kaufen die Dattelbauern auf dem lokalen Markt. Zur Blütezeit von Januar bis März müssen sie die männlichen Pollenrispen an die weiblichen der Dattelpalme binden und beide umwickeln, damit in den Folgemonaten im Blütenstock Datteln heranreifen. Von einer guten Ernte sprechen die Bauern, wenn eine Palme mehr als 100 kg Datteln in der Saison produziert. Die omanische Dattel zählt zu den wenigen landwirtschaftlichen Exportgütern des Landes und genießt den Ruf, zu den besten der Welt zu gehören.

Das biologische Juwel Arabiens

Das periodisch feuchte Monsunklima und die daraus resultierende Pflanzenvielfalt Dhofars sind ein Glücksfall für die Entwicklung der regionalen Fauna. Zudem begünstigte die geographische Lage nahe dem Horn von Afrika die Ausbreitung der Arten. Die Evolution ermöglichte es spezialisierten Arten, sich an das kleine außergewöhnliche Mikroklima Dhofars optimal anzupassen. Ihre Bestände sind meistens klein und regional sehr begrenzt, der Schutz ihres Lebensraums wird daher umso wichtiger, will man diese Spezies nicht verlieren. So lebt hier eine Spitzmaus, die **Dhofar-Spitzmaus** (*Crocidura dhofarensis*), deren Überleben leider stark gefährdet ist. Denn bislang sind Naturschutzorganisationen und Umweltbehörden vollauf damit beschäftigt, wenigstens die bekannten größeren Wildtierarten des Landes zu retten, wie Raubkatzen, Füchse und Weiße Oryx. Wer kümmert sich da schon um die Lebensumstände einer Maus?

Die Tierwelt

Wenn auch nicht ganz so artenreich wie die Flora Omans, ist die Tierwelt dieses Wüstenstaates dennoch faszinierend. 86 verschiedene Säugetiere kommen hier vor, 480 Vogelarten, 21 verschiedene Wale und Delfine, 64 Reptilienspezies, 900 Fischarten und 85 Arten an Hart- und Weichkorallen. Viele Spezies besetzen Nischen in diesem mitunter unwirtlichen Lebensraum. Trotz der geringen Bevölkerungsdichte sind heute zahlreiche Arten bedroht, weil sie bejagt werden oder ihr Habitat verlieren.

Raubtiere

Der **Arabische Wolf** (*Canis lupus arabs*), die kleinste Unterart des Grauwolfs, hat neben dem Verlust seines Lebensraums auch ein Imageproblem und ist durch häufige Nachstellungen überall in Arabien stark bedroht. Die Qaraberge bieten ihm eine größere Nahrungsvielfalt als irgendeine andere Region auf der Arabischen Halbinsel, weshalb man hier erfreulicherweise noch Rudel mit bis zu zwölf Mitgliedern finden kann.

Ein enger Verwandter in diesem Habitat ist der **Goldschakal** (*Canis aureus*), dem es besser gelingt, sich den veränderten Lebensumständen anzupassen. Er ist weit verbreitet, und in der Dämmerung oft sogar nahe Siedlungen und Dörfern zu entdecken, wo er in den Abfällen nach Futter sucht.

Oben: Der nachtaktive Honigdachs ist furchtlos und angriffslustig

Den Weg aus Afrika bis nach Oman haben kleinere Jäger wie **Ginsterkatze** (*Genetta genetta*) und **Weißschwanzmanguste** (*Ichneumia albicauda*) geschafft. Der furchtlose, schnell reizbare **Honigdachs** (*Mellivora capensis*) hat ein noch größeres Verbreitungsgebiet bis nach Indien und Nepal erobert. In Größe und Gestalt ähnelt er dem europäischen Dachs; er ist aber kein Dachs sondern ein Marder. Auffällig ist seine weißgraue Schabracke (Oberseite von der Stirn bis zur Schwanzwurzel) gegenüber dem schwarzen Körper. Sprichwörtlich ist die Aggressivität, mit der der Honigdachs trotz seiner kleinen Körpergröße sogar imposante Gegner angreift. Die meisten Wildtiere gehen dem Kampfwütigen daher lieber gleich aus dem Weg. Der Honigdachs ist außerdem immun gegen Schlangengift und überlebt selbst die Bisse von Kobra und Puffotter. Er ernährt sich von kleinen Kerbtieren und hat eine Schwäche für Bienenhonig. Um an die Bienenwaben zu gelangen, lässt er sich von einem Vogel, dem Honiganzeiger, dorthin führen. Der Dachs zerstört die Waben, und jeder der beiden erhält seinen Anteil an Honig und Bienenlarven. Eine faszinierende Zweckgemeinschaft!

Die Familie der Füchse ist hier mit mehreren Arten vertreten. Am erfolgreichsten hat sich der **Rüppellfuchs** (*Vulpes rueppellii*) in den Wüsten Nordafrikas, Arabiens und Vorderasiens ausgebreitet. Der niedliche rotbraune Jäger, auch Sandfuchs genannt, wird kaum 2 kg schwer und hat riesige Ohren und einen sehr langen, buschigen Schwanz. Damit ähnelt er stark dem Fennek, einem kleinen Wüstenfuchs aus der Sahara. Es werden immer wieder Sichtungen von Fenneks aus Oman gemeldet, doch die IUCN geht davon aus, dass es diese Spezies hier nicht gibt, und es sich augenscheinlich um eine Verwechslung mit dem Rüppellfuchs handelt. Nahe Verwandte des Sandfuchses sind die **Rotfüchse** (*Vulpes vulpes*). In Oman haben sich die cleveren Nahrungsopportunisten auf die Eier der Suppenschildkröte spezialisiert, die sie dem Schildkrötenweibchen während der Eiablage im Sand rauben. Aus Zentralasien ist der **Afghanfuchs** (*Vulpes cana*) nach Arabien eingewandert, der gelegentlich entlang der omanischen Küsten auftaucht. Das graubraune Leichtgewicht mit nur etwa 1 kg ernährt sich von Insekten und Früchten, die es in Steppen und Gebirgen aufspürt. Es gilt bisher als noch nicht gesichert, ob der Afghanfuchs auch in Dhofar eingewandert ist.

Zu den seltensten Raubtieren der Welt zählt man heute die **Arabischen Leoparden** (*Pantera pardus nimr*), obwohl sie einst die gesamte Arabische Halbinsel bewohnt hatten. Weniger als 250 Tiere sollen noch in freier Wildbahn leben, davon in Oman schätzungsweise 50–100 Exemplare. Eine Bestandserhebung in Dhofar brachte 1997 mit nur 17 ermittelten Raubkatzen derart dramatische Erkenntnisse, dass die Regierung am Jebel Samhan ein 4500 km² großes Naturschutzgebiet auswies, um diese kleine Unterart des gemeinen Leoparden vor dem Aussterben in Oman zu bewahren. Seither ist die Leopardenjagd streng verboten, und es wird hier aktiv Forschung betrieben und um die Rettung der Art gekämpft, u. a. mit dem Einsatz von Kamerafallen, mit GPS-Tracking und Funkhalsbändern. Konflikte haben die scheuen Raubkatzen, die als Einzelgänger in den felsigen Bergregionen umherstreifen und einander nur zur Paarung begegnen, mit den Viehhirten und durch den Siedlungsbau in ländlichen Regionen, der ihren Lebensraum beschneidet. Dennoch hat sich die Population am Jebel Samhan inzwischen deutlich vermehrt. Wenn die Regierung weiterhin schützend über das Schicksal dieser schönen Raubkatzen wacht, haben sie eine Überlebenschance in Dhofar.

In Notzeiten können Leoparden monatelang ohne Frischwasser auskommen

Leoparden gelingt es von allen Raubtieren am besten, unbemerkt in der Nähe von Menschen zu existieren. Die muskulösen und geschmeidigen Pantherkatzen schleppen ihre erlegte Beute gerne auf Bäume, um sie dort nach und nach zu verzehren, denn so bleibt der Riss vor diebischen Konkurrenten geschützt. Außerdem sind sie sehr gewandt in steinigem, steilem Gelände und ausgezeichnete Schwimmer. Muttertiere ziehen ihre Jungen alleine auf.

Das Jebel Samhan Naturschutzgebiet kommt auch diesen gefährdeten Zeitgenossen zugute

Aus Afrika gelangte die **Streifenhyäne** (*Hyaena hyaena*) nach Arabien und über den Kaukasus bis nach Indien. Den stillen Aasfressern wird vielerorts mit Giftködern nachgestellt, so dass die verbliebenen Populationen sehr scheu, isoliert und nachtaktiv sind. Auch sind die Streifenhyänen weniger erforscht als ihre südafrikanischen Vettern. Sie bevorzugen Savannen und Halbwüsten.

Wasserlose Sanddünengebiete wie die Rub al-Khali sind das Terrain der **Sandkatze** (*Felis margarita*). Sie hat sich hervorragend auf das lebensfeindliche Umfeld eingestellt und gilt als nicht gefährdet, weil es keine Konflikte mit dem Menschen gibt. Ihre Pfoten sind so dicht behaart, dass sie mühelos über glühend heißen Wüstensand laufen kann. Die nachtaktiven Einzelgänger streifen durch die Sahara, die Arabische Wüste und die Wüstenregionen Zentralasiens.

Damit hat sie keine Berührungspunkte mit dem **Karakal** (*Caracal caracal*), der anstelle von Sandwüsten in Steppen und Halbwüsten beheimatet ist. Wegen der ähnlichen Erscheinung stufte man ihn früher als Luchs ein und nannte ihn Wüstenluchs, doch heute weiß man, dass es sich um eine Katze handelt. Der Schleich- und Sprintjäger ernährt sich von Beutetieren, die mitunter doppelt so schwer sind wie er selbst. Sein Bestand ist nicht gefährdet, aber die scheuen Tiere sind kaum zu erspähen.

In Quellgebieten und Wadis mit Pflanzenbewuchs stromert nachts der **Äthiopische Igel** (*Paraechinus aethiopicus*), auch Afrikanischer Wüstenigel genannt, auf der Suche nach Insekten, Amphibien, Skorpionen und Walzenspinnen umher. Den klimatischen Herausforderungen begegnet dieser Igel mit einer Sommerruhe während der heißesten Wochen. Dafür verkürzt er seinen Winterschlaf.

Das Lieblingstier aller Dhofaris

ist optimal an seine wüstenhafte Umgebung angepasst und beschert seinen Besitzern seit der Domestizierung vor mindestens 3000 Jahren viel Wohlstand. Denn es wurde dem Menschen zum Kameraden in den Wüsten und daher zum wichtigsten Begleiter des Arabers. So blieb es bis in die Generation unserer Großväter.

Nur durch diese Gemeinschaft konnten die Araber Handelskarawanen zusammenstellen und lebensfeindliche Gebiete durchqueren. Die Milch des Kamels rettete die Wagemutigen vor dem Verdursten, sein Fleisch gab Nahrung in der Not. Die Beziehung der Araber zu ihren Kamelen erlangte daher eine besonders emotionale Tiefe und Innigkeit, die bis heute spürbar ist und gepflegt wird. Jedes Tier hat einen Namen und hört und regiert auf den Zuruf seines Besitzers. Noch immer gibt es in Dhofar rund 60 000 Kamele, trotz Ölboom, Allradfahrzeugen und technischem Fortschritt. Auch der reiche Städter hält sich weiterhin eine Herde Kamele und käme nicht auf die Idee, den wirtschaftlichen Nutzen dieser Tiere zu hinterfragen. Er züchtet Rennkamele für die beliebten Kamelrennen und Stuten, die er melken lässt, um abends im Geländewagen frische Kamelmilch von der Weide abzuholen (eine Stute gibt bis zu 20 l Milch am Tag). Die meisten Herden bestehen ausschließlich aus Stuten und ihren Kälbern. Die männlichen Tiere werden bis auf einen Deckhengst meistens früh geschlachtet. Kamelstuten säugen ihr Kalb etwa sechs Wochen, dann unterbindet dies der Hirte, indem er das Euter mit einem Jutesack umwickelt. Die Kälber erhalten ab jetzt nur noch morgens und abends etwas von der gemolkenen Milch und werden nach etwa neun Monaten ganz entwöhnt. Wird eine Stute danach nicht wieder gedeckt und bleibt ihr Kalb in der Nähe, kann sie bis zu vier weitere Jahre Milch geben. Stirbt jedoch das Kalb, ehe es entwöhnt ist, verschließen sich die Milchdrüsen. Dies verhindern die Bedu erfolgreich durch eine so genannte Kalbspuppe, ein Holzgestell, über das die Haut des toten Fohlens gespannt wird, und das der Stute vorspielt, ihr Kalb sei noch da. Bis zu zwölf Mal kann eine Stute kalben.

Die vielen Tiere in Dhofar richten merklich Schaden an, da sie die Qaraberge überweiden und seltene Pflanzen bedrohen. Die Regierung bemüht sich daher schon lange um eine Reduktion dieser Bestände, subventioniert z. B. Kamelschlachtungen, scheitert aber an den tief verankerten Traditionen. Freilebende arabische Kamele gibt es heute nicht mehr; alle Kamele haben einen Besitzer, auch wenn sie scheinbar herrenlos im Gelände unterwegs sind.

Warum grinsen die Kamele gerne so selbstgefällig?

Eine arabische Legende verrät: „Allah der Große hat hundert verschiedene Namen und Ehrentitel. Aber so sehr sich die Gläubigen auch anstrengen, sie kennen nie mehr als 99 seiner Namen. Nur das Kamel kennt auch den hundertsten Namen Allahs, doch es behält ihn für sich und freut sich diebisch an der Unwissenheit der Menschen!"

Pflanzenfresser

Das häufigste Tier, dem der Besucher in Dhofar begegnet, ist das **Dromedar** (*Camelus dromedarius*), das auch als **Einhöckriges** oder **Arabisches Kamel** bezeichnet wird. Die eigenwilligen Schwielensohler sind Meister in der Wüste. Sie können bis zu 50 km pro Tag laufen, selbst wenn sie nur alle fünf Tage zu trinken bekommen. In Notzeiten vermögen sie die Fettreserven in ihren Höckern abzubauen und überstehen einen Dehydrierungsgrad von bis zu 25 %. Alle anderen Säugetiere erleben bereits nach der Hälfte dessen einen lebensbedrohlichen Schock. Ihre Körpertemperatur schwankt in Hitzeperioden bis zu 7 Grad, um die Körperverdunstung zu verringern. Gelangt ein Kamel nach solchen Strapazen schließlich wieder an eine Tränke, vermag es sogar Salzwasser zu verarbeiten. Es trinkt dann aber in einem Zug hundert Liter auf einmal. Die dhofarischen Kamele sind von kleinerer Statur und sehr wendig.

Wie bei den Raubtieren sind auch viele Pflanzenfresser Omans in ihrem Bestand bedroht oder gefährdet. 1972 markiert das Jahr, an dem die letzte frei lebende **Arabische Oryx** (*Oryx leucoryx*), auch Weiße Oryx genannt, gesehen und erschossen wurde. Fortan galten die Wildbestände der stolzesten und größten Antilope Arabiens als ausgestorben. Dank der „Operation Oryx" gab es da bereits seit einem Jahrzehnt ein Zuchtprogramm des Phoenix Zoos und einer Londoner Vereinigung zum Erhalt von Fauna und Flora mit Unterstützung des WWF. Das Projekt wurde ein großer Erfolg: Weniger als ein Dutzend Oryx, die die verbliebene „Weltherde" darstellten, vermehrten sich in zwanzig Jahren so sehr, dass Auswilderungsstätten gesucht wurden. Und so kam Oman wieder ins Spiel. Nur zehn Jahre nach der Ausrottung der omanischen Oryx überführte der San Diego Wild Animal Park 196 der schönen Antilopen zunächst in eine Zuchtstation in der Hauptstadtregion Maskat und von dort weiter in ein Wildreservat in der Wüste, das eigens für die Oryx eingerichtet worden war. Die UNESCO stufte das viel versprechende, zunächst überaus erfolgreiche Arabian Oryx Sanctuary als Weltnaturerbe ein. Doch um die Jahrtausendwende ging irgendetwas schief, es veränderten sich die Prioritäten und Engagement und Einsatz für das Schutzgebiet nahe dem Jiddat al-Harasis Plateau in der Mitte Omans schwanden. Die Regierung verkleinerte das Schutzgebiet um 90 %, und die Oryx, die sich bis Mitte der 1990er Jahre auf 450 Tiere vermehrt hatten, wurden durch Wilderei und illegale Jagd auf nur mehr 65 Tiere dezimiert. 2007 reagierte die UNESCO mit einem harten, aber notwendigen Schritt: Sie entzog zum ersten Mal in ihrer Geschichte einer Stätte den besonderen Status des Welterbes. Die strenge Maßnahme führte leider nicht zu einem Umdenken in Oman. Heute leben die restlichen Oryx in einem Gehege ohne Aussicht auf eine Zukunft in Freiheit. Dabei entspräche es ihrem Naturell, ohne festes Territorium nomadisch durch die Wüste zu ziehen. Die stämmigen, bis zu 225 kg schweren Antilopen können gut in dieser Umgebung überleben, da sie monatelang ohne Frischwasseraufnahme auskommen, indem sie sich von wasserspeichernden Knollen und Pflanzen ernähren. Ihre Erscheinung ist ausgesprochen imposant, die langen Hörner sind gerillt und lanzengerade. Man nimmt an, die Oryx seien der Ursprung für die Einhornlegende.

Fotos links: Kamele sind mitunter sehr neugierig
Unten: Arabische Berggazelle

Einen positiven Nebeneffekt hat das Arabian Oryx Sanctuary wenigstens für die **Arabischen Berggazellen**, die hier mit geschätzten 9000 Tieren in der weltweit größten noch vorhandenen Population leben. Überall sonst kommt die langbeinige Gazelle nur noch partiell vor, obwohl sie ein Habitat bewohnen kann, das von Halbwüsten bis zu Sanddünen reicht. Sie ernährt sich von Gräsern und Gesträuch. Bei Gefahr flüchtet die zierliche Edmigazelle, wie sie auch genannt wird, mit Spitzengeschwindigkeiten von bis zu 80 km/h.

Tipp Im Wadi Shaat zwischen Mirbat und Sadah sind die zierlichen Arabischen Berggazellen spät nachmittags aktiv

Eine Rarität in den Dünen der Rub al-Khali ist die **Arabische Kropfgazelle** (*Gazella subguttorosa marica*). Sie zieht dort nomadisch in einem riesigen Territorium umher. Ursprünglich aus Transkaukasien eingewandert, hat sie in Arabien eine eigene Unterart gebildet, die sich von ihren Verwandten durch ihr sehr helles, fast weißes Fell unterscheidet. Ihr Bestand ist leider ebenfalls gefährdet.

Noch seltener ist inzwischen der **Arabische Tahr** (*Hemitragus jayakari*), ein ziegenähnlicher Paarhufer mit gebogenem Gehörn, der nur im Hajargebirge Nordomans und der VAE vorkommt. Der Restbestand wird auf kaum 2000 Tiere geschätzt; Wilderei ist ihre größte Bedrohung.

In Dhofar und im Arabian Oryx Sanctuary lebt dagegen die **Wildziege** (*Capra aegagrus*) in versprengten Kleingruppen. Man kann sie mit viel Glück im Jebel Samhan Schutzgebiet aufspüren. Die Wildziege ist ursprünglich im Kaukasus beheimatet, und es ist überraschend, dass in Oman isolierte kleinere Populationen auftauchen.

Auch der Alpensteinbock hat einen nahe Verwandten auf der Arabischen Halbinsel. Der **Syrische Steinbock** (*Capra nubiana*) ist allerdings deutlich kleiner und heller als sein europäischer Vetter. Er fühlt sich wohl in felsigen Wüsten wie den Qarabergen, die ausreichend Wasser und Unterschlupf bieten, denn der Kletterkünstler ist tagaktiv und muss regelmäßig trinken. Seine Art gilt als gefährdet; er wird gewildert und durch Nutztiere wie Esel, Kamele und Hausziegen bedrängt.

Fotos rechts: Arabische Wildgurke (*Cucumis prophetarum*) und Koloquinte (*Citrullus colocynthis*) sind für den Menschen ungenießbar, Oryxantilopen spenden sie dagegen Nahrung und Feuchtigkeit
Unten: Klippschliefer

Ein kurioser Afrikaner, dem die Ausbreitung bis an die arabischen Küsten gelungen ist, heißt **Klippschliefer** (*Procavia capensis*). Die kaninchenartigen Huftiere erinnern an Nagetiere oder an übergroße Meerschweinchen mit kleinen runden Ohren und kurzen Beinen. Doch sind die geselligen, wendigen Pflanzenfresser näher mit Elefanten und Seekühen verwandt als mit irgendeinem der Tiere, denen sie ähnlich sehen. In den Qarabergen sind sie verbreitet, und zu ihren größten Feinden zählen dort Greifvögel.

Kaphasen (*Lepus capensis arabicus*) haben sich über isolierte Vorkommen in Südarabiens Gebirgsregionen und Halbwüsten sogar bis in den Irak ausgebreitet. In Oman lebt eine gesunde Population. Die starke Bedrohung durch Raubkatzen und Greifvögel gleichen sie durch eine schnelle Reproduktionsrate mit bis zu vier Würfen pro Jahr wieder aus.

Überlebenskünstler in der Wüste

Die Tierwelt hat sich in erstaunlicher Weise auf ein Leben in ariden Zonen ohne Wasser eingestellt. Oryxantilopen sind ein Wunder an Genügsamkeit und Anpassungsfähigkeit; ihre Fähigkeit, die Körpertemperatur ähnlich den Kamelen für viele Stunden unbeschadet auf bis zu 44 °C anzuheben, damit sie weniger Feuchtigkeit ausschwitzen, gibt der Wissenschaft Rätsel auf. Monatelang können diese Tiere ohne zu trinken überleben, nur mit der Feuchtigkeit, die in bestimmten Pflanzen und Früchten steckt. Um die Überlebenschancen ihrer Jungtiere zu erhöhen, kalben Oryx gleichzeitig und bieten Raubtieren damit eine zeitlich begrenzte Angriffsfläche. Kamele überleben einen Dehydrierungsgrad von 25 %, wo alle anderen Säuger den sicheren Tod finden würden.

Wie Raubtiere es schaffen, in Dürrezeiten in der Wüste zu überleben, gab ebenfalls lange Zeit Rätsel auf. Forschungen ergaben, dass Hyänen in Notzeiten durch das Blut ihrer Beutetiere ausreichend Flüssigkeit erhalten. Auch die Rüppelfüchse kommen notfalls allein mit der Flüssigkeit in der Nahrung aus. Ihnen helfen zusätzlich anatomische Besonderheiten, wie die riesigen Ohren und behaarte Sohlen bei der Hitzeregulierung. Kamelfüße sind sehr breit und haben dicke Schwielen, damit die schweren Tiere im Sand nicht einsinken. Viele Tiere stellen in der Wüste ihre Lebensweise um, indem sie während der heißesten Jahreszeit nur in den kühlen Nachtstunden grasen bzw. Beute jagen. Ein auffallendes Merkmal, das dem Leben in der Wüste abverlangt wird, ist die Bereitschaft zur Wanderschaft. Die äußerst spärlichen, zumeist nur regionalen Niederschläge zwingen weidendes Wild, auf der Suche nach frischem Nahrungsangebot weite Strecken zurückzulegen. Den wandernden Wildherden wiederum müssen die Raubtiere zwangsläufig folgen. Sesshaftigkeit können sich in der Wüste daher nur wenige leisten.

Gibt es in der Rub al-Khali Monsterspinnen, die Menschen angreifen?

Wie ein roter Faden ziehen sich seit der Antike die Berichte über Monster- und Killerspinnen durch die Literatur über die arabischen Wüsten. Angeblich soll es hier Kamelspinnen geben, die schlafenden Menschen und Tieren nachts ganze Fleischstücke aus Gesicht und Extremitäten beißen. Das ist Jägerlatein!

Es gibt sie allerdings wirklich, die **Kamelspinne** (*Galeodes arabs*). Sie gehört zur Ordnung der Walzenspinnen (*Solifugae*), die über 900 Arten umfasst und eigentlich gar keine echte Spinne ist. Solche Walzenspinnen sind in Wüsten, Steppen und trockenen Savannen weit verbreitet, dämmerungsaktiv und sehr schnelle, aggressive Jäger. Mit ihrem starren Augenpaar, den riesigen Kieferklauen und dem stark behaarten Körper sehen die bis 7 cm langen Spinnentiere tatsächlich unheimlich aus. Sie sind aber nur auf kleine Beutetiere aus und beißen Menschen nur bei akuter Gefahr. Ihren Geschlechtspartnern gegenüber zeigen sich Walzenspinnenweibchen gerne unsportlich, denn sie neigen nach dem Paarungsakt dazu, diese zu verspeisen, wenn sie nicht vorsichtig flüchten.

Oben: Dhofaragame (*Pseudotrapelus dhofarensis*)
Unten: Semaphore Gecko (auch Scorpion tailed Gecko, *Pristurus carteri*)

Reptilien und Amphibien

Unter den Reptilien sind in Oman 64 Arten vertreten, von denen etwa ein Drittel auf der Arabischen Halbinsel endemisch ist. Es kommen auch einige giftige und ungiftige Schlangenarten vor.

Schlangen haben Körper ohne Gliedmaßen und eine von Schuppen bedeckte Haut. Ihr Rachen, die Speiseröhre und der Magen sind weit dehnbar, um die Beute vollständig verschlingen zu können. Die Tiere sind scheu und weichen dem Menschen aus. Geräusche und das Vibrieren des Bodens schrecken sie auf, und sie ziehen sich – wenn möglich – meist sogleich zurück. Eine gefährliche Ausnahme bildet allerdings die hochgiftige **Puffotter** (*Bitis arietans*). Sie ist sehr träge, bewegt sich nur langsam und wird daher leicht übersehen. Die meisten Unfälle passieren deshalb auch mit diesen zickzackgemusterten Vipern. Die Puffotter stellt übrigens bei der Fortpflanzung einen Weltrekord auf: Von allen Wirbeltieren der Welt gebiert sie die meisten Jungtiere mit bis zu 150 rund 15 cm großen Babyschlangen pro Wurf.

Zu den giftigen omanischen Spezies gehört auch die rötliche **Arabische Sandrasselotter** (*Echis coloratus*), eine bis zu 80 cm lange Schlange mit dreieckigem Kopf und einer markanten

Rückenzeichnung. Die Wüstenbewohnerin ist sehr reizbar, und ihr Gewebegift schädigt nach einem Biss die Blutgefäße. Ein Arztbesuch ist dringend notwendig, wenngleich der Biss nicht zwangsläufig tödlich ist.

Die imposante **Uräusschlange** (*Naja haje arabica*) wird auch Arabische Kobra genannt und erreicht eine Länge von über zwei Meter. Sie kommt eigentlich überall vor, selbst in menschlichen Siedlungen. Bei Gefahr stellt sie sich in typischer Kobrahaltung auf, ist aber nicht aggressiv. Ihr Biss ist trotzdem gefährlich, denn sie spritzt ein starkes Nervengift. Stark hämotoxisch wirkt das Gift der **Wüsten-Hornviper** (*Cerastes cerastes*). Sie bewegt sich rasch seitwärts windend fort und hinterlässt im Wüstensand charakteristische Spuren. Auch kann sie ein rasselndes Geräusch erzeugen, indem sie ihre kantigen Schuppen aneinander reibt.

Die **Streifenruderschlange** (*Hydrophis cyanocinctus*) ist eine Giftnatter aus der Familie der Seeschlangen und hält sich in flachen Küstengewässern zwischen Felsen und Korallen auf. Sie wird bis 2 m lang und gehört zu den giftigsten Tieren der Welt. Fischer müssen sich vor ihr in Acht nehmen, denn bei Störungen wie dem unachtsamen Hantieren mit Fischernetzen kann es rasch zu gefährlichen Bissverletzungen kommen.

Schmetterlinge sind in Dhofar mit 80 verschiedenen Spezies artenreich vertreten, besonders zwischen Oktober und Mai. Außerdem lebt hier die **Dhofar-Kröte** (*Duttaphrynus dhufarensis*), und es gibt eine endemische **Chamäleonart**.

Oben: Puffotter
Unten: Kopf einer Jemen-Dornschwanzagame (*Uromastyx benti*); adulter Semaphore Gecko

Bunte Unterwasserwelt und maritimes Leben

Rund 900 Fischarten und 85 Spezies an Hart- und Weichkorallen machen die Küstengewässer Omans und insbesondere Dhofars zu einem spektakulären Fisch-, Wal- und Tauchparadies.

Das Meer als Lebensraum gliedert sich in die Gezeitenzone, die geschützten Lagunenbereiche, Korallen- und Felsenriffe und den tiefen Ozean. In der Gezeitenzone, die dem ewigen Rhythmus von Ebbe und Flut ausgesetzt ist, halten sich Krustentiere, Felshüpfer, Schleimfische und Krabben, die im Boden in kleinen Sandhöhlen leben, auf. Hier findet man mancherorts auch **Mangroven** der Art *Avicenia marina*, deren Atemwurzeln senkrecht aus dem Boden ragen und bei Ebbe gut sichtbar sind. Wegen ihrer außerordentlichen ökologischen Bedeutung als Lebensraum für Fische, Krebse und Schlammspringer und zur Küstensicherung stehen die Mangrovenwälder Omans unter Schutz.

In den omanischen Gewässern sind bisher 21 verschiedene **Wale** und **Delfine** gesichtet worden, darunter Große Tümmler, Blau-Weißer Delfin, Chinesischer Weißer Delfin, Ostpazifischer Delfin, Killerwal, Finnwal, Blauwal, Buckelwal, Pott- und Zwergpottwal sowie verschiedene Arten der Schnabelwale. Sie alle stehen heute unter Schutz.

Die rund 100 arabischen **Buckelwale** (*Megaptera novaeangliae*) vor den Küsten Dhofars zeigen ein erstaunlich artfremdes Verhalten, denn sie haben ihre ozeanischen Wanderungen eingestellt und halten sich lebenslang standorttreu in diesen küstennahen Gewässern auf. Alle anderen Buckelwale weltweit wechseln zwischen Sommer- und Winterquartieren. Durch dieses sonderbare Gebaren haben sich die arabischen Buckelwale seit rund 60 Jahren nicht mehr mit anderen Buckelwalen gepaart. Als Ursache dafür gilt wieder einmal der Monsun, der das eisige, nährstoffreiche Tiefseewasser aufwirbelt und vor Dhofars Küste treibt. Die ungewöhnlich große Konzentration an Plankton, die dabei entsteht, zieht riesige Fischschwärme an und macht diesen Küstenabschnitt zu einem der fischreichsten Gewässer der Welt. Die Buckelwale leben also mitten im Schlaraffenland; Wanderungen sind überflüssig.

Fotos rechts: Kofferfische; Meerbarbenschwarm; Felsenkrabbe und Muscheln am Strand

Delfine können im Gegensatz zu Walen nicht sonderlich tief tauchen, aber mit bis zu 50 km/h unglaublich schnell schwimmen. Die 2–4 m langen Säugetiere werden bis zu 200 kg schwer und haben eine Tragezeit von etwa zehn Monaten. Es wird immer nur ein Junges geboren, das die

Mutter sofort zur Wasseroberfläche bringt, damit es atmen kann. Nach einiger Zeit lernt das Neugeborene zu tauchen und kann auch unter Wasser gesäugt werden.

Im Zusammenhang mit Delfinen wird immer wieder die Frage nach ihrer Intelligenz gestellt. Es ist schon mehrfach vorgekommen, dass Delfine Menschen in Seenot gerettet haben. Auch ihre eigenen Artgenossen werden mitunter bei Verletzung durch gegenseitiges Stützen vor dem Ertrinken bewahrt. Experten streiten schon lange darüber, ob es sich hierbei um bewusstes oder angeborenes Verhalten handelt. Herausragend ist auch ihre Bereitschaft zur Dressur und zum Erlernen synchroner Bewegungen. Ihrem freundlichen Wesen und Aussehen verdanken die Meeressäuger eine große Sympathie, die ihnen nicht erst seit „Flipper“ entgegen gebracht wird.

Suppenschildkröten (*Chelonia mydas*) sind die bekanntesten Vertreter der Meeresschildkröten und kommen in allen tropischen und subtropischen Meeren vor. Sie haben allerdings heute nur noch weniger als 50 Nistplätze weltweit, unter anderem in Oman, wo sie streng geschützt werden. Ihr Name erinnert daran, dass die friedfertigen Wirbeltiere einst fast bis zur Ausrottung „in den Kochtöpfen“ landeten, man nennt sie aber auch nach der englischen Bezeichnung Grüne Schildkröten.

Mit 10 bis 15 Jahren werden die Schildkröten geschlechtsreif und paaren sich. Vor der Eiablage müssen die weiblichen Tiere zu ihren Geburtsplätzen zurückschwimmen, denn sie legen ihre Eier immer genau an dem Strand ab, an dem sie selbst geschlüpft sind. Dieser kann unter Umständen Tausende Kilometer entfernt liegen. Die Ablage der tischtennisballgroßen Eier wird zum kräftezehrenden Akt, denn die Weibchen robben mühevoll und unbeholfen an Land und graben dort mehrere Sandmulden als Nistgelege für jeweils bis zu hundert Eier, die sie anschließend stundenlang mit Sand zuschaufeln müssen. Nach zwei bis

drei Monaten schlüpfen die kleinen Schildkröten. Ob sich männliche oder weibliche Tiere heranbilden, bestimmt die Temperatur während des Ausbrütens. Nach dem Schlüpfen rennen die Jungtiere um ihr Leben ins Meer, denn die wehrlosen Winzlinge werden unterwegs von gierigen Vögeln und anderen Räubern erwartet und gefressen.

Die **Unechte Karettschildkröte** (*Caretta caretta*), eine ebenfalls sehr weit verbreitete Meeresschildkröte, ist ein wenig kleiner als die Suppenschildkröte und ernährt sich weniger vegetarisch; sie verspeist neben Seegras auch Krebse, Kopffüßler und Quallen. Sie wurde massiv bejagt und ist daher vom Aussterben bedroht. Obwohl unter internationalem Schutz stehend werden die Tiere immer noch vielfach Opfer der Schleppnetze von Krabbenfischern. Die weltgrößte Brutstätte dieser Meeresschildkröte liegt auf der Insel Masirah in Oman. Hier schlüpfen Jahr für Jahr 23 000–30 000 Schildkröten. Oman ist sich der Bedeutung dieser Nistplätze bewusst und bislang gelang es, sie entsprechend zu schützen.

Seekühe sind im Arabischen Meer durch den **Dugong** (*Dugong dugon*), eine Gabelschwanzseekuh, vertreten. Die wenig erforschten Meeressäuger erreichen locker 400 kg Gewicht und tummeln sich meistens im mehrere Meter tiefen, trüben Gewässer vor tropischen Küsten, um dort in Seegraswiesen zu weiden. Die Kolosse mit den dicken Nasen graben dafür regelrecht den Meeresboden um. Ihre Bestände sind weltweit gefährdet und bedroht, und ihre Art gibt den Forschern heute noch Rätsel auf. So sind die Tiere eigentlich standorttreu, unternehmen aber mitunter aus noch ungeklärten Gründen Wanderungen über hunderte Kilometer. Man vermutet in ihnen hoch soziale, intelligente Wesen. Es bestehen enge, langjährige Bindungen zwischen Muttertieren und ihren Kälbern, und sie erreichen eine ähnlich lange Lebensspanne wie der Mensch. Jenseits der australischen Gewässer sind Dugongs überall massiv bedroht, vor der Küste Omans sollen aber noch mehrere Tausend dieser wenig erforschten Pflanzenfresser leben.

Erwähnt werden sollten noch die **Seeohren** (*Haliotis*), auch **Meerohren** oder **Abalone** genannt, die alljährlich im November und Dezember vor der Küste um Mirbat auftauchen. Die großen Schnecken gelten in Ostasien als besondere Delikatesse, wodurch sie weltweit abgefischt werden und inzwischen bedroht sind. Oman hat seither die Fangmengen drastisch reduziert. Die fremdartigen Mollusken werden fälschlicherweise oft als Muscheln angesehen.

Fotos rechts: Ein Löffler und ein Rosaflamingo an einer der Lagunen Salalahs; Halsbandsittich (*Psittacula krameri*) im Gelände von Al Baleed

Ein südarabisches Vogelparadies

Etwa 10 000 Vogelarten besiedeln unseren Planeten, und für einen Wüstenstaat wie Oman sind 517 vorkommende Spezies, also 5 % aller Arten, eine beachtliche Summe. Diese Vielfalt verdankt das Land seiner Region Dhofar, wo allein bis heute **324 Arten** registriert wurden. Darüber hinaus erweist sich die Lage Omans an der südlichen Arabischen Halbinsel als eine **auf der Welt einzigartige Landbrücke** für Vögel aus den drei Kontinenten Europa, Asien und Afrika.

Es sind daher auch nur etwa 80 Arten in Oman beheimatet, die anderen halten sich hier entweder saisonal zum Überwintern oder als Sommergäste auf, manche besuchen das Land auch nur als Rastplatz auf ihren Zugrouten in andere Gefilde. In Nordoman dominieren europäische und asiatische Arten, der Süden wird dagegen von Afrikanern besucht, die sonst nirgendwo in Arabien oder Asien auftauchen.

In Dhofar finden sich auf relativ kleinem Gebiet vielfältige Habitate: Meeresstrände mit Felsküsten und Klippen für die Seevögel, Lagunen für Wasservögel, saisonale Monsun-Galeriewälder an den südlichen Qarabergen, bewaldete Wadis, baumlose Hochplateaus mit Grassavannen, Farmland und Gärten, Halbwüsten, Geröllebenen und schließlich Sandwüste. All dies erklärt die ausgesprochen artenreiche Vogelwelt, der man hier begegnen kann.

Oben: Graubrust-Paradiesschnäpper

Dhofars ornithologische Kostbarkeiten

Die besonderen Dhofar-Spezies sind natürlich genau dort zu finden, wo sie das außergewöhnliche Mikroklima vorfinden: In den tiefen Schluchten der Südhänge der Qaraberge und zu deren Füßen an den Quellen und kleinen Bächen, wo sich der Sommermonsun niederschlägt und dadurch der trockene Naturraum zu einem Feuchtgebiet mit Dauernebel und üppigem Pflanzenwuchs mutiert, wie z. B. Air Razat und Ain Hamran. Dieses attraktive Nahrungsangebot lockt zahlreiche Arten aus dem Süden Afrikas an, die lieber in Dhofar überwintern, als in der Heimat die kargen Wintermonate auszuharren. Sie wagen sich vom Horn von Afrika über die schmale Meerenge nach Dhofar. Für die meisten Spezies, wie **Goldkuckuck** (*Chrysococcyx caprius*) und **Graukopfliest** (*Halcyon leucocephala*), ist dies der nördlichste Punkt, den sie ansteuern. Ganzjährig bleibt die **Bergammer** (*Emberiza tahapisi*) diesen Gefilden treu, und der hübsche, am Kopf gestreifte Vogel hüpft auch dann noch an den Quellen und Wasserläufen in der Salalah-Ebene herum, wenn die Migranten längst wieder in ihre Heimatländer aufgebrochen sind. Genau wie der **Somali-Brillenvogel** (*Zosterops abys-sinicus*), der sich aber etwas stärker versteckt und lieber in den Baumkronen sitzt als die Bergammer. Der Brillenvogel verdankt seinen Namen den dicken weißen Augenringen. Ein weiterer Afrikaner, der ganzjährig in Dhofar bleibt, und den man ziemlich häufig in Hotelgärten findet, weil er gesellig ist und Menschen nicht scheut, heißt **Afrikanischer Silberschnabel** (*Euodice cantans*). Sein kräftiger Körnerfresserschnabel

Für Ornithologen ist Dhofar ein äußerst lohnendes Reiseziel, insbesondere die Qaraberge und die Lagunen in der Küstenebene

Fotos rechts: Schwarzschwanz (*Cercomela melanura*); Tristramstar; Bergammer und Afrikanischer Silberschnabel

glänzt auffällig metallisch silbern, und er kommt nur hier vor, während im restlichen Oman der **Indische Silberschnabel** (*Euodice malabarica*) verbreitet ist.

Einer der attraktivsten Afrikaner ist der zierliche, kastanienrot-schwarze **Graubrust-Paradiesschnäpper** (*Terpsiphone viridis*). Er siedelt ganzjährig in Dhofar und lässt sich am besten in der Nähe von natürlichen Gewässern mit hohen Bäumen, wie im Wadi Darbat und in Ain Hamran, beobachten. Zur Brutzeit entwickelt das Männchen ein außergewöhnlich hübsches Gefieder mit extrem langen Schwanzfedern. Paradiesschnäpper sind sehr aktiv und fliegen oft von Baum zu Baum. Sehr rar macht sich dagegen der **Senegaltschagra** (*Tchagra senegalus*); er versteckt sich die meiste Zeit im schützenden Unterholz und lässt sich kaum erspähen, lebt und brütet aber ganzjährig in den vom Monsun beeinflussten Gebieten Dhofars.

Von großer Bedeutung sind die Dhofar-Berge als Rückzugsraum für seltene und bedrohte Arten, wie den afrikanischen **Kaffernadler** (*Aquila verreauxii*), den Kosmopoliten **Steinkauz** (*Athene noctua*) und den **Turmfalken** (*Falco tinnunculus*). Die schwarzen Kaffernadler haben eine Jagdtechnik im Team entwickelt, um Klippschliefer im steilen Gelände zu erbeuten. Während der erste Greifvogel Scheinangriffe tätigt und die Schliefer verunsichert, stürzt der Zweite aus einem Hinterhalt auf die abgelenkten Tiere hinab.

Eine Besonderheit für Ornithologen ist der seltene **Jemengirlitz** (*Serinus menachensis*), ein arabischer Fink, der sich zum Brüten ausgerechnet das Sink Hole in Tawi Attayr ausgesucht hat.

Da ist es schon einfacher, die munteren gelben **Gilb-** oder **Pirolweber** (*Ploceus galbula*) zu beobachten, die im Schwarm ihre Nester gerne in Sträucher und Bäume nahe Wasserläufen und menschlichen Siedlungen bauen. Ebenso häufig sind die recht zutraulichen, geselligen **Tristramstare** (*Onychognathus tristramii*), die man in Dhofar fast überall außerhalb der Sandwüste

antreffen kann. Ihre kastanienroten Flügelflecken machen die ansonsten schwarzen Stare unverwechselbar, besonders im Flug. Manchmal sitzen sie auf Kamelrücken, um Parasiten aus dem Fell zu klauben. Körperlich werden sie allerdings noch deutlich überragt von den schwarzen **Borstenraben** (*Corvus rhipidurus*), die ebenfalls in den Dhofar-Bergen beheimatet und sehr verbreitet sind.

Als Vertreter asiatischer Vögel, die nach Dhofar zum Überwintern einfliegen, möchten wir die auffälligen **Fasanblatthühnchen** (*Hydrophasianus chirurgus*) vorstellen. Die fasanähnlichen Vögel reisen zumeist nach der Brut im Mai wieder nach Südostasien zurück, einige bleiben aber ganzjährig da. Sie verändern ihr Federkleid sehr stark je nach Jahreszeit. Am leichtesten sieht man die Blatthühnchen in den Wintermonaten an den küstennahen Lagunen und im Wadi Darbat. Riesige breite Füße helfen ihnen, über schwimmende Blätter zu laufen.

Gesangskünstler in Gärten und Parkanlagen

Eingewachsene Hotelgärten, wie im Crowne Plaza Resort, und Parkanlagen, wie sie an manchen Quellgewässern angelegt wurden, sind Tummelplätze für eine Vielzahl oft auffällig vokaler Arten. Wo **Gelbsteißbülbüls** (*Pycnonotus xanthopygos*) durchs Gebüsch flattern, zwitschert es besonders lebhaft und laut. Auch die **Streifenprinie** (*Prinia gracilis*), ein unscheinbarer Winzling, gleicht seine optische Schlichtheit durch lautes Gezirpe aus. Andere Gartenvögel gehören zu den besonders bunten Vogelarten, z. B. die **Blauracke** oder Mandelkrähe (*Coracias garrulus*) und die Familie der Honigsauger, von denen in Dhofar drei spezielle Arten Blütennektar saugen: hier kommen **Jerichonektarvogel** (*Cinnyris osea*), **Glanznektarvogel** (*Cinnyris habessinicus*) und **Erznektarvogel** (*Anthodiaeta metallica*) vor.

Im Hinterland sind auf bäuerlichen Feldern und Plantagen viele **Kuhreiher** (*Bubulcus ibis*) und einzelne **Weißstörche** (*Ciconia ciconia*) zu sehen. Kokosplantagen ziehen den **Schwarzmilan** (*Milvus migrans*) an, weil er aus den Palmwedeln seine Nester baut. Die rasante Ausbreitung der **Hirtenmaina** oder Hirtenstare (*Acridotheres tristis*) wird nicht ganz ohne Sorge betrachtet, denn der dominante, laute Schwarmvogel aus der Star-Familie verdrängt dabei gerne schwächere heimische Arten.

Tauben sind in Dhofar mit mehreren Arten vertreten: **Felsentauben** (*Columba livia*), **Turteltauben** (*Streptopelia*), **Orientturteltauben** (*Streptopelia orientalis*), **Kaptäubchen** (*Oena capensis*), **Palmtauben** (*Spilopelia senegalensis*), **Türkentauben** (*Streptopelia decaocto*) und sogar vereinzelt grünbunte **Papageitauben** (*Treron waalia*). Das Foto zeigt eine Haustaube der Unterart Brieftaube.

Wasservögel an den Küstenlagunen

An den Küstenlagunen sammeln sich Wasservögel zu hunderten, Migranten ebenso wie sesshafte Dauergäste. Hier tummeln sich zahlreiche Gänse wie z. B. **Pfeifgänse** (*Dendrocygninae*) und **Blässgänse** (*Anser albifrons*), Schnepfen wie der **Temminckstrandläufer** (*Calidris temminckii*), Regenpfeifer und Stelzen. Es staken zumeist einzelne **Löffler** (*Platalea leucorodia*) und **Braune Sichler** (*Plegadis falcinellus*) durch das Flachwasser, zwischendrin stehen nahezu bewegungslos elegante **Graureiher** (*Ardea cinerea*) und **Seidenreiher** (*Egretta garzetta*). **Zwergsumpfhühner** (*Porzana pusilla*) suchen den Schutz hoher Riedgräser und sind in der Regel auch nur dämmerungsaktiv.

Fotos dieser Seite: Graureiher und Kuhreiher

Fotos links: Pirolweber; Hirtenmainas; Gelbsteißbülbül; Haustaube

Von graziler Erscheinung sind die **Rosaflamingos** (*Phoenicopterus roseus*), die gerne auf einem Bein ruhen. Jungtiere haben übrigens noch ein weißes Gefieder; erst mit zunehmendem Alter färbt sich ihr Kleid rötlich, ebenso sind ihre Beine bis ins vierte Lebensjahr noch schwarz oder grau.

Die **Coromandel-Zwergente** (*Nettapus coromandelianus*) gehört mit maximal 37 cm Körperlänge zu den kleinsten Schwimmenten der Welt. Sie ist ein Wintergast aus dem Indischen Subkontinent und Australien und hält sich bevorzugt in den Küstenlagunen rund um Salalah auf. **Spießente** (*Anas acuta*), **Moorente** (*Aythya nyroca*) und **Reiherente** (*Aythya fuligula*) sind weitere Entenvögel, die der Vogelfreund hier aufspüren kann. Die beiden letzteren zählen zu den Tauchenten und halten sich nur in den Wintermonaten bis März an den Küstenlagunen Dhofars auf.

Eine echte Rarität sind die kleinen **Zwergtaucher** (*Tachybaptus ruficollis*), die ausschließlich im Wadi Darbat und gelegentlich in den Lagunen von Salalah auftreten und sich außerdem gerne verstecken. Die **Weißbart-Seeschwalbe** (*Chlidonias hybrida*) bevorzugt im Gegensatz zu ihren Verwandten Süßwasserlagunen.

Tipps für die Vogelbeobachtung

Oman ist ein Juwel für Ornithologen. Vogelfreunden bietet sich hier die einmalige Gelegenheit, Spezies aus drei Kontinenten gleichzeitig beobachten zu können. Es gibt eine solche Fülle an interessanten Arten in unterschiedlichstem Terrain, dass auch Anfänger auf dem Gebiet der Vogelkunde rasch Begeisterung entwickeln.

Je nach Jahreszeit unterscheiden sich die anwesenden Arten zusätzlich. Durchreisende Zugvögel sieht man vor allem von Februar bis Mai und zwischen August und November. Die Wintergäste halten sich in der Regel zwischen Dezember und März in Dhofar auf, die Sommermigranten während der Monsunzeit von Juni bis September.

Ein gutes Vogelbuch und ein Fernglas sind für die erfolgreiche Bestimmung unverzichtbar. Anfänger sollten sich vielleicht erste Erfolge bei den Wasservögeln oder in Gärten und Parkanlagen erarbeiten, wo die Vögel ein geringes Fluchtverhalten zeigen.

Verzagen Sie nicht, wenn Sie Probleme haben, Schwalben oder Greifvögel im Flug zu identifizieren, denn dies ist mitunter selbst für Profis eine Fleißarbeit. Die Unterscheidung von Ohrengeiern und Adlern kann mitunter mühsam sein, besonders wenn es sich um juvenile Tiere handelt, die in beiden Fällen ein unscheinbares und dunkles Kleid tragen. Da hilft die Kenntnis, dass alle hier vorkommende Adler außer dem Habichtsadler abgerundete Schwanzfedern haben, die Ohrengeier dagegen rautenförmige.

Auch die Möwen sind oft nur mit Mühe zuzuordnen. Schwierig von den Tundramöwen zu unterscheiden sind die etwas kleineren **Steppenmöwen** (*Larus cachinnans*), denn sie sehen sich sehr ähnlich und besiedeln das gleiche Habitat. Im Flug zeigt sich allerdings, dass sie deutlich kleinere schwarze Flügelspitzen haben als die Tundramöwen.

Viele Spezies wechseln ihr Federkleid von der juvenilen zur adulten Phase und/oder während der Brutzeit, was im Feld für reichlich Verwirrung sorgen kann.

Manche Arten, wie z. B. Nachtschwalben, sehen sich so ähnlich, dass ihre Bestimmung nur über das Verbreitungsgebiet oder den Gesang möglich ist.

Seevögel

Einzige sesshafte Möwenart des Landes und zugleich auch der häufigste Seevogel an den Küsten Dhofars ist die **Hemprichmöwe** (*Larus hemprichii*). Die meisten Seeschwalben und Kormorane und alle anderen Möwen wie **Tundramöwen** (*Larus heuglini*) und **Steppenmöwen** (*Larus cachinnans*) kommen dagegen im September / Oktober zum Überwintern nach Südarabien. Von der Statur her sind hierzulande die **Fischmöwen** (*Larus ichthyaetus*) die größten Möwen. Die meiste Zeit ist ihr Federkleid vollständig weiß, nur zur Brutzeit im Februar werden ihre Köpfe schwarz, weshalb sie auf Englisch „Black Headed Gull" heißen.

Rüppellseeschwalben (*Sterna bengalensis*) und **Eilseeschwalben** (*Sterna bergii*) gesellen sich in den Wintermonaten gerne dazu. Nicht so die zartere **Rosenseeschwalbe** (*Sterna dougallii*), denn sie reist extra wegen des sommerlichen Monsuns an, um hier in Kolonien zu brüten. Überall entlang der omanischen Küstenzone ziehen **Fischadler** (*Pandion haliaetus*) ihre Kreise.

Die sehr attraktiven **Maskentölpel** (*Sula dactylatra*) sind besonders leistungsstarke Taucher, die sich mitunter aus fast 100 m Höhe in die Tiefe stürzen. An Dhofars Steilküsten westlich von Salalah brütet in den Sommermonaten der faszinierende **Rotschnabel-Tropikvogel** (*Phaethon aethereus*), ein graziler Stoßtaucher.

Im Gezeitenbereich lauern **Austernfischer** *(Haematopus ostralegus)* und **Mangrovereiher** (*Butorides striata*) Fischen, Krebstieren und Ringelwürmern auf. Ferner sind **Mongolenregenpfeifer** (*Charadrius mongolus*) und **Kiebitzregenpfeifer** (*Pluvialis squatarola*) an den Meeresstränden häufig, ebenso **Terekwasserläufer** (*Xenus cinereus*) und schwarze **Kormorane** (*Phalacrocorax carbo*).

Fotos dieser Seite von oben: Mongolenregenpfeifer; Stelzenläufer; Rallenreiher und Hemprichmöwen
Foto links: Tundramöwe

Die Vogelwelt im Gebirge und in den Halbwüsten und Wüsten

In den Qarabergen und angrenzenden Gebieten kreisen vor allem in den trockenen Wintermonaten imposante Greifvögel auf der Suche nach Beute über dem unwirtlichen, felsigen Terrain: **Steppenadler** (*Aquila nipalensis*), **Schelladler** (*Aquila clanga*), **Habichtsadler** (*Hieraaetus fasciatus)* und seltener auch **Östliche Kaiseradler** (*Aquila heliaca*) sind aus der Familie der Adler vertreten. Ende Oktober/

Oben: Haubenlerche (*Galerida cristata*)

Anfang November ist die Adlerpopulation in Dhofar am größten, danach ziehen die ersten Greifvögel allmählich weiter. **Schmutzgeier** (*Neophron percnopterus*) und in sehr kleinem Umfang auch die hünenhaften **Ohrengeier** (*Torgos tracheliotus)* halten sich zur Winterbrut in den Dhofar-Bergen auf. Ein Standvogel, der Felswüsten, Halbwüsten und felsige Gebirge besiedelt, ist der **Fahlkauz** (*Strix butleri*). Noch weiter in die Wüsten hinein traut sich der **Steinkauz** (*Athene noctua*). Steiles Felsgelände bevorzugt auch die **Blaumerle** (*Monticola solitarius*), sie begibt sich außerdem in Wüstenoasen mit Dauergewässer, weil der bläuliche kleine Fliegenschnäpper täglich baden möchte.

Die schönste Zeichnung der vier Flughühner Dhofars hat das scheue **Wellenflughuhn** (*Pterocles lichtensteinii*), dessen linienförmige Tarnung den Bodenvogel hervorragend vor Entdeckung schützt. Die Wüstenbewohner versorgen ihre Küken mit Flüssigkeit, indem das Männchen in einem Gewässer untertaucht und mit tropfnassem Federkleid zum Nest heimkehrt, wo die Jungvögel das lebensspendende Nass aus seinem Gefieder saugen. Ein standorttreuer Bodenbrüter in deckungsreichen Halbwüsten hat sich von Südafrika bis nach Dhofar ausgebreitet, wo er sesshaft wurde: der **Kaptriel** (*Burhinus capensis dodsoni*). Er ruht häufig auf nur einem Bein stehend und hat einen wehklagenden, lauten Ruf.

Im Nejd-Gebiet und in der Salalah-Ebene sind im Winter **Rennvögel** (*Cursorius cursor*) unterwegs. **Wüstenläuferlerche** *(Alaemon alaudipes) und* **Steinlerche** (*Ammomanes deserti*) fühlen sich praktisch überall in Dhofar wohl, erstere sogar in der Rub al-Khali.

Die hübsch gezeichneten, fasanartigen **Schwarzkopfsteinhühner** (*Alectoris melanocephala*) sind auf der Arabischen Halbinsel endemisch und entlang der Küstenebene bis in die Qaraberge relativ weit verbreitet, sofern schützendes Trockengesträuch und Buschwerk vorhanden sind. Sie fliegen ungern auf, sondern flüchten bei Störung lieber rasch ins Dickicht. Daher ist es schwierig, sie zu entdecken und zu fotografieren.

Naturschutz und Ökologie in Oman

Viel Lob erhält die Landesregierung für ihre Bemühungen und Absichtserklärungen zum Schutz und Erhalt der Natur. Das Land gibt sich einen modernen „grünen Anstrich", engagiert sich regional und international für besseren Klimaschutz, hat mehrere Rettungsprogramme für bedrohte Arten ins Leben gerufen, zeigt politischen Willen im Kampf gegen die zunehmende Verwüstung. Die viel gerühmte Nachhaltigkeit, die neuerdings in aller Welt unermüdlich beschworen wird, hat auch in Oman einen hohen Stellenwert. Und nicht erst, seit der Ökotouch dem Tourismus dient. Als erster arabischer Staat führte Oman bereits 1984 ein Umweltministerium ein und verabschiedete entsprechende Naturschutzgesetze. Das Sultanat besitzt derzeit acht Naturschutzgebiete zum Erhalt der Artenvielfalt und zum Schutz bedrohter Tierarten. Die UNESCO ernannte vier Welterbestätten: Fort Bahla und Fort Bat in Nordoman, die Stätten des Weihrauchhandels in Dhofar und das Aflai-Bewässerungssystem. Im „Oman Breeding Centre" in Seeb vor den Toren der Hauptstadt versuchen Experten, zahlreiche vom Aussterben bedrohte Arten, insbesondere Raubtiere und Antilopen, zu züchten. Der Meeresfang wird beschränkt und kontrolliert, die Jagd verboten, ebenso das Sammeln von Muscheln und Schildkröteneiern.

Allerdings fallen auch ein paar Schatten auf das glänzende ökofreundliche Antlitz Omans. Immerhin war es das erste Land, in dem die UNESCO einem Weltnaturerbe diesen Status wieder aberkannte (Arabian Oryx Sanctuary im Jahr 2007). Die Regierung hatte das Antilopenschutzgebiet zuvor um 90 % verkleinert und sah dem Treiben der Wilderer fast untätig zu. Auch sind die massiven Sprengungen zum Bau neuer Straßen in den ökologisch so fragilen Südhängen der Qaraberge alles andere als nachhaltig und behutsam. Ein weiteres Problem ist der rasant gewachsene Wohlstand im Land, der noch nicht einher geht mit einer Sensibilisierung der Bevölkerung für die zunehmenden Umweltprobleme. Nirgendwo auf der Welt ist der Pro-Kopf-Energieverbrauch höher als in den arabischen Staaten. Spritschluckende Luxuskarossen, leistungsstarke Klimaanlagen, achtlose Wasservergeudung und zunehmender Zivilisationsmüll sind hier allgegenwärtig. Und zu diesen aktuellen Problemen addiert sich die Beharrlichkeit der Menschen, an geliebten Traditionen wie der Kamelzucht festzuhalten. Die Kamele Dhofars richten massive Vegetationsschäden an. Alle Versuche, die Herden zu verkleinern, scheitern bislang an den Jebalis und Bedu, die sich nicht von ihren Tieren trennen wollen.

Salalah

Nicht von ungefähr preist man diese weitläufige Stadt an der Südküste Arabiens mit zahlreichen schmückenden Namen wie „Salalah die Strahlende" (in der Sprache der Jebali), die „Stadt der Gärten", den „Ort der Propheten" und als die „Parfümhauptstadt Arabiens". Glücklich kann sie sich schätzen, die Hauptstadt Dhofars, denn sie liegt nicht nur reizvoll, alljährlich bekommt sie auch noch das Geschenk des Südwestmonsuns, der ihr eine üppige subtropische Vegetation und moderate Temperaturen beschert.

Ziemlich genau 1000 km Wüste liegen zwischen Salalah und der omanischen Hauptstadt Maskat, die so viel größer, moderner, imposanter und geschäftiger ist. In Salalah stehen keine Wolkenkratzer oder futuristischen Glaspaläste. Wer aber glaubt, dafür noch die jemenitisch geprägten Straßenzüge einer südarabischen Altstadt und historische Gebäude zu finden, wird enttäuscht werden. Nur ganz wenige traditionelle Kalksteinhäuser blieben erhalten, sie verfallen achtlos und werden wohl eines Tages ganz den Neubauten weichen. Schönheit und Reiz dieser Stadt liegen nicht in der Bausubstanz, sondern in den üppigen Obstgärten und dem Heer von Kokospalmen, die sie ganzjährig grün erscheinen lassen. Und sie genießt eine Traumlage zwischen dem azurblauen Ozean und dem faltigen Bergmassiv vor der Arabischen Wüste.

Oben: Gepflegte Prachtstraßen durchziehen das Stadtgebiet

Fotos rechts: Ein typischer Fruchtstand in Salalah; Landeanflug

In ihrer direkten Umgebung liegen großartige Naturschätze: Sprudelnde Quellen, Kamelherden in afrikanisch anmutenden Savannen, bewaldete Wadis, Vogelparadiese an Süßwasserlagunen, imposante Steilküsten, riesige Einsturzkessel und Höhlen. Und die kulturellen Sehenswürdigkeiten mit antiken Seehäfen und wertvollen Ausgrabungsstätten, Prophetengrabmälern, geheimnisvollen Trilithen und traditionellen Märkten sind nicht weniger faszinierend.

Wie viele Einwohner Salalah heute hat, vermag niemand genau zu sagen, die Zahlen variieren je nach Quelle von 120 000 bis 175 000. Während der Monsunzeit, die Khareef genannt wird, kommen so viele arabische Besucher hierher, dass sich ihre Anzahl schlicht verdoppelt.

Sie ist eine schnell wachsende Stadt mit vielen Gesichtern, wo PS-starke Geländefahrzeuge über mehrspurige Highways donnern, moderne Einkaufszentren eröffnen und ständig neue Wohngebiete ausgewiesen werden, gleichzeitig aber in manchen Straßenzügen die Uhren stillzustehen scheinen, im verwinkelten Souk dichte Weihrauchschwaden um die verschleierten Frauen ziehen, und sich morgens die Jebalis mit ihren Schrotflinten und Kalaschnikows auf dem Fleischmarkt einfinden, als wären sie direkt einer abenteuerlichen Filmszene entsprungen.

Den ersten Blick auf Salalah erhaschen die meisten Besucher beim Landeanflug. Während der Fluganreise überquert man lange nur die wogenden Dünenzüge und endlosen Geröllebenen der Arabischen Wüste. Dann beginnt über der öden Halbwüste Nejd der Sinkflug, tauchen breite, trockene Wadis auf, und schließlich kommen die faltigen Qaraberge in Sicht. Dann fällt der Blick auf die Ausläufer der Stadt, und plötzlich wird es grün: Wie ein riesiger Park schmiegt sich das grüne Band zwischen die weißen Häuser und den Ozean. Tausende Kokospalmen und tropische Plantagen geben der zweitgrößten Stadt des Landes ein großartiges Flair, der Kontrast zu arabischen Metropolen wie Maskat, Dubai, Doha und Abu Dhabi könnte schon aus der Luft kaum größer sein.

Ein Blick in die Geschichte: Mehr Jemen als Oman

Das historische Kulturerbe Dhofars verbirgt sich weitgehend im Dunkel der Geschichte. Fest steht, dass die Region erst vor etwa fünf Generationen unter den unmittelbaren Einfluss des Sultans von Muskat geriet, zuvor prägten jemenitische Bergvölker und in kleinerem Umfang auch die Perser die Geschicke dieses Landesteils. Die eigenständige Kulturentwicklung als Bestandteil der antiken südarabischen Zivilisationen und das unterschiedliche Klima mit seiner besonderen Flora und Fauna lassen Dhofar auch heute noch mehr „jemenitisch" als „omanisch" erscheinen.

Die Keimzelle der Stadt liegt in Al Baleed, dem großen Ausgrabungsgebiet am Strand von Salalah, in der Antike einst ein mächtiger Umschlagplatz für Weihrauch und Zuchtpferde, der den Namen Zafar (auch *Zufar*) trug. In der Bibel taucht der Ort mit dem Namen Sephar auf; seine Ähnlichkeit zur heutigen Bezeichnung Dhofar ist augenscheinlich. Seit 1952 legen Wissenschaftler mühevoll die Ruinen der einstigen Handelsmetropole wieder frei (siehe S. 114).

Jahrhundertelang wechselten die Machtansprüche zwischen verschiedenen Dynastien und Besatzern, kämpften Perser, Piraten, Osmanen und Hadrami um die Vorherrschaft. Ihr Einfluss blieb aber stets auf die Küstenebene beschränkt, reichte nicht einmal bis in die steilen Täler des Qara-Gebirgszugs, in denen die verfeindeten Klans regierten, jene hadramisch geprägten Bergvölker mit archaischen Stammeshierarchien, die keinen Staatenbund oder Sultan, sondern nur familiäre Bande anerkannten. Ihr Leben verlief seit ungezählten Generationen im periodischen Wechsel aus Kriegs- und Beutezügen, Stammesfehden, Rachefeldzügen, Dürrezeiten und in guten Jahren auch mit florierenden Handelsbeziehungen mit den Fischern an der Küste oder reisenden Kaufleuten. Seit Jahrtausenden bestanden durch den Weihrauch enge Handelsbande mit den Klans im angrenzenden Jemen, wo sehr ähnliche Lebensumstände herrschten. Die Jebalis betrieben einen Regenfeldbau und waren als Viehzüchter traditionell derart tief mit ihren Rindern verbunden, dass sie niemals eine Kuh ohne zwingende Not schlachteten. Erstgeborene erhielten häufig den Namen der Lieblingskuh. (Eine so intensive Beziehung zum Viehbestand findet man sonst nur in Afrika am Oberlauf des Nils. Es unterstreicht die kulturhistorische Verwandtschaft zum Horn von Afrika, wogegen die Bergvölker mit den Küstenarabern, die zu gleicher Zeit das omanische Seehandelsimperium aufbauten, keinerlei intellektuelle Verwandtschaft hatten.)

Foto rechts: Steinerne Säulen im Ausgrabungsgelände von Al Baleed

Dem Sultan von Maskat gelang es erst 1879, im wilden Dhofar wirklich Fuß zu fassen. Er schickte eine Streitmacht nach Salalah, ließ eine Festung (*husn*) errichten und installierte dort als politischen Repräsentanten einen Wali (Gouverneur). Kaum zwanzig Jahre später rebellierten die Jebali und Bedu gegen diese Fremdmacht, überfielen das Fort und töteten seine Besatzung. Zwar eroberte der Sultan die Festung in Salalah später wieder zurück, doch reichte seine Macht fortan gerade noch über die karge, nur etwa 15 × 48 km kleine Küstenebene rund um das Sultansfort hinaus. Die steilen Qaraberge, Heimat der Jebalis, und deren Hinterland Nejd, das Reich der nomadischen Bedu, blieben weiterhin ziemlich autark.

Während des 2. Weltkriegs richteten die Briten ein Lager der Royal Air Force bei Salalah ein, als Stützpunkt für die Luftbrücke zwischen Aden im Südjemen und Indien. Nach Kriegsende reduzierten sie die Verbindung auf einen wöchentlichen Flug aus Aden.

In jenen Jahren regierte Sultan Said bin Taimur. Er akzeptierte die Anwesenheit einer britischen Luftwaffenbasis nur zähneknirschend und stellte die Bedingung, dass sich die Soldaten nicht frei bewegen dürften, ihr Lager nur in Begleitung eines sultantreuen Wachpostens verlassen und niemals mit den Einheimischen Kontakt aufnehmen würden. Diese strengen Restriktionen für Ausländer galten auch noch bei der Ankunft von Wilfred Thesiger direkt nach Kriegsende. Dem Forschungsreisenden verdankt die Nachwelt einen der wenigen Augenzeugenberichte aus Dhofar in jener Zeit (siehe oben rechts).

Zitat von Wilfred Thesiger in „Die Brunnen der Wüste“, Salalah im Jahr 1945:

„Salala ist eine kleine Stadt, kaum größer als ein Dorf. Es liegt am Rande des Meeres und besitzt keinen Hafen. Die Brecher des Indischen Ozeans rollen über den weißen Sand vor den Kokospalmen, welche die Küste säumen. Als ich die Stadt erreichte, holten die Fischer gerade die Netze ein. Zu Bergen gehäuft trockneten die Fische in der Sonne. Die ganze Stadt stank nach Verwesung. Der Palast des Sultans, strahlend weiß in der grellen Sonne, war das auffallendste Gebäude. Er überragte den kleinen Suk oder Markt, eine Anzahl flachgedeckter Lehmhütten und ein Labyrinth aus Binsenmatten, Zäunen und engen Gassen. Der Markt bestand aus einem Dutzend Buden, war aber der größte Umschlagplatz zwischen Sur und Hadramaut, also im Umkreis von 1280 km …“

Oben: In Al Haffah und an der Corniche stehen noch alte Dhofari-Häuser, die zumeist dem Verfall oder dem Abriss preisgegeben werden

Oman – und ganz besonders Dhofar – blieb ansonsten weiterhin wie ein Sperrgebiet abgeriegelt und verschlossen. Einziger Ausländer, dem es gelang, 1953 auf den Spuren Thesigers von Salalah nach Ubar zu reisen, war der amerikanische Archäologe, Ölexperte und Expeditionsleiter Wendell Phillips (sein Zitat bei der Ankunft in Salalah: *„... in Dhofar stießen wir auf freundliche Menschen ... Sie waren ein lässiges, entspanntes und furchtloses Volk, das friedlich seiner Arbeit und seinen Vergnügungen nachging."*). Er beschrieb Salalah als verhältnismäßig sauber und mit breiteren Straßen als die meisten arabischen Städte.

Sultan bin Taimur betrachtet das Land Dhofar als Privatbesitz

Im Jahr 1958 emigrierte Sultan Said bin Taimur von Maskat nach Salalah, verschanzte sich dort regelrecht in seinem Palast, reiste nie mehr durchs Land und riegelte ganz Oman gegen die Außenwelt ab. Er war bankrott, und den Erhalt seiner Macht verdankte er nur den Briten, die ihn militärisch gegenüber seinen Feinden in Nizwa geschützt hatten. Aufgrund seiner klammen finanziellen Lage betrachtete der Sultan Dhofar nicht als vollwertigen Landesteil seines Reiches, sondern als eine Art Privatbesitz, den er entsprechend auspressen konnte. Steuereinnahmen und Zölle wanderten direkt in seine eigene Tasche, und Dhofar glich ohne Staatseinnahmen einem Armenhaus.

Etwa eintausend Soldaten, viele von ihnen Legionäre aus Pakistan und Belutschistan, dienten dem zunehmend paranoiden und verzweifelten Sultan und setzten seine Dekrete gegenüber der archaischen Bergbevölkerung und den widerspenstigen Wüstennomaden durch. Sie wurden von einer Handvoll britischer Elitesoldaten angeführt, die nach einer Sondervereinbarung an das Sultanat abgestellt wurden und nach Ablauf ihres Kontrakts freiwillig als Legionäre im Dienst des Sultanats blieben konnten. Im Gegenzug erhielt Großbritannien militärische Basen und rechnete sich Vorteile beim einsetzenden Ölboom aus. Auf der Lohnliste des Sultans stand in den späten 1960ern auch der später geadelte Entdeckungsreisende, Abenteurer, Schriftsteller und Schauspieler Sir Ranulph Fiennes, von dem bei der Entdeckung Ubars, dem „Atlantis der Wüste", noch viel zu lesen sein wird.

Ian Gardiner, britischer Elitesoldat im Dienst des Sultans während des Dhofar-Aufstands, beschreibt Salalah in den 1960er Jahren als antike Kulisse für ein Ali Baba Märchen, durch die die ersten Fahrzeuge rollen. Als er zufällig Zeuge wird, wie der Marktplatz einen Teerbelag erhält, erscheint ihm dies als die größte sichtbare Veränderung in Dhofar seit rund dreitausend Jahren.

Von Ranulph Fiennes, dem Dhofar-Kenner und Entdeckungsreisenden, stammt das Zitat, wenn Oman in der jüngsten Vergangenheit vom Mittelalter in die Gegenwart katapultiert worden sei, dann sei Dhofar aus den Zeiten des Alten Testaments direkt in die Neuzeit geschleudert worden.

1964 lehnten sich die Jebalis trotz der Präsenz sultantreuer Soldaten gegen den despotischen Herrscher auf. Ihre zunächst unpolitischen Forderungen nach mehr Selbstbestimmung und besseren Lebensbedingungen stießen beim Sultan auf Unverständnis. Er reagierte hart und unversöhnlich, ließ die Aufständischen verfolgen und trieb sie damit in die Arme politischer Extremisten. Denn die geopolitische Bedeutung Dhofars und der Kalte Krieg führten dazu, dass sich die Marxisten aus der jungen Volksdemokratische Republik Jemen und die sozialistischen Regime in China und Russland plötzlich für dieses weltvergessene Stück Südarabien interessierten. Kaum einem Landstrich wurde strategisch mehr Bedeutung beigemessen als der Straße von Hormus, wo bis heute rund ein Fünftel aller Erdöltransporte der Welt durchgeschifft werden. Und Dhofar, wo sich der Westen und der Osten bald einen Stellvertreterkrieg lieferten, sollte zum Dominostein für die Region werden. So wurden ausgerechnet die Jebalis, die sich noch nie für internationale Ereignisse und politische Bündnisse interessiert hatten, zum Spielball politischer Akteure im Kalten Krieg. Der sozialistische Osten pumpte Material und militärisches Know-how in die Region, der Westen – hauptsächlich Großbritannien – rüstete dagegen. Kippt Dhofar, verliert der Westen erst Oman und dann womöglich ganz Arabien und den Nahen Osten an die Marxisten, hieß es damals auf höchster Ebene. Deshalb unterstützten die Briten den schwachen und bornierten Sultan auch dann noch, als längst augenscheinlich war, dass er sein Volk in einem Zustand wie im tiefsten Mittelalter verharren ließ und sich gegen jede Form von Fortschritt, Bildung und freier Lebensentfaltung sträubte.

Das rückständige Bergland rückt in den Fokus der Weltpolitik

Es beginnt ein typischer Stellvertreterkrieg der Mächte des Kalten Krieges

Die sozialistischen Kräfte übernahmen 1968 die Führung bei den Aufständischen, sie radikalisierten den Krieg und setzten nun auch der Zivilbevölkerung brutal zu. Bald wurden in den Bergdörfern Jugendliche zwangsrekrutiert und zur militärischen Guerillaausbildung für 18 Monate nach China oder Russland geschickt. Wer sich dagegen sperrte, wurde grausam bestraft. Damit entfremdete sich die Bewegung von den Jebalis, die gottesfürchtige Muslime sind und mit dem atheistischen Marxismus wenig anfangen konnten.

Info Stadtpläne von Salalah:
Gesamtplan: Umschlagklappe hinten
Zentrum: S. 126
Salalah Ost: S. 138
Salalah West: S. 147

1970 schien Dhofar verloren, die Aufständischen standen bereits vor den Toren der Stadt. In dieser brenzligen Situation putschte der Thronfolger Qabus, der die letzten zehn Jahre unter Arrest im Palast von Salalah verbracht hatte, mit geheimer Unterstützung der Briten gegen seinen Vater. Dies brachte die entscheidende Wende im Krieg. Der neue junge Sultan war in Salalah geboren, seine Mutter eine Prinzessin aus dem Wadi Darbat, er selbst galt daher als halber Jebali und verkörperte die größte Hoffnung der Dhofaris auf eine friedliche Zukunft. Die marxistische Bewegung verlor augenblicklich an Rückhalt und Sultan Qabus war geschickt genug, den Aufständischen schließlich eine Amnestie anzubieten. Mitte der 1970er Jahre brachen etwa 2000 Dhofaris mit der marxistischen Bewegung und liefen zu den Truppen des Sultans über, das Ende des Aufstands war damit besiegelt.

Omanische Renaissance

Was danach einsetzte, war eine derart schnelle Modernisierung und Öffnung, dass sie unter dem Begriff „omanische Renaissance" in die Geschichte einging. In wenigen Jahrzehnten modernisierte der Sultan sein Land und förderte dabei seine lange vernachlässigte Heimatregion besonders stark.

Für Mitteleuropäer ein jungfräuliches Reiseziel, bei arabischen Urlaubern seit Jahren beliebt

Europäer beginnen erst seit Kurzem, Dhofar und Salalah zu entdecken; beides sind noch eher unbekannte Flecken auf der touristischen Landkarte. Dabei ist Salalah seit vielen Jahren eine Touristenhochburg, denn wenn sich im Sommer die unbarmherzige Gluthitze über die Arabische Halbinsel legt, genießt Salalah den Monsun mit Tagestemperaturen um 25 Grad, weshalb jedes Jahr Tausende Araber in Salalah Erfrischung und Erholung suchen. Sultan Qabus kehrt alljährlich zur Khareef in seine Geburtsstadt zurück und bewohnt dann wieder – wie in seiner Jugend – den Al Husn Palast, der deshalb landläufig auch Sommerpalast genannt wird. Im Juli und August veranstaltet Salalah das Khareef Festival, ein mehrwöchiges Kulturfest. Spätestens zu diesem Event sind alle Hotels der Region restlos ausgebucht, und viele arabische Familien campieren an den Stränden, um an diesem fröhlichen Festival teilzunehmen.

Khareef Festival

Fotos rechts: New Salalah mit dem City Hotel; Abendszene in Al Haffah; Fruchtstände; Häuserruinen in Al Haffah

Ein erster Überblick zur Orientierung

Salalah erstreckt sich über 15 km entlang des Arabischen Meeres. Nach Südosten begrenzt der Ozean die Stadt, in der gegenüberliegenden Richtung erheben sich die Qaraberge. Das eigentliche Stadtgebiet befindet sich zwischen dem **Al Awqdayn Roundabout** und dem **Um Al Ghawarif Roundabout**, den beiden Endpunkten der **As Sultan Qaboos Street**. Diese mehrspurige Prachtstraße liegt zwischen dem Ozeanstrand und dem grünen Plantagengürtel der Stadt. Sie verläuft am Krankenhausgelände entlang zur geschützten Lagune Khor Salalah in nordöstlicher Richtung parallel zur Meeresküste, passiert auf der Ozeanseite mehrere Regierungsgebäude und führt direkt am Al Husn Sultanspalast vorbei in den ältesten Teil der Stadt, während das Stadtzentrum auf der linken Straßenseite von den dichten subtropischen Obstplantagen und Gärten verdeckt wird.

Auf Höhe der Kreuzung zur **Al Nahdah Street**, einer bedeutenden Querachse, zweigt die Zufahrt zum Al Haffah Weihrauchsouk und der **Corniche** ab, die ihrerseits direkt am Sandstrand entlang führt und sich abends zur Flaniermeile wandelt. Hier stehen noch einige alte mehrstöckige Stadthäuser aus Kalkstein. Am Ende der Corniche führt die Straße an der Umzäunung des Archäologieparks **Al Baleed** entlang zurück zur As Sultan Qaboos Street. Die umzäunte Ausgrabungsstätte erstreckt sich kilometerlang entlang der Meeresseite der Straße, auf der

anderen Seite liegen wieder zahlreiche Obstgärten und Kokosplantagen, bis die Straße in den Um Al Ghawarif Roundabout mündet.

In nördlicher Richtung wird das Stadtzentrum begrenzt von der **Ar Rubat Street**, einem viel befahrenen Highway, der vom Al Awqdayn Roundabout zunächst am Hamdan Plaza Hotel, dem Lulu Hypermarket und dem neuen Einkaufstempel Salalah Gardens Mall vorbei zum Burj An Nahdah Roundabout (auch Clock Tower Roundabout genannt) führt und weiter zur Thumrayt Street, der Ausfallstraße von Salalah in die Qaraberge und ins Landesinnere bis nach Maskat.

Zwischen diesen beiden das Zentrum umschließenden Highways verläuft die lebhafte **23rd July Street** direkt durch die Stadtmitte und kreuzt dabei die Al Nahdah Street. Am Kreuzungspunkt ließ Sultan Qabus die große Freitagsmoschee errichten, nach Osten schließen sich daran moderne Geschäftsgebäude und die Markthallen an.

Für europäische Besucher ist diese Stadt in ihrer Vielfältigkeit atemberaubend. Alle zwei, drei Straßenzüge wechseln ihre Atmosphäre und ihr Aussehen, ist sie mal arabisch, mal indisch, wirkt sie mancherorts mit ihren pompösen Moscheen streng religiös und gleich nebenan durch unzählige kleine Läden wie ein bunter Basar, dann erscheint sie wieder modern und westlich orientiert, und zwischen den riesigen Obstplantagen sogar wie ein beschauliches Dorf. Es macht Spaß, von einem Ortsteil zum andern zu wechseln. Gibt es hier doch Straßenzüge, in denen anscheinend nur „Oman Sweets" verkauft werden, ein paar Ecken weiter glaubt man sich in einer Koffer- und Goldschmuck-Straße, gelangt von dort in die Stoff- und weiter zur Möbel- und Lampenpromenade.

Abends wird diese Vielfalt noch augenscheinlicher. Mit der Abkühlung bei Sonnenuntergang erwacht überall das Leben, sperren die Händler ihre vergitterten kleinen Läden auf, brausen moderne Familienväter zu den Restaurants, um dort das Take-away-Abendessen abzuholen. Abends beleben die Menschen die Straßen, und jetzt zeigen sich die unterschiedlichen Lebenswelten deutlich. Da gibt es die hell erleuchteten, umtriebigen Straßen im Zentralbereich der **As Salam Street** mit Miniläden und einfachen Restaurants, in denen männliche Gastarbeiter ihre Freizeit verbringen, Frauen sieht man hier kaum. Das Warenangebot ist ganz auf die Bedürfnisse der armen Arbeiterschicht ausgerichtet: Billige Koffer und Reisetaschen, Räucherstäbchen, preiswerte Sandalen, Hemden und Hosen, Finanzinstitute für den Geldtransfer in die südasiatische Heimat, Internet- und Telefonshops, kleine Lebensmittelläden und schmucklose Lokale, aus denen es würzig duftet.

Es sind unsichtbare Grenzen, die von einer Straßenecke zur nächsten plötzlich ein verändertes Bild ausweisen. Auf einmal sieht man verhüllte Araberinnen und Omanis in ihren langen weißen Dishdashas, die mit ihren Kindern durch Läden schlendern, in denen die Auslage arabischen Wünschen entspricht. Kinderkleidung und Spielzeug, Küchenutensilien und Möbel sind hier gefragt, außerdem Stoffläden und Schuhgeschäfte, vereinzelt auch Boutiquen für die Hochzeit und elegante Abendgarderobe. In solchen Passagen wie der westlichen 23rd July Street sind die Restaurants größer und werben mit ihren „Family Rooms". Nähert man sich dem Geschäftszentrum, nimmt sofort der Verkehr zu. Auf dem Highway zwischen dem Al Nahdah Roundabout und dem Hamdan Plaza Hotel kommt es jetzt zu Staus, die Zufahrten zur Salalah Gardens Mall und dem Lulu Hypermarket verstopfen. Rund um die große Sultan Qaboos Moschee donnern die Fahrzeuge an Bürokomplexen, Autohäusern und Bankgebäuden vorbei, zwischen denen ein paar moderne Restaurants liegen. Jenseits des Zentrums wird es stiller, verebbt der Verkehr in den Wohngebieten. Auch die **Al Muntazah Street** bei den Plantagen und Obstgärten ist dunkel und still, hier sind nur die Fruchtstände mit grellen Neonröhren beleuchtet. Die asiatischen Verkäufer ruhen im Lichtschatten hinter den Ständen, vom Treiben im Stadtzentrum bekommen sie hier nichts mit.

Schon gewusst?

Vormittags ist es immer sehr ruhig in Salalah, die Stadt erwacht erst gegen 15.30–16 Uhr zum Leben, wenn die Mittagshitze nachlässt. Viele kleine Geschäfte bleiben bis nachmittags vergittert, haben dann aber bis spät abends offen.

Auch die Teestuben und kleinen Restaurants entlang der Corniche stellen ihre Plastikstühle erst am späten Nachmittag auf.

Fotos links: Sonnenuntergang an der Corniche; typischer Abendstau in der Ar Rubat Street; Clock Tower Roundabout; kleine Läden in der Nähe des Gold Souks

Oben: Das Gelände ist übersät mit Säulen und Pfeilern

Al Baleed: Antiker Weihrauchhafen, Ausgrabungsstätte und modernes Museum

Unter den Sehenswürdigkeiten dieser Stadt gebührt der Ausgrabungsstätte Al Baleed ein besonderer Rang, vor allem ihrem hochmodernen Museumskomplex, dem besten von ganz Oman. Zusammen mit dem botanischen Gartenbereich für die spezielle Dhofar-Flora, der Lagune und der Vogelvielfalt kann man auf dem Ausgrabungsgelände so viel entdecken, dass die Stunden wie im Nu verfliegen.

Info Auf S. 117 finden Sie eine Landkarte zum Al Baleed-Gelände

Der Gesamtkomplex gliedert sich in folgende Sektionen: Neben dem Parkplatz liegt das „**Museum of the Frankincense Land**“ mit den beiden individuellen, getrennten Bereichen „History Hall“ und „Maritim Hall“, von denen jede den interessierten Besucher zu fesseln vermag. Hinter dem Parkplatz wurde eine Reihe von mickrigen **Weihrauchbäumen** gepflanzt, um den Besuchern diese wertvolle, aber unscheinbare Pflanze vorzustellen. Ihr Harz gilt allerdings aufgrund der ungünstigeren Klimabedingungen so nah dem Ozean als niedrige Qualität. Es ist nicht erlaubt, die Demonstrationsbäumchen abzuernten!

Nach Westen erstreckt sich im Freien das weitflächige Ausgrabungsgelände. In der anderen Richtung, hinter dem Museum, liegen die seltener besuchten Pflanzungen für besondere Dhofar-Spezies. Eine langgezogene Lagune, der Khor Al Baleed, durchzieht das gesamte Areal.

Man sollte mit dem Museumsbesuch in der **History Hall** beginnen, einem Rundgang durch Omans beeindruckende Kulturgeschichte. Die Ausstellung beginnt mit einem großen Relief Omans, das die geographischen Besonderheiten des Wüstenstaates und seine geostrategische Lage an der Straße von Hormus veranschaulicht. Sie widmet sich der Geologie des Landes, erklärt z. B. die Entstehung und Zusammensetzung von Quarzsanden. Dann geht es um die Rätsel der Trilithen. Gleich danach demonstrieren Modellzeichnungen verständlich die Wirkungsweise des Falaj-Bewässerungssystems (siehe S. 63), von der UNESCO zum Welterbe gekürt. Archäologische Fundstücke aus Samharam, Al Baleed und Ubar wie tönerne Scherben, Pfeilspitzen, chinesisches Porzellan, kunstvolle Skulpturen sowie Stuckarbeiten und Inschriften auf Steinblöcken zeugen von der kulturellen Entwicklung in der Antike. Intensiv widmet sich das Museum mit einem mehrsprachigen Film, anschaulichen Zeichnungen und Ausstellungsstücken dem Weihrauchhandel entlang der ältesten Handelsstraßen der Welt, den alten Karawanenrouten und dem sagenhaften „Atlantis der Wüste". In diesem Bereich wurde das Konzept eines modernen Museums hervorragend umgesetzt, hier wird die Geschichte lebendig. Anschließend wird – im zeitlichen Kontext – auch die Islamisierung Arabiens behandelt, in beleuchteten Schaukästen ruhen wertvolle historische Koranausgaben. Viel Raum

Museumsrundgang: Die History Hall

Unten: Der Eingang zum modernen Museum des Weihrauchlands

nimmt auch die Regentschaft von Sultan Qabus ein; insbesondere seine großen Verdienste um die infrastrukturelle Landesentwicklung und technische Errungenschaften wie dem Hafenbau und den modernen Universitäten und Krankenhäusern. Hierzu gibt es ebenfalls eine Filmvorführung sowie beeindruckende Modellnachbauten der Großen Sultan Qaboos Moschee in Maskat und der nordomanischen Festung Bahla. Es ist nicht erlaubt, hier zu fotografieren.

Die **Maritim Hall** steht unter dem Aspekt der glorreichen Vergangenheit als Seefahrernation. Sie beherbergt Modelle der bedeutendsten omanischen Schiffstypen und die originalgetreue Nachbildung des Hecks einer *Baghla Dhau*, des größten Segelschiffs für die mehrwöchigen Trade-Winds-Reisen von und nach Ostafrika, das man auch besteigen darf. Landkarten veranschaulichen, wie weit die omanischen Segelschiffe einst über die Meere fuhren, und die Ölbilder von historischen Seeschlachten illustrieren die Gefahren auf hoher See. Wenn man sieht, zu welch mutigen Navigationsleistungen die Omanis fähig waren, und was für findige Techniken sie bei der Besegelung ihrer Schiffe, beim Verknoten der Ladung, der Konstruktion von Planken und Schiffsbäuchen entwickelten, könnte einem schwindlig werden, so groß ist ihr maritimes Vermächtnis. So kannten die wackeren Seeleute unterschiedlichstes Werkzeug für den Bau ihrer Dhaus, verfeinerten und optimierten die Schiffstypen je nach Einsatzgebiet und Verwendung, kreierten komplizierte Seilzugsysteme und verwendeten anspruchsvolle nautische Instrumente. Aus China brachten die omanischen Seefahrer vermutlich bereits im 10. Jh. den Magnetkompass mit. Später präzisierten sie die Positionsbestimmung über den Breitengrad mittels Jakobstern, einem Holzstab mit Ableseskala zur Winkel- und Streckenmessung, und dem scheibenförmigen Sternhöhenmesser Astrolabium, mit dem sie in der Lage waren, den sich drehenden Himmel nachzubilden. Beides waren Vorläufer von Oktant und Sextant.

Museumsrundgang: Die Maritim Hall

Zu guter Letzt widmet sich dieser Bereich auch dem maritimen Leben im Ozean wie den zahlreichen Fischen und Korallen in tropischen Gewässern.

Oben: Ein alter Grabstein

Fotos rechts: Historische Segelschiffe an der Lagune; Club Car

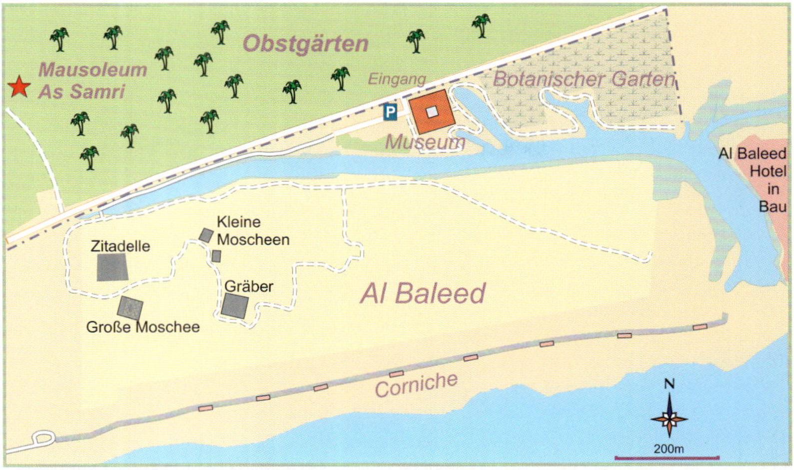

Unterwegs im Außenbereich

Die Club-Car-Rundfahrt über das **Ausgrabungsgelände** beginnt und endet vor dem Museum. Das Ticket für die Mitfahrgelegenheit erhält man vorab beim Eingangsschalter. Sportliche Naturen können das Gelände gut auch zu Fuß erkunden, unterwegs gibt es zahlreiche Bänke zum Ausruhen. Die Golfwagenfahrer halten bei Interesse überall an, damit die Gäste aussteigen und die unterschiedlichen Informationstafeln innerhalb des Archäologischen Parks studieren können.

Man befindet sich hier im ältesten Teil Salalahs. Lange datierte die Wissenschaft die Stadtgründung ins 6. Jh. n. Chr., doch neueste Funde belegen, dass Al Baleed schon während der Eisenzeit, mindestens tausend Jahre früher, bewohnt wurde. Die ersten Erbauer dürften die Siedlung, deren Name auf Südarabisch „die Stadt" bedeutet, wegen ihrer günstigen Lage zwischen zwei schützenden Lagunen errichtet haben. Nachfolgende Generationen haben sie jedoch mehrfach verfallen lassen, ihre Ruinen als Steinbruch missbraucht und neue Wohnbauten an den

Frühe Reisende in Al Baleed

Zwei höchst unterschiedliche Weltreisende, der arabische Gelehrte Ibn Battuta und der Venezianer Marco Polo, besuchten auf ihren Reisen auch diesen bedeutenden Exporthafen.

Marco Polo schrieb über seinen Besuch im ausklingenden 13. Jh.: *„Es ist eine großartige und schöne Stadt mit einem sehr guten Hafen, in dem es äußerst geschäftig zugeht ... Die Kaufleute machen enormen Profit, indem sie mit arabischen Pferden handeln ... und viel heller Weihrauch wird hier produziert."*

Ibn Battuta, der arabische Historiker und Weltreisende, dokumentierte seine Eindrücke von dieser gastfreundlichen Hafenstadt im Jahr 1327 folgendermaßen: *„Die Haupterwerbsquelle der Bevölkerung von Zafar ist der Handel. Es ist ihre Sitte, dass, wenn ein Schiff aus Indien oder einem anderen Land ankommt, die Sklaven des Sultans zum Strand gehen und zum Schiff mit einer Sumbuq fahren. Mit sich führen sie eine komplette Ausstattung an Kleidung für den Besitzer des Schiffs und seinen Agenten, den Rubban, der der Kapitän ist, und für den Kirani, den Schiffsschreiber. Die Sklaven führen drei Pferde mit sich, auf denen die Gäste in die Stadt reiten. Eine Musikantengruppe begleitet sie vom Strand bis zur Sultansresidenz mit Trompeten- und Trommelmusik. Allen, die auf dem Handelsschiff waren, gewährt der Sultan drei Nächte Gastfreundschaft und ein Abendessen im Sultanspalast. Die Einwohner Zafars möchten so die Gunst der Schiffsbesitzer gewinnen. Sie sind bescheidene, tugendhafte Männer und Fremden sehr freundlich gesinnt."*

gleichen Stellen konzipiert, was die Ausgrabungen, die nach der Entdeckung im Jahr 1930 erstmals 1952 durch Frank Albright begannen und ab 1996 systematisch von der Universität Aachen durchgeführt wurden, zu einem diffizilen Puzzlespiel gestaltete. Aus der Frühphase Al Baleeds ist wenig bekannt, doch seit dem Aufblühen des Weihrauchhandels entwickelte sich der Ort zu einem der wichtigsten Handelszentren am Arabischen Meer. Mit der Islamisierung Arabiens im 7. Jh. baute Al Baleed seine internationalen Handelskontakte noch stärker aus und erlangte seine wirtschaftliche Blüte im 10. bis 12. Jh. In dieser Zeit muss es sich um eine bestens gesicherte, reiche Hafenmetropole gehandelt haben, in der bis zu 30 000 Menschen residierten und sich durch ihre Einnahmen aus Handelsexporten und Zöllen ein Leben im Überfluss leisten konnten. Bis nach China segelten ihre Schiffe, luden kostbare Waren aus Fernost, Indien und Afrika in die dickbauchigen Dhaus, schlugen diese in Al Baleed um und erzielten märchenhafte Gewinne beim Weitertransport von Seide, Elfenbein, Gold, Gewürzen, Weihrauch und Rassepferden zu den Märkten im Mittelmeerraum. Während dieser Blütezeit, der auch die meisten freigelegten Relikte entstammen, haben die Wissenschaftler unterschiedliche Sandsteinbauphasen ausmachen können. Ein ungewöhnlich aufwändiges Sandwichmauerwerk – zwei Außenschalen, die innen verfüllt wurden – lässt in der späten Bauphase auf großen Wohlstand der Erbauer schließen. Das 64 Hektar große, in etwa rechteckige Stadtgelände war auf seiner Nord- und Ostseite von einem hohen gemauerten Schutzwall umgeben, im Westen grenzte ein Graben das Stadtgebiet ab und schützte die Wohn- und Gewerbebereiche gegen Eindringlinge. Nach Beschreibungen Ibn Battutas riegelten drei mächtige hölzerne Tore die Stadt gegenüber dem Hafen ab (Überreste des massiven östlichsten Holztores wurden 1952 im Meerwasser am Strand entdeckt). Es gab auch eine wehrhafte mehrstöckige Festungsanlage mit runden Ecktürmen, Zisterne und Innenhof. Bemerkenswert ist, dass zwischen den freigelegten Wohn- und Lagerstätten, öffentlichen Plätzen, den Ruinen einer Koranschule und einem alten Friedhof bislang schon mehr als hundert verschiedene Moscheen freigelegt wurden.

Die technischen und architektonischen Fähigkeiten dieser Baumeister waren weit ausgereift und beeindrucken die Archäologen, weil hier Techniken angewendet wurden, die man aus den vergleichbaren Ausgrabungsstätten der Region bisher nicht kannte. Die Zitadelle besaß z. B. zur Stabilisierung regelmäßige horizontale Holzgittereinlagen. Interessante Entdeckungen machte auch der Italiener Paolo Costa, der in den späten 1970ern die berühmte, außergewöhnlich große Moschee aus dem 11. Jh. freilegte. Auch hier wurde mit Holz gearbeitet, sind verzierte Deckenbalken zum Stützen eingearbeitet worden. „**Moschee der Tausend Säulen**" wird sie manchmal genannt, dabei waren es „nur" 144 verzierte Stützsäulen, die das Gotteshaus einst trugen. Ihre Ausmaße waren gewaltig, bis zu tausend Menschen konnten gleichzeitig in der Freitagsmoschee beten, und ihr architektonischer Grundriss dient heute noch als Vorbild für den Moscheebau in Dhofar. Erbaut wurde sie aus Sandstein und anschließend an den Wänden weiß verkalkt.

Fotos dieser Seite: Eine der vielen freigelegten Moscheen von Al Baleed; die Zitadelle; Beschilderung vor der „Moschee der Tausend Säulen"; freigelegte Stützpfeiler

Der Niedergang Al Baleeds hat nach derzeitigem Kenntnistand im 12. Jh. eingesetzt. Damals herrschten persische Besatzer, die sich in Oman ausgebreitet hatten, in der Hafenmetropole, bis der Hadrami Al Haboodhi die Eindringlinge im frühen 13. Jh. vertrieb und die Stadt unter dem Namen Mansura neu aufbauen ließ. Sie konnte aber nicht mehr an ihre vergangene Bedeutung anknüpfen. Die Ankunft der Portugiesen im frühen 16. Jh., die alle Hafenstädte angriffen und die arabischen Dhaus zerstörten, leitete den endgültigen Untergang ein. Al Baleed verfiel zur Bedeutungslosigkeit, die Mauern und Ruinen wurden wieder einmal Opfer des verbreiteten Steineklaus für neue Wohnbauten, die Anlage zum geringgeschätzten Trümmerfeld. Es sind kaum noch Relikte aus nachfolgenden Jahrhunderten zu finden.

Die UNESCO stufte Al Baleed im Jahr 2000 zusammen mit Samharam, Ubar, Wadi Dawkah und den Ruinenresten von Andhur als **„Welterbestätten des Weihrauchhandels"** ein. Trotzdem erschließt sich die herausragende Bedeutung Al Baleeds dem Laien mitunter nur schwer, weil man in der Weitläufigkeit der Stätte schnell den Überblick verliert und die meisten Ruinen zwar freigelegt, aber bisher noch nicht wieder restauriert worden sind.

Fotos rechts: Graureiher mit Parkbank am Khor Al Baleed; Araberinnen mit Club Car; botanischer Gartenbereich

Nach so viel alten Steinen und Geschichte mag man sich jetzt vielleicht der Natur widmen. Die **Lagune Khor Al Baleed**, die sich durch das Gelände schlängelt, ist ein ideales Brutgebiet für Zugvögel aus fernen Ländern. Es lohnt sich, hier aufmerksam spazieren zu gehen oder eine kleine Bootsfahrt zu unternehmen, denn die Vogelvielfalt ist spektakulär: Rallenreiher, Graureiher, Zwergtaucher, Fasanblatthühnchen, Graubrust-Paradiesschnäpper, Coromandel-Zwergenten und Pirolweber geben sich hier ein Stelldichein.

Unten: Szenerie im Ausgrabungsgelände

Im hinteren Bereich nach dem Museum schließt sich der **Botanische Garten** mit seltenen und endemischen Pflanzen Dhofars an, der Botanikinteressierte begeistern könnte, aber auch wieder Hobbyornithologen, weil sich hier z. B. Papageitauben, Kaptriele und Rennvögel wohlfühlen.

Tipps und Infos für den Besuch der Anlage

Al Baleed erstreckt sich über mehrere Kilometer am Strand von Salalah, die As Sultan Qaboos Street führt entlang der umzäunten Anlage. Einziger Zugang mit großem Parkplatz besteht im Osten direkt beim Museumskomplex. Der **Eintritt** in den Archäologiepark ist kostenlos, man bezahlt lediglich 2 OMR pro Fahrzeug für den Parkplatz innerhalb der Ausgrabungsstätte. **Öffnungszeiten**: Von Samstag bis Mittwoch von 9–21 Uhr, am Donnerstag und Freitag nur von 15–21 Uhr. Eine Rundfahrt mit dem Elektrowagen/Club Car kostet 0,5 OMR pro Person und erspart den Besuchern den schweißtreibenden Fußmarsch über die weitläufige Ausgrabungsstätte. Für eine Bootsfahrt auf der Lagune bezahlt man 1 OMR pro Person. Im Museumsgebäude bietet ein Tagescafé Getränke und Snacks, nebenan vertreibt ein Souvenirladen Bücher, Weihrauch und Kunsthandwerk. Die Erläuterungen im Museum sind zweisprachig Arabisch und Englisch. Innerhalb des Museums besteht Fotografierverbot, in den Außenanlagen ist es erlaubt. Telefon der Museumsverwaltung: 23 303 577. Wir empfehlen bequemes Schuhwerk und einen guten Sonnenschutz für die mehr als 2 km langen, gepflasterten Fußwege. Nach Einbruch der Dunkelheit wird die Anlage stilvoll beleuchtet, daher ist auch ein abendlicher Besuch stimmungsvoll.

Al Haffah Souk

Er ist zwar ziemlich klein und inzwischen auch ein touristisches Pflaster, aber unbedingt einen Besuch wert: Der **einzige Weihrauchsouk der Welt**. Hier dreht sich fast alles um Weihrauch und andere würzige Düfte. Betörende Rauchschwaden ziehen durch die engen Gassen, vermischen sich mit Parfümdüften und dem Odeur von Myrrhe, Zedern, Sandelholz und anderen Aromen. Das Geschäft mit den „Tränen Allahs" ist hier fest in weiblicher Hand. Die Weihrauchhändlerinnen verbringen die meiste Zeit in ihren winzigen Läden, sie haben dort kleine Fernseher stehen, in denen zum Zeitvertreib stundenlang arabische Seifenopern laufen. Von den tief verschleierten Damen sieht man meist nur die dunklen, ausdrucksstarken Augen. Sie rufen den Vorbeischlendernden gleich in mehreren Sprachen „Weihrauch", „Luban" und „Frankincense" zu, den sie in offenen Schalen und Eimern ausstellen. Bereitwillig zeigen sie dem Unwissenden die verschiedenen Qualitätsabstufungen. Sie verkaufen neben dem edlen Harz in unterschiedlichen Qualitäten und Verpackungseinheiten auch Räucherstäbchen und -steine, Bakhoor-Duftmischungen und tönerne, bunt bemalte Weihrauchbrenner, wie sie für Dhofar typisch sind. Ein Kilo Weihrauch der höchsten Qualitätsstufe kostet etwa 15 OMR, die einfachste Kategorie nur 10 % dessen. Es gibt ihn auch bereits vorverpackt in handlichen

Oben: Abends im Weihrauchsouk: Araber zählen zu den wichtigsten Kunden

Fotos rechts: Typische Weihrauchbrenner aus Dhofar; Duftessenzen und natürliche Aromen

Einheiten. Nur die größeren Stücke des grünlich-weißen Harzes in der edelsten Qualität, welche in der Nejd-Region gewonnen werden und noch nicht ausgehärtet sind, eignen sich zum Zerkauen oder zum Trinken, nachdem sie in Wasser aufgelöst wurden. Bei allen anderen Qualitäten können etwaige Rückstände der Rinde das feine Aroma beeinträchtigen, deshalb werden sie nur zum Räuchern verwendet. Weihrauchprofis erkennen die Qualität des Weihrauchs schon am Bouquet, als Tourist kann man sich jedoch nur an Farbe und Klarheit orientieren. Angeblich soll man hier auch manchmal importierte Billigware aus Somalia untergemischt bekommen, wenn man sich auf braunen Weihrauch einlässt.

Neben den Weihrauchläden finden sich im engen Souk auch zahlreiche hell ausgeleuchtete Läden für bestickte omanische Männerkappen (*Kummas*). Diese „Garment Shops" werden fast immer von einem Bangladeshi geführt, der im Patschuliduft seiner Räucherstäbchen auf einer alten Singer-Nähmaschine arbeitet. Eine solche Kumma kostet 9–12 OMR, es gibt sie mit unterschiedlichsten Stickmustern und Farbvariationen. Mit zunehmendem Europatourismus breiten sich auch Souvenirläden aus, in denen Kaschmirtücher, bestickte Schals und allerlei Krimskrams auf Käufer warten. Die Parfumläden, „**Parfumes & Essences**" genannt, in denen oft auch Spazierstöcke nach Art der Jebali-Tradition feilgeboten werden, richten sich wiederum stark an die arabische Kundschaft. Krisensicher ist der Beruf des Barbiers. Im Souk findet man ausschließlich Männerfriseure, und trotz des breiten Angebots sieht man oft Wartende in den kleinen Friseurläden, denn der Omani lässt sich hier auch ganz regelmäßig den Bart schneiden.

Tipp Der Weihrauchsouk öffnet täglich von ca. 9–23 Uhr, ist aber am schönsten am frühen Abend zur Dämmerung, wenn er sich mit Besuchern füllt und die Räucherschwaden im Licht der Lampen umherziehen. Dann wird es auch an der nahegelegenen Corniche interessant, trudeln die Einheimischen ein, stellen Plastikstühle neben ihre Autos und blicken zufrieden auf den Ozean.

Eine kleine **Moschee** liegt am Hauptplatz am Eingang des Souks, hier gibt es auch öffentliche Toiletten, und es befinden sich dort ein paar sehr einfache Esslokale, die gegrillte Fleischspieße anbieten und köstliches jemenitisches Fladenbrot backen. Rings um die schmalen Gassen im Souk, den auch heute noch sehr viel mehr Einheimische als Touristen für ihre Tagesbesorgungen aufsuchen, liegen zahlreiche Stoffläden, ein jeder mit riesiger Leuchtreklame über dem Eingang. Hier fertigen fleißige Näher Dishdashas für die Männerwelt an. Etwa einen Kilometer weiter in Richtung Osten schließen sich daran die gleichen Stoff- und Kleiderläden, diesmal aber für die weibliche Kundschaft – Abaya neben Abaya, ein Laden direkt neben dem andern.

Der **Al Husn Sommerpalast** des Sultans, den er während des Monsuns bezieht, darf seit einigen Jahren von innen nicht mehr besichtigt werden. Wenn man sich abends am Weihrauchsouk aufhält, lohnt sich trotzdem ein Blick in das Innere der Palastumfriedung, das man durch eine kleine Tür in der Einfahrt betreten kann, denn die Gebäude innerhalb des Palastkomplexes werden stimmungsvoll beleuchtet, besonders die türkisfarbene Kuppel der Moschee.

Unten: Parfumläden im Souk

Corniche

Einem straßenbaulichen Irrtum verdanken die Dhofaris ihre Uferpromenade, denn was heute als abendliche Flaniermeile geschätzt wird, sollte eigentlich eine Schnellstraße werden. Gerade noch rechtzeitig erkannte die Stadtverwaltung, dass eine solche Verkehrsanbindung viel von Salalahs Flair zerstören würde, und so wurde das fehlende Anschlussstück von der Corniche zur As Sultan Qaboos Street gar nicht mehr fertiggestellt. Die Stadtbewohner freut's: Spätnachmittags belebt sich dieser Straßenabschnitt entlang des breiten Meeresstrandes. Immer mehr Einheimische fahren vor, parken ihre weißen SUVs und holen Plastikstühle und Klapphocker hervor, die sie gleich neben dem Fahrzeug platzieren, und da lassen sie sich nieder, mit Blick auf den weiten Ozean und den Sonnenuntergang. Meistens sind dies nur Männer in ihren Dishdashas, da und dort sitzt auch einmal eine Familie beieinander, ganz vereinzelt sogar Pärchen, züchtig und still. Am Strand spielt die Jugend derweil Fußball, einige Picknickgruppen und Strandspaziergänger ergänzen die friedlich-entspannte Szenerie. Jetzt öffnen auf der gegenüberliegenden Straßenseite auch ein paar vergitterte Läden, die sich als einfache Lokale entpuppen. Sie stellen ihr Gestühl an die Promenade, bauen Essstände und Garküchen auf, in denen sie zuckersüße Halwa-Schnitten, würzige Schawarma und gegrillte Fleischspieße anbieten. Dazu servieren sie aus kleinen Plastikbechern Tee und Coca Cola, gelegentlich sieht man auch Wasserpfeifen. Während die Sonne als blasser Kreis hinter den Palmen von Salalah im Arabischen Meer verschwindet, legt sich allmählich die bläuliche Nacht über die Stadt. Es ist die Zeit der Beschaulichkeit und Entspannung. Selbst die Autokolonnen, die ansonsten immer eilig die Corniche entlangbrettern, fahren jetzt ganz gemütlich und langsam, vielfach einfach nur auf und ab. Ist dies die südarabische Version von „Sehen und gesehen werden" oder nur Zeitvertreib?

Die Corniche verläuft entlang der eigentlichen Altstadt von Salalah, Al Haffah genannt, unweit dem gleichnamigen Souk und zahlreichen engen Straßen und Gassen, in denen noch ein paar der alten mehrstöckigen Kalksteinhäuser stehen. Die meisten sind baufällig und heruntergekommen, von ihren früheren Bewohnern längst verlassen, in manch einem hausen jetzt südasiatische Gastarbeiter, denen eine billige Unterkunft wichtiger als deren Zustand ist. Es ist traurig, diese geschichtsträchtigen Gebäude so vernachlässigt zu sehen. Selbst einzelne Schmuckstücke südarabischer Architektur und Fenster- und Türenschnitzkunst werden achtlos liegengelassen und enden als Bauschutt. Restaurierte man die alten Stadthäuser zwischen den schlanken, verbogenen Kokospalmen, sie gäben der Uferpromenade eine großartige Kulisse.

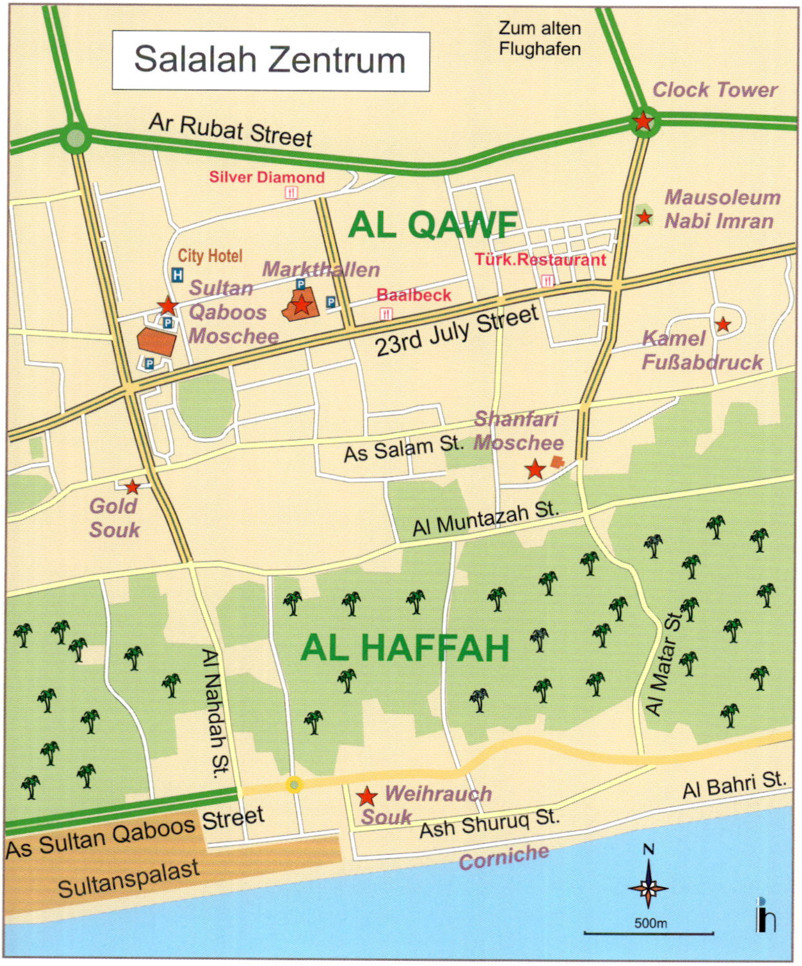
Salalah Zentrum
Zum alten Flughafen
Clock Tower
Ar Rubat Street
Silver Diamond
AL QAWF
Mausoleum Nabi Imran
City Hotel
Markthallen
Türk.Restaurant
Sultan Qaboos Moschee
Baalbeck
23rd July Street
Kamel Fußabdruck
Shanfari Moschee
As Salam St.
Gold Souk
Al Muntazah St.
AL HAFFAH
Al Nahdah St.
Al Matar St.
Weihrauch Souk
Al Bahri St.
As Sultan Qaboos Street
Ash Shuruq St.
Sultanspalast
Corniche
N
500m

Obstgärten und Fruchtstände

Salalahs Obstgärten sind ein Markenzeichen der Stadt und ihre grüne Lunge. Die Al Muntazah Street durchquert die Gärten und Plantagen auf ganzer Länge. An einigen Stellen, z. B. entlang der As Sultan Qaboos Street 1 km östlich der An Nahda Street, bietet sich ein guter Zugang entlang eines Pfades. Es lohnt sich, den Etagenanbau einmal von der Nähe zu betrachten, nach Gartenvögeln Ausschau zu halten und das viele frische Grün zu genießen. Die Plantagenbauern betreiben meistens einen **Drei-Etagen-Anbau**. Kokospalmen bilden die oberste Etage und spenden den darunter gedeihenden Pflanzen viel Schatten. In der mittleren Höhe fühlen sich Obstbäume wie Orangen, Zitronen, Papayastauden, Bananen sowie Hibiskus und Hennasträucher wohl. Im Schatten all dieser Bäume und Sträucher sprießen am Boden Gemüse und Kräuter wie Minze und Petersilie, ranken Kürbisarten und Bittergurken, gedeihen Kartoffeln. Viele Gärtner halten hier auch Ziegen und Rinder. Bewässert werden die Plantagen durch das Falaj-System (siehe S. 63). Ganz unauffällig und versteckt liegen inmitten der tropischen Felder die Behausungen der Pflanzer, Gastarbeiter aus Südindien, Sri Lanka und Bangladesh, die hier nahezu unsichtbar ein Leben fast wie in der Heimat führen: Die einfachen Zementhäuschen sind für ein Wohnen im Freien ausgelegt, alles ist offen, es gibt nicht einmal Türschlösser, im Freien steht jede Menge Hausrat herum, Regale, Schränke, Kleidung, meistens auch Sessel und Sofas. Was für ein Gegensatz zur arabischen Kultur, die das Privatleben streng vor fremden Blicken schützt!

Entlang der Gärten stehen am Straßenrand öfters Obst- und Gemüsestände dicht nebeneinander. Wieder sind es Bangladeshi, Südinder oder Sri Lanker, die diese **Fruchtstände** betreiben, weil ihnen diese Waren und ihr Anbau aus der Heimat vertraut sind. Sie verkaufen in erster Linie **Kokosnüsse**, die je nach Qualität 0,1 bis 0,2 OMR kosten, hinzu kommen je nach Erntezeit Zuckerrohrstangen, Bananen, Mangos, Papaya, Wassermelonen und andere Früchte der Saison. So ein Fruchtstand hat fast rund um die Uhr geöffnet. Abends sind die meisten mit grellen, schmucklosen Neonröhren bestrahlt, und die Verkäufer, die hinter ihrem Stand auf einfachen Bastmatten ruhen, sind sofort zur Stelle, wenn ein Käufer vorfährt.

Fotos dieser Seite: Bittergurke; Blütenstand der Banane; Fruchtstände

Sultan Qaboos Moschee (Freitagsmoschee)

Die Moschee trägt den Namen ihres Stifters

Der beliebte Sultan stiftete seinem Volk zwei prachtvolle Moscheen, die Große Sultan Qaboos Moschee in Maskat und ihre kleinere Schwester, die nicht minder beeindruckende Sultan Qaboos Moschee in Salalah. Diese wurde im Juli 2009 als größte Moschee Dhofars eingeweiht und erstreckt sich einschließlich der Parkanlagen über eine Gesamtfläche von mehr als 40 000 m². Die zentrale Gebetshalle ist 2500 m² groß und kann 3200 Gläubige aufnehmen. Ihre überragende Bedeutung für die Muslime in Dhofar wird nicht nur durch die Ausmaße deutlich, die prächtige Anlage strahlt auch durch ihre klassisch-ruhige Form und die moderne, elegante Architektur Dominanz und Würde aus. Sie wirkt wie ein stimmungsvoller Ort der Ruhe, obwohl sie mitten im Zentrum der Stadt an einem besonders verkehrsreichen Highway liegt.

Info Stadtpläne von Salalah:

Gesamtplan: Umschlagklappe hinten
Zentrum: S. 126
Salalah Ost: S. 138
Salalah West: S. 147

Den mächtigen weißen Sakralbau mit vier Zugängen, zwei schlanken Minaretten und einem 36 m hohen Kuppeldom umschließen gepflegte grüne Gärten. Der Hauptzugang liegt auf der Ostseite, Steintreppen führen hinauf zu einem mächtigen Holztor (hier muss man die Schuhe ausziehen und hinter der Tür rechts in den Schuhschränken abstellen). Im Vorhof nach dem Eintreten durch die hölzerne Tür befinden sich beiderseits die Waschräume („*Ablution*") für die rituelle Reinigung der Gläubigen vor dem Gebet. Geradeaus führt der Vorhof direkt zum offenen Innenhof mit einem schlichten, aber eleganten, hellen Gewölbegang und einem gemusterten Marmorboden. Auf der gegenüber liegenden Seite führen mehrere schlanke, hohe Holztüren in das Allerheiligste, den großen Gebetsraum. Wenn die mittleren Hauptzugänge geschlossen sein sollten, kann man ihn unter Umständen dennoch betreten. Dies erkennt man an den äußeren beiden Zugängen. Ist dort jeweils ein kleiner grüner Teppich ausgebreitet, kann man durch diese Tür in den Gebetsraum treten, sind die kleinen Teppiche jedoch zusammengerollt, dann ist das Innere nicht zugänglich.

Vorhof mit Waschräumen und ein Gewölbegang im Innenhof

Sobald man hineintritt, öffnet sich das harmonische Interieur mit zahlreichen tragenden Säulen und neun riesigen Kristallleuchtern, von denen der mittlere etwa 5 m Durchmesser hat. Die warme Schlichtheit dieser lichtdurchflutenden Gebetshalle, ihre geschmackvolle Ausgewogenheit und die kunstvolle künstliche Beleuchtung versetzen auch Nicht-Muslime in eine friedvolle Stimmung. Passend zu einem Wüstenstaat dominieren warme Sandfarben. Nur die hohen schlanken Eingangstore stehen in einem dunklen Kontrast zu den hellen Beige- und Weißtönen. Dezente Halbbogen und streng lineare Muster bilden ein

Prächtiges Interieur und Pfeilerhalle im Gebetsraum

Links: Ein Minarett der Freitagsmoschee

Fotos Seite 130/131: Kristallleuchter im Gebetsraum; Gewölbegang; Pfeilerhalle

anregendes Spannungsfeld, das im Kuppeldom seine Perfektion findet. 16 bemalte Glasfenster und der gigantische Kristallleuchter erhellen dieses 15 m durchmessende Kunstwerk.

Als nichtgläubiger Besucher darf man nur entlang der ausgelegten dunkelblauen Teppichbahnen den 12 m hohen Raum durchschreiten und auf sich wirken lassen, nicht aber den hellgrünen handgewebten Teppich betreten, der ausschließlich den Gläubigen vorbehalten ist. Die meiste Zeit des Tages ist es hier ruhig und beschaulich, die Teppiche verschlucken jedes störende Geräusch. An den Wänden befinden sich ringsum Gebetsnischen mit Koranbüchern. Gelegentlich treten Gläubige zum Gebet ein, manchmal lesen sie auf den Teppichen kniend konzentriert im Koran. Auf der Nordseite der Moschee befindet sich die „Ladies Prayer Hall" mit einer öffentlichen Toilette.

Tipps und Infos für den Moscheebesuch

Touristen dürfen die Freitagsmoschee täglich außer freitags zwischen 9 und 11 Uhr besuchen. Sie befindet sich direkt in der Stadtmitte an der verkehrsreichen Kreuzung der Al Nahdah Street und der 23rd July Street. Für Autofahrer gibt es zahlreiche Parkplätze innerhalb und außerhalb des Geländes. Die Hauptzufahrt ist auf der Ostseite, am einfachsten fährt man von der 23rd July Street kommend auf das Gelände.

Bekleidungsvorschriften: In Salalah werden die strengen Regeln deutlich entspannter gehandhabt als in Maskat, wo Sittenwächterinnen die Besuchergruppen inspizieren und bei Bedarf Kopftücher und Ärmel zurechtrücken. So etwas kennt man hier bisher nicht. Dennoch gilt: Frauen müssen ihre Haare vollständig unter einem Kopftuch bedecken und langärmlige sowie die Beine bedeckende Kleidung tragen. Männer tragen lange Hosen und T-Shirts oder Hemden, die die Oberarme bedecken, keine Shorts und Trägerhemden. Wichtig ist, vor dem hölzernen Eingangstor die Schuhe auszuziehen, denn es gilt als Sünde, ein Gotteshaus mit Schuhen zu betreten. Hinter der Tür rechts befinden sich Schuhständer. Reiseprofis, die zu kalten Füßen neigen, haben Socken dabei, weil die Marmorböden stark unterkühlt sind. **Bitte beachten**: Nichtgläubige dürfen im Gebetsraum den grünen Teppich nicht betreten, nur die dunkelblauen Teppichbahnen. Ansonsten können sich Touristen in der Freitagsmoschee von Salalah angenehm frei bewegen. Bitte tragen Sie durch respektvolles, dezentes Auftreten dazu bei, dass dies weiterhin so bleiben möge.

Die Markthallen von Salalah

Wir stufen die Markthallen als eine der faszinierendsten Sehenswürdigkeit Dhofars ein, obwohl sie wenig bekannt sind und von Ausländern bisher eher selten besucht werden. Dabei ist insbesondere der Kamelfleischmarkt ein Kulturschatz ersten Ranges.

Vom Parkplatz gelangt man zuerst in den **Gemüsemarkt**, eine bunt drapierte Vielfalt an tropischen Früchten und exotischen Gemüsebergen, von denen viele den Mitteleuropäern kaum geläufig sind. Zwischen Bohnen, Kürbissen und Bittermelonen wird hier auch der geruchsintensive Trockenfisch ausgelegt, und auf den hölzernen Ständen hocken im Schneidersitz wohlbeleibte Marktweiber in der bunten Jebali-Tracht, um Kopf und Haare edel bestickte, farbige Tücher geschwungen. Manch eine dieser stolzen, vom harten Leben gezeichneten Bergbewohnerinnen trägt sogar einen goldenen Nasenring. Es geht eng zu, die schmalen Gänge sind voller eiliger Kunden, zwischendrin stehen Reis- und Bohnensäcke und quetschen sich die bepackten Lieferanten der benachbarten Marktbereiche vorbei. Die exotische Warenvielfalt des Gemüsemarkts geht unmittelbar in den **Fischmarkt** über, einer Domäne der Männer. Hier erwarten den Besucher gepökelte Seefische und fremdartige Meeresfrüchte sowie ein ganzes Spektrum strenger Gerüche.

Der interessanteste Teil aber ist der **Fleischmarkt** mit seinen getrennten Bereichen für Rind- und Kamelfleisch. Die Besitzer hocken auch hier im Schneidersitz oder auf Plastikstühlen auf der Balustrade ihres Verkaufsstandes, wo sie den regen Handel überblicken können. Ihre Arbeitskräfte, die rotgewandeten Metzgerburschen, sind mit dem flinken Zerlegen und Zerhacken riesiger Fleischberge beschäftigt, oftmals mit nackten Füßen zwischen den blutigen Fleischabfällen hockend. Innereien, Fleischstreifen und Fetthäute hängen überall von Stangen herab. Am faszinierendsten sind hier nicht die Waren, sondern die Menschen, die wild gestikulierenden und diskutierenden Dhofaris und die verwegenen Jebalis mit unterschiedlichen Turbanen aus wunderschönen wertvollen Tüchern. Dies ist eine nahezu frauenfreie und höchst archaisch anmutende Zone, und es sind hier viel mehr Jebalis als Araber zu sehen. Manche haben Gewehre dabei, teilweise vorsintflutliche Schrotflinten, die vielleicht mehr imponierende Zierrat als nützliche Waffe darstellen. Die jungen Jebalis sind sehr schlank und meistens groß, ihr Blick ist offen, selbstbewusst und mutig, ihre ganze Erscheinung verwegen und doch zugleich fast mädchenhaft anmutig. Gerne tragen sie militärische Jacken in Tarnfarben, einige bevorzugen aber nur ein Hüfttuch zum nackten Oberkörper. Die alten Männer tragen körperbedeckende Kleidung, prächtige Bärte und haben von Sonne, Wind und Wetter gegerbte Gesichter, aus denen hellwache, schwarze Augen blicken.

Alle reden und tuscheln wie Verschwörer mit- und durcheinander, im Marktbereich herrscht lautes Gebrabbel, Diskutieren und Feilschen, kaum jemand versteht etwas Englisch. Zwischen den Händlern, Schlachtern und Käufern wuseln geschickt die Kellner mit Tabletts durch die Gegend und servieren in kleinen Plastikbechern Tee. Hinter dem Fleischmarkt ist unter einem riesigen Banyanbaum ein Café, wo die älteren Männer in Gruppen beisammensitzen und wichtige Angelegenheiten besprechen.

Der Marktbesuch eröffnet faszinierende Einblicke in ein kulturelles Milieu, dem man sonst als Tourist in Arabien kaum noch begegnen wird und gehört daher nach unserem Erachten zu den größten Schätzen Dhofars. Es wird sich auch hier allmählich manches verändern, werden die jungen Jebalis irgendwann lieber ein Handy als eine Schrotflinte dabei haben, und lieber Jeans als Wickeltuch tragen. Aber noch scheint sie heil, die Welt der Jebalis, und fremde Besucher werden wohlwollend und freundlich empfangen.

Fotos: Impressionen vom Kamelmarkt, dem Gemüsemarkt und dem kleinen Café

Tipps und Infos für den Marktbesuch

Die Markthallen befinden sich in der 23rd July Street östlich der Moschee, man kann vor dem Haupteingang parken. Der Markt findet täglich von 6–14 Uhr statt, danach wird es ruhig. Besucher werden auch hier wieder gutmütig akzeptiert und weitgehend ignoriert, man sollte sich aber trotz der herrlichen Szenen zurückhalten, die Menschen anzustarren oder zu fotografieren. **Für Frauen**: Als europäische Frau wird man gastfreundlich geduldet, obwohl man eine Männerwelt betritt. Es stärkt ihr Ansehen, wenn sie sich in den Augen der Einheimischen anständig kleidet und verhält (zurückhaltend sein, möglichst nicht fotografieren, die Männer nicht ansprechen oder anstarren). Arme und Beine sollten unbedingt mit lockerer Kleidung bedeckt sein, die nicht figurbetont geschnitten ist. Am besten hat man ein großes Umhängetuch dabei, das man locker um den Körper schlägt, es schützt auch vor neugierigen Blicken im engen Marktgedränge. **Tipp**: Von Mo–Do herrscht viel interessanteres Treiben auf dem Markt, an den Wochenenden ist es vergleichsweise ruhig.

Tipps und Infos

Das Grabmal befindet sich in der Al Matar Street, ein paar Hundert Meter südlich des Clocktower Roundabouts auf der linken Straßenseite und ist unauffällig ausgeschildert. Es besteht die Möglichkeit, in der Nähe zu parken, z. B. vor der Oman Bakery.

Vor dem Eintreten in das eigentliche Grabmal müssen alle die Schuhe ausziehen und Frauen ihr Haupt mit einem Kopftuch bedecken.

Man darf fotografieren, was auch die arabischen Pilger mit ihren Handys und Smartphones intensiv praktizieren. Der Besuch ist kostenfrei, eine Spende wird gerne entgegengenommen.

Grabmal von Nabi Imran

In Sichtweite des Uhrturms versteckt sich an der verkehrsreichen Al Matar Street, etwas südlich vom Haffa House Hotel, ein außergewöhnliches Kleinod, eine winzige grüne Oase, der man unbedingt einen Besuch abstatten sollte. Sie beherbergt das vermutlich längste Grab der Welt!

Von außen wirkt die ganze Anlage bescheiden: Eine kleine Moschee, die ziemlich erdrückt wird von den modernen Hochhäusern und dem stark befahrenen Highway in der direkten Umgebung. Man muss schon genau hinschauen, will man das Grabmal im Vorbeifahren überhaupt wahrnehmen.

Die Anlage betritt man durch ein Tor und lässt sofort die moderne, laute Stadt hinter sich zurück. An die kleine weiße Moschee mit ihrem Minarett, das mit einer hübschen grünen Zwiebelform abschließt, schmiegt sich ein bescheidener Garten, und dort steht ein merkwürdig langgezogenes, aber sehr schmales Haus, in dem sich das Grab befindet.

Drinnen ist kaum Platz, denn der Sarkophag ist sage und schreibe 30 m lang und füllt die gesamte Raumlänge aus. Es herrscht zumeist eine düstere Atmosphäre, in der glühende Räucherstäbchen und Weihrauchbrenner für dichte Rauchschwaden und stickige Luft sorgen. Das Grabmal wird von den arabischen Muslimen sehr verehrt, und regelmäßig kommen einheimische Pilger zum Beten hierher. Man kann das mit dunkelgrünen Tüchern verhüllte und mit Blüten bedeckte Grab bis zu seinem Kopfende abschreiten. An den Wänden erzählen ältere Fotografien und Zeitungsausschnitte vom zufälligen Fund des historischen Grabes in den 1950er Jahren, bei Bauarbeiten im steinigen Gestrüpp. Zunächst war man sich nicht einmal sicher, wer darin begraben sein mag; allein die außergewöhnliche Länge des Sarkophags ließ auf eine ganz besonders verehrte Persönlichkeit schließen. Die lokalen Geisteswissenschaftler, Historiker und Rechtsgelehrten einigten sich schließlich darauf, es mit dem Grab des arabischen Propheten Nabi Imran (auch Umran genannt) zu tun zu haben, der ein zutiefst verehrter, rechtschaffener Mann gewesen sei. Sein Stammbaum bleibt allerdings im Dunkeln. Nicht wenige interpretieren die Andeutungen im Koran dahingehend, er sei der Vater der Jungfrau Maria gewesen. Andere wiederum sind überzeugt, die Bibel deute an, es habe sich um den Vater von Moses gehandelt. Einigkeit herrscht lediglich darüber, dass ein derart langes Grab für einen höchst gottesfürchtigen Ehrenmann spricht. 1960 wurde das Grab überdacht. Damals waren monumentale Schreine noch nicht üblich, und so blieb die Anlage erfreulich charmant und beschaulich.

Tipps und Infos: Der kleine Gold Souk liegt in der As Salam Street zur Ecke Al Nahdah Street und besteht eigentlich nur aus einer Straße mit zwei unauffälligen Zugängen, in der sich die vielen kleinen Schmuckläden aneinander reihen. Diese Geschäfte öffnen täglich von 9–13 Uhr und 16.30–22 Uhr, freitags jedoch nur am Abend. Für Souvenireinkäufe sind die Schmuckläden weniger interessant, decken sie doch gezielt den arabischen Geschmack ab, der Souk ist indessen ein großartiger Platz für abendliche Sozialstudien.

Gold Souk

Vom Gemüse-, Fisch und Kamelfleischmarkt zum Gold Souk zu wechseln entspricht einem viel größeren kulturellen Spagat, als man gemeinhin annehmen möchte. Der Szenenwechsel ist wirklich markant. Das beginnt schon mit der Tageszeit, denn während der Trubel in den Markthallen in den frühen Morgenstunden am größten ist, lohnt sich ein Besuch im Gold Souk erst abends. Ferner könnten Kaufverhalten und Käuferkreis unterschiedlicher kaum sein. Die wichtigste Klientel im Gold Souk sind nämlich wohlhabende arabische Frauen, die allein oder zu zweit und zu dritt, vollständig verhüllt in ihren schwarzen Abayas, durch die Läden tingeln und Verhandlungsgespräche führen, während draußen ergeben die Ehemänner, Väter oder Brüder mit den Kleinkindern im schicken Geländewagen warten müssen. Findige Straßenhändler machen sich die Not der gelangweilten Araber zu Nutze und verscherbeln den Männern direkt am Autofenster Obst, gekühlte Getränke und Kinderspielzeug. Es ist hochinteressant, diesem stillen, einvernehmlichen Treiben zuzusehen, den Frauengruppen, die sich alle Zeit der Welt lassen beim Umherschlendern, Anprobieren und Feilschen, und den in den Autos wartenden, fügsamen Männern, die höchstens von Zeit zu Zeit hupen, um die Damenwelt auf ihre missliche Lage aufmerksam zu machen. Der Goldmarkt ist ganz offensichtlich eine Domäne der Frauen, der sich die Männer unterzuordnen haben.

Die Lagunen von Salalah

Mehrere Lagunen mit unterschiedlichem Süßwassergehalt befinden sich auf dem städtischen Gelände, allein fünf verschiedene zwischen dem Hilton Hotel und Ad Dahariz: Khor Salalah, Khor Al Baleed, Khor Ad Dahariz, Khor Awqad und Khor Al Qurm Al Kabir. Khor Salalah befindet sich auf dem Palastgelände des Sultans und ist größtenteils zum Schutz der Brutvögel eingezäunt. Die anderen Lagunen sind zugänglich. Ihr Wasser verdanken sie den während des Monsuns anschwellenden Flüssen, die sie speisen, außerdem unterirdischen Gewässern, die ebenfalls für eine konstante Wasserzufuhr sorgen. Die Süßwasserlagunen werden durch Sandbänke vom Ozean abgetrennt. Je nach Niederschlag und Windverhältnissen variiert ihr Salzgehalt, denn bei Sturm spülen die Wellen Meereswasser über die Sandbänke in die flachen Lagunen. Der Salzgehalt bestimmt wiederum die Vegetation: Überwiegend salzige Lagunen haben Mangrovenbewuchs, und je süßer das Wasser einer Lagune, um so eher gedeiht dort Schilfgras. Salalahs Lagunen sind wahre Biotope und sowohl für den Naturschutz als auch für die Fischversorgung der Menschen, die sich während der stürmischen Monsunmonate nicht zum Fischen aufs offene Meer hinauswagen, bedeutsam. Krebse, Krabben und süß- und salzwassertolerante Fische wie die Meeräschen lieben diese Flachgewässer, und tausende Vögel brüten oder überwintern an den Lagunen. Für Vogelfreunde haben sie daher eine besondere Anziehungskraft. Die Lagune Khor Dahariz im Osten der Stadt ist über Sandpisten gut erreichbar. Man kann hier direkt am Ufer entlang fahren und Flamingos, Braune Sichler, Sandregenpfeifer und Stelzenläufer beobachten. Das Gelände eignet sich für Picknicks am Meer, ist aber schattenlos.

Info Stadtpläne von Salalah:
Gesamtplan: Umschlagklappe hinten
Zentrum: S. 126
Salalah Ost: S. 138
Salalah West: S. 147

Links: Der Gold Souk besteht eigentlich nur aus einer kleinen Nebenstraße. In all diesen Fahrzeugen warten Männer auf ihre Frauen, Mütter und Töchter

Unten: Zwei hungrige Löffler am Khor Dahariz

Mausoleum von Cheraman Perumal / As Samri

Ziemlich versteckt inmitten der Palmengärten steht ein Grabmal, das für die indischstämmigen Muslime Omans von besonderer Bedeutung ist und viel besucht wird. Hier ruht der Überlieferung nach der erste Inder aus Kerala, der jemals zum Islam konvertierte. Cheraman Perumal nahm damals auch den Namen As Samri an. Räucherstäbchen und Geldspenden neben dem grünen Sarkophag bezeugen die Nähe zur indischen Kultur. Die unscheinbare Zufahrt auf Piste erfolgt von der As Sultan Qaboos Street auf Höhe der „Salalah International School" gegenüber einem verschlossenen Tor von Al Baleed.

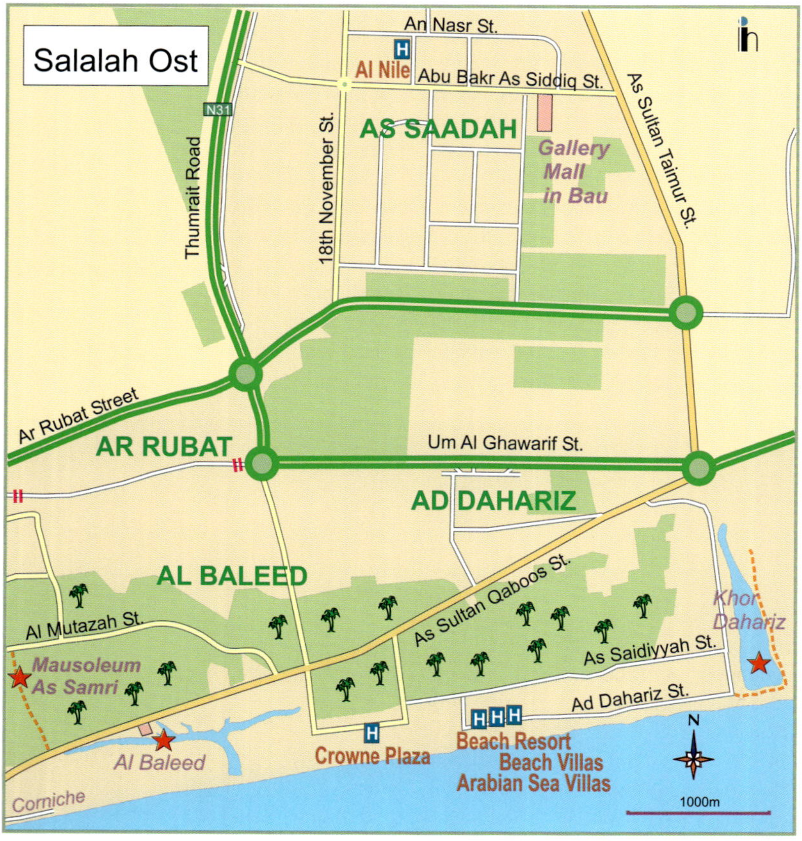

Fußabdruck der Kamelstute des Propheten Salih

Um den Propheten Salih (arabisch *Saleh*) ranken sich zahlreiche blühende Legenden. Es ist unklar, wann genau er gelebt hat, sein Stammbaum wird jedoch bis auf Noah zurückgeführt. Allah habe den nichtjüdischen Propheten zum Volk der Thamud gesandt, deren maßloser Lebenswandel ihn bereits erzürnt hatte. Der Koran erwähnt besonders eine Kamelstute, die Allah als eine Art Versuchung geschickt habe, um den Gehorsam der Thamud zu prüfen (eine Fitna in Sure 54, 27). Demnach ermahnte Salih die Thamud, sie mögen die göttlich gesandte Kamelstute in Frieden weiden lassen, doch die selbstgefälligen Männer verhöhnten den Propheten und töteten die Kamelstute, woraufhin sich eine Naturkatastrophe ereignete, die das Volk der Thamud vernichtete. Ob es sich dabei um ein verheerendes Unwetter oder ein entsprechendes Erdbeben oder eine Kombination aus beidem handelte, lässt der Koran offen. Auf der Arabischen Halbinsel werden die Propheten Salih und Hud, die beide nicht zu den biblischen Propheten zählen, besonders tief verehrt (siehe auch: Grabmal des Propheten Salih, S. 184 und das Grabmal des Propheten Hud, S. 161).

Mitten in Salalah gibt es einen Felsen mit vierzehn kamelhufähnlichen Abdrücken, die der Überlieferung nach direkt von jener Kamelstute Salihs stammen sollen. Der Felsblock befindet sich heute in einem modernen Flachbau in der Al Daqah Street im östlichen Teil Salalahs (siehe Karte auf S. 126). Der Zutritt ist frei.

In älteren Publikationen werden gelegentlich noch Sehenswürdigkeiten genannt, die es heute nicht mehr gibt: Das „Salalah Museum" ist seit der Eröffnung von Al Baleed nur noch ein Kulturzentrum mit Leihbücherei, der „Handwerkersouk" wurde in den Weihrauchsouk integriert und geschlossen, und den „Jebali Waffenmarkt" gibt es auch nicht mehr. Sowohl bei den Markthallen als auch nahe dem Weihrauchbasar pflegen die älteren Männer noch die Tradition, beieinander zu sitzen und Neuigkeiten aus den Dörfern auszutauschen. Ihre Waffen tragen viele von ihnen noch bei sich, zum Verkauf bieten sie diese aber nicht an.

Uhrturm beim Burj An Nahdah Roundabout

Der Kreisverkehr mit dem berühmten Uhrturm liegt an der Kreuzung zwischen Al Rubat Street und Al Matar Street. Er heißt eigentlich Burj An Nahdah Roundabout, wird aber landläufig nur Clocktower Roundabout genannt. Der britisch anmutende Uhrturm auf der Kreuzungsinsel ist ein Wahrzeichen der Stadt. Abends wird der „Tower of the Renaissance", wie sein offizieller Name lautet, stimmungsvoll beleuchtet.

Essen gehen

Innerhalb der Stadt gibt es sehr viele Restaurants (arabische, indische, jemenitische und chinesische) sowie zahlreiche Fastfood-Schnellrestaurants wie Kentucky Fried Chicken. Die Auswahl ist verwirrend groß, wobei sich die meisten Lokale in ihrer Ausstattung und beim Angebot ähneln. Aus der Vielfalt ragen folgende Restaurants heraus:

Baalbeck Restaurant: 23rd July Street, Tel. 23 298 834, Fax 23 293 209. Baalbeck ist eines der bekanntesten Lokale der Stadt und sicherlich auch eines der gemütlichsten, denn hier genießt man durch und durch mediterranes Flair. Die Küche ist libanesisch und reichhaltig, es duftet vertraut, man fühlt sich wohl an den bequemen Holztischen und kann wahlweise innen und außen bzw. auf dem Balkon auf der Gebäuderückseite sitzen. Autofahrer finden direkt vor dem Restaurant Parkmöglichkeiten. Der Laden brummt, es kommen viele Einheimische und Touristen. Kein Alkoholausschank. Unser Tipp: Probieren Sie Joghurt mit Gurken und Minze!

Al Tannour Lebanese Restaurant: 23rd July Street, Tel. 23 293 033. Dieser neue Ableger des Baalbeck Restaurants befindet sich in der gleichen Straße gegenüber der Bank of Dhofar. Küche und Interieur sind ähnlich, auch hier speist man sehr gut.

Silver Diamond Restaurant: City Centre, New Salalah, Tel. 23 294 401. Modernes indisches Restaurant nicht weit vom Markt, in dem auch arabische, chinesische und internationale Küche angeboten wird. Gute Parkmöglichkeiten vor dem Haus.

Al Khabeer Turkish Restaurant: 23rd July Street, Tel. 23 299 945. Hier kocht man zwar nicht wirklich original türkisch, aber sehr schmackhaft. Das Lokal ist unkompliziert auch für weibliche Gäste und beliebt bei den internationalen Expatriats.

Lou Lou Restaurant im 5.Stock des Hamdan Plaza Hotels: Ar Rubat Street/Ecke Atin Road, Tel. 23 211 024. Wer hier abends diniert, blickt über den kitschig-bunt beleuchteten Lulu Hypermarket und die Stadt bis zum Meer. Man sitzt gepflegt an großen Tischen mit Tischdecke und Hintergrundmusik, die Küche ist indisch und arabisch geprägt mit ein paar Ausflügen in die chinesische, italienische und internationale Geschmacksrichtung. Vorspeisen 2–3 Euro, Hauptgerichte 5–8 Euro, Freitag- und Samstagabend Buffet für 10 Euro.

Bin Ateeq Restaurants: Die Restaurantgruppe (www.binateeqoman.com) ist in Salalah viermal vertreten: zweimal in der 23rd July Street, Tel. 23 292 384 und 23 290 232, einmal in der As Sultan Qaboos Street, Tel. 23 292 380, und einmal in As Saadah in der Public Park Road, Tel. 23 225 652. Hier wird authentisches Omani-Food auf Silbertabletts gereicht, von denen mit der Hand gegessen wird. Die Gäste sitzen in fensterlosen, voneinander abgeschirmten Räumen auf Sitzkissen am Boden (Foto oben). Die Speisen sind nicht unbedingt ein kulinarisches Highlight, aber eine originelle Erfahrung zu moderaten Preisen (Hühnergerichte 3–4 Euro, Meeresfrüchte und Fisch etwa 6–8 Euro, Vegetarisches und Salate jeweils rund 2 Euro).

Oasis Club: Raysut, Tel. 23 219 248. Mitten im Hafen von Raysut hat ein Südafrikaner eine legere Sports Bar mit Lizenz zum Alkoholausschank eröffnet, die sich über die Jahre zum Tipp für durstige Urlauber und Expats, die in Oman arbeiten, entwickelte. Unterschiedliche internationale Fassbiere zu fairen Preisen gibt es im rustikalen Pub mit Pool, Großleinwand-TV, Billard und Kegelbahn, die Küche hält allerdings nicht, was die Karte verspricht. Das Lokal öffnet mittags von 12–15 Uhr und abends ab 18 Uhr, Fr/Sa durchgehend ab 12 Uhr. Unserer Ansicht nach ein netter Platz für ein kühles Bier zum Sonnenuntergang.

Lialy Hadramout Restaurant: Das Freiluftlokal zwischen dem Eingang in den Weihrauchsouk und dem Sommerpalast des Sultans bedient den einheimischen Bedarf mit Rindfleischspießen, Currys, Humus und Salat (Foto rechts). Dazu backen sie hier riesige jemenitische Brotfladen. Werfen Sie unbedingt einen Blick in den tiefen, runden Tandurofen, wenn der Bäcker den Fladenteig mit gekonntem Schwung an die Ofenwand klatscht. Köstlich, preiswert und voller Atmosphäre!

Straßenrestaurants mit Kamelfleisch: An der Atin Road, der Straße nach Ain Garziz, liegen nahe dem Heritage Village und dem Al Muraj Amphitheater, wo das alljährliche Khareef Festival ausgetragen wird, zehn Straßenkneipen dicht beieinander mit großem Parkplatz davor. Vor jedem Lokal hängen beim Freiluftgrill etliche dünne, rohgetrocknete Kamelfleischstreifen zwischen Fettstreifen, die auf hungrige Käufer warten und vor den Augen des Gastes auf traditionelle Dhofar-Art gegrillt werden: auf einem mit Kieselsteinen bedeckten Holzfeuer, das dadurch lange vor sich hin glimmt. Plastikgestühl und bunte Sitzkissen am Boden stehen den Gästen ganz nach Vorliebe zur Verfügung. Kamelfleisch ist nicht billig, eine Portion kostet 5 OMR. Ein paar Grillstände verkaufen auch Ziegenfleisch für 1–2 OMR, Grillhühner für 4 OMR und würzigen Beilagenreis.

Die Nebenstraße vom Hamdan Plaza Komplex zur Salalah Gardens Mall gerät abends zur **Restaurantmeile**. Zahlreiche arabische Straßenlokale wie „Al Reef Lebanese“, „Sport Café“ und „Al Ameer Restaurant“ breiten dort jeden Abend Plastikgestühl, Sessel und Plüschsofas aus (Foto links).

Modern Oman Bakery: Richtig gute Backwaren und Törtchen gibt es in dieser Bäckereikette, die mehrere Filialen in Salalah betreibt, z. B. in der Al Matar Street zwischen dem Haffa House Hotel und dem Grabmal von Nabi Imran. Tortenstücke gibt es hier für unter einem Euro, außerdem würzige Samosas und gefüllte Teigtaschen.

Hotelbuffets: Wer's weniger rustikal mag oder Appetit auf ein Glas Bier oder Wein verspürt: Die renommierten Luxushotels wie Hilton, Crowne Plaza, Rotana und Juweira offerieren üppige Mittag- und Abendbuffets. Die Preise liegen jeweils zwischen 26 und 33 Euro.

Einkaufen

Salalah Gardens Mall: Die erste Shopping Mall Salalahs, verkehrsgünstig und zentral an der Al Rubat Street gelegen, wurde im Herbst 2013 eröffnet (www.salalahmall.com). Auf mehr als 86 000 m² Fläche reihen sich hier Modeboutiquen, Schuhgeschäfte, Dessousläden, Uhren- und Lederwarengeschäfte neben Banken, Coffee Shops, Spielzeugläden, Handy Shops, Parfümerien und Drogerien. Zielgruppe des modernen, klimatisierten Einkaufstempels sind wohlhabende Araber; man lockt mit Familienangeboten, einem Food Court, Spielplätzen, Kino, einem Hotel und mehr als 1300 Parkplätzen. Der riesige Carrefour Hypermarket bietet die größte Lebensmittelauswahl von ganz Dhofar – ein echter Tipp für Selbstversorger. Heiße Theke gibt es hier auch. Und es macht Spaß, Omanis beim Einkaufen zuzuschauen. Der Carrefour ist täglich von 9–24 Uhr geöffnet, andere Läden in der Mall von 10–22 Uhr.

Im östlichen Stadtteil As Saadah ist in der Abu Bakar As Siddiq Street bereits ein weiterer moderner Einkaufstempel in Bau, die Salalah Gallery Mall.

Lulu Hypermarket: „Lulu" heißt auf Arabisch Perle. Bis zur Eröffnung der Salalah Gardens Mall war dieses Einkaufszentrum in der Al Rubat Street gegenüber dem Hamdan Plaza Hotel die erste Adresse am Platz. Das Erdgeschoss füllt der Supermarkt (auch hier mit heißer und kalter Essenstheke), im Obergeschoss befinden sich Kino, Bowling Bahn und ein Fast Food Court.

Souvenirs: Der Weihrauchsouk in Al Haffah ist die beste Anlaufstelle, wenn man auf der Suche nach Souvenirartikeln oder typisch omanischem Kunsthandwerk ist; hier findet man vor allem Weihrauch und andere Duftaromen sowie schöne Tücher und Kaschmirschals.

Für frisches Obst und Gemüse gibt es keine interessantere Einkaufsstelle als die **Markthallen**, im ganzen Stadtgebiet findet man auch zahlreiche Gemüsehändler.

Bücher und Co: Oman-Bildbände, Reiseführer, Kalender, Postkarten und Landkarten findet man im Untergeschoss des Crowne Plaza Hotels oder im Laden des Museums von Al Baleed.

Geldwechsel: Unproblematisch in Salalah! Es gibt in dieser Stadt etliche Banken sowie zahlreiche andere Stellen mit ATM-Schaltern zum Abheben von Bargeld mit einer Kreditkarte: in der Ankunftshalle des Flughafens, in der Lobby des Crowne Plaza Hotels, an den größeren Tankstellen und in den modernen Einkaufszentren.
Tipp: Die riesige HSBC-Bank am Clocktower Roundabout hat gelbe ATMs, die auch deutsche EC-Karten akzeptieren. Wechselstuben findet man in der Salalah Gardens Mall

(täglich ganztags geöffnet) und in der Al Nahdah Street, sie öffnen dort von 8.30-13 Uhr und von 16-20 Uhr, freitags nur von 8.30-11 Uhr.

Krankenhaus: Das moderne, bestens ausgestattete und sehr große Sultan Qaboos Hospital liegt im Westen der Stadt an der As Salam Street/Ecke Sultan Qaboos Street, Tel. 23 216 000, Notruf 23 211 555.

Apotheken findet man nur wenige in Salalah, vor allem in den Kliniken und beim Lulu Hypermarket, aber nicht in der Salalah Gardens Mall. Allgemeiner **Notruf**: 9999

Polizei: Die Zentrale der Royal Oman Police befindet sich in der 23rd July Street/Ecke Al Nahdah Street, Tel. 23 290 099, Notruf 9999. Die Verkehrspolizei erreicht man unter Tel. 23 211 900.

Taxi und Bus: Es gibt viele Taxis, aber kein Bussystem für Fahrten innerhalb der Stadt. Taxis warten vor den größeren Hotels und vor der HSBC-Bank beim Clocktower Roundabout. Innerhalb Salalahs und bis zum Hilton Hotel kostet eine Taxifahrt 3 OMR, vom Hilton Hotel in die Stadt 5 OMR. Für eine Tagestour z. B. zum Wadi Darbat und nach Mirbat verlangen freie Taxifahrer etwa 35 OMR, offizielle Hoteltaxis 50-60 OMR. Die Preise sind verhandelbar.

Sammeltaxis fahren von der HSBC-Bank beim Clocktower Roundabout in die Dörfer der Umgebung. Der **Bushbahnhof** für die Fernstreckenbusse nach Maskat befindet sich bei den Markthallen.

Von hier aus bedient die Oman National Transport Co. (ONTC, Tel. 23292773, Fax 23202721, email: info@ontcoman.com, www.ontcoman.com) mehrmals täglich beide Fahrtrichtungen (jeweils 12–14 Stunden Fahrzeit, ca. 10 OMR pro Strecke). Alternativ fahren auch die Busgesellschaften Gulf Transport Co. (GTC, Tel. 23 293 303), Malatan Trading (Tel. 23 211 299) und Bin Qasim Transport (Tel. 23 291 786) entlang der Fernstrecken.

Internationale Luxushotels (von Salalah West bis Mirbat)

Hilton Salalah Resort: As Sultan Qaboos Street, Salalah 211, Tel. 23 211 234, Fax 23 210 084, email: salalah@hilton.com, www.salalah.hilton.com. Elegantes Businesshotel mit 147 geräumigen Zimmer und Suiten, viele davon mit Meerblick und Balkon (wahlweise Nichtraucherzimmer), zudem mehrere Bars und Restaurants (lizenziert für den Ausschank alkoholischer Getränke) und Gym mit kleiner, frei zugänglicher Sauna.
In der Lobby, dem Mayfair Café und dem Strandlokal gibt es gratis WLAN, im Zimmer gegen Gebühr. Das Hotel liegt ca. 15 km von Salalah in Sichtweite des Containerhafens und bietet keine Einkaufs- und Einkehrmöglichkeiten in direkter Umgebung.
Dafür hat es internationales Flair: Viele Geschäftsleute, internationale Berater, Araber und Touristen. Der eingewachsene Poolbereich bietet eine schattige Liegewiese und viele Palmen, der Strand ist einsam, lange Strandwanderungen sind möglich.
Mit Tauchzentrum, Autoverleih, Taxiservice. Preise: ÜF je nach Kategorie und Saison ab 29–165 Euro/DZpP, EZ-Zuschlag 140 Euro, AI möglich. Siehe „Aktuell vorgestellt": S. 150.

Crowne Plaza Resort: Al Khandaq Street, Ad Dahariz, Salalah 211, Tel. 23 238 000, Fax 23235137, email: reservations@cpsalalah.com, www.cpsalalah.com, www.crownplaza.com/salalah. Das traditionsstarke Haus mit 153 Zimmern, Suiten und Villen gilt als beste Stadtadresse und genießt eine tolle zentrale Lage neben dem Naturschutzgebiet Al Baleed. Hier kann man sehr gut im Arabischen Meer baden, denn es wird rasch tiefer. Der riesige Garten im 18 ha großen Hotelgelände ist tropisch eingewachsen, darin verteilen sich mehrere Swimmingpools, ein 9-Loch-Golf Course, Tennis und Minigolf. Hinzu kommen drei Restaurants und Nachtclubs (lizenziert für den Ausschank alkoholischer Getränke), Pub, Tauchzentrum, Health Club und ein ATM in der Lobby. Ein Taxistand befindet sich vor dem Hotel. Ein luxuriöses Resort, sehr stadtnah und dennoch tropisch grün und voller Vögel aufgrund der nahen Lagunen, allerdings auch mit dem entsprechendem Preisniveau (Foto rechts). Preise: ÜF je nach Kategorie und Saison ab 36–125 Euro/DZpP, EZ-Zuschlag 115 Euro, AI möglich.

Juweira Boutique Hotel: Orascom Groupe, Salalah Beach Marina, Taqa Road, Tel. 23 239 600, Fax 23 239 622, email: info@juweirahotel.com, www.juweirahotel.com. Das modern gestaltete Boutique-Hotel mit 64 Zimmern und Suiten eröffnete 2013 an der künstlichen Marina-Promenade des neuen Salalah Beach Komplexes. Es liegt mitten in einer dicht bebauten „Residencial Area". Hier gibt es zwei schicke Pools, ein Restaurant, Bootsausflüge und Fitnesscenter, aber keinen Garten mit Liegewiese. Die meisten Zimmer haben Meerblick, und sie bieten Bademantel, Minibar, WLAN, Safe und Kaffee-/Teezubereiter. Alkoholische Getränke werden nur an der Poolbar (Foto links) und nicht im Restaurant ausgeschenkt. Fazit: Ein dezentes Boutique-Hotel im modern-urbanen Stil, mit sehr bemühtem Service und guter Küche. Noch etwas steril, aber frühmorgens malerisch in der Bucht, wenn die Fischer ihre Netze einholen. In der Umgebung wird noch viel gebaut. Auch sollte man mobil sein, da es hier keine Taxis oder Mietwagenverleih gibt (Salalah liegt etwa 35 km entfernt).
Preise: ÜF je nach Zimmerkategorie und Saison ab 32–130 Euro/DZpP, EZ-Zuschlag 130 Euro.

Salalah Rotana Resort: Salalah Beach Marina, Taqa Road, Tel. 23 275 700, Fax 23 275 701, email: salalah.resort@rotana.com, www.rotana.com. Die neue Luxusferienanlage in Salalah Beach kurz vor Taqa wurde erst 2014 eröffnet und befindet sich direkt neben dem Juweira Boutique Hotel (ca. 35 km von Salalah). Es wurde sehr weitläufig konzipiert mit 444 Zimmern und Suiten, vier Restaurants und Bars (lizenziert für den Ausschank alkoholischer Getränke), Fitnesscenter, Tennis, einem riesigen Pool, Spa mit Sauna und Dampfbad, Tauchschule und diversen Wassersportangeboten am breiten Sandstrand. Alle klimatisierten Zimmer verfügen über Bademantel, Minibar, WLAN, Kaffee-/Teezubereiter. Für einen Badeurlaub bietet dieses lebhafte neue Ferienresort den schönsten Strand: feinsandig ohne Algen und Steine, endlos lang, mit Musik an der Beach Bar, etlichen Strandliegen und herrlichen Sonnenuntergängen. Schon durch seine Größe ist das Resort viel unruhiger als das beschauliche Nachbarhotel. Preise: ÜF je nach Kategorie und Saison ab 58–140 Euro/DZpP, EZ-Zuschlag ab 105 Euro, viele AI-Gäste. Siehe auch „Aktuell vorgestellt" auf S. 152.

Salalah Marriott Resort: Al Fatah, Mirbat 220, Tel. 23 268 245 und 23 275 500, Fax 23 268 271, email: mhrs.sllms. reservations@marriott.com, www.marriottsalalahresort.com. Das Fünf-Sterne-Ferienresort mit 237 Zimmern, eleganter Lobby, drei Restaurants (lizenziert für den Ausschank alkoholischer Getränke), Bars, Pub, Café, Fitnesscenter, Tennis, Minigolf, riesigem Poolbereich und einem schönen, langen Sandstrand befindet sich in Mirbat, ca. 70 km östlich von Salalah. Es besticht als gepflegtes, elegantes Luxusresort in einem der besten Tauchgebiete des Landes, ganz ohne Verkehrslärm, mit freundlichem Personal und guter Küche. Alle Zimmer mit Balkon und hochwertiger Ausstattung in kühlem arabischem Stil, Fliesenboden und dunklen Holzmöbeln sowie Kaffee-/Teezubereiter, Safe, Minibar, gratis WLAN, aber ohne Bademantel. Großartige Vogelvielfalt. Vor dem Hotel warten keine Taxis, aktive Reisende sollten daher unbedingt einen Mietwagen haben. Ideal zum Ausspannen und Tauchen, für Sightseeing in Salalah jedoch ziemlich abgelegen, und es bestehen kaum alternative Einkaufs- und Einkehrmöglichkeiten. Preise: AI je nach Kategorie und Saison ab 71–96 Euro/DZpP, EZ-Zuschlag 73 Euro. Siehe „Aktuell vorgestellt" auf S. 154.

Mittelklassehotels

Die Stadthotels von Salalah sind für arabische Gäste ausgelegt und in der Regel sauber, freundlich geführt und verkehrsgünstig gelegen. Sie eignen sich für aktive Individualreisende, weniger für einen geruhsamen Erholungsurlaub, da es meistens an

gemütlichen Aufenthaltsmöglichkeiten in einem Garten oder Poolbereich mangelt. Keines der Hotels besitzt eine Lizenz zum Alkoholausschank.

Hamdan Plaza Hotel: Ar Rubat Street/Ecke Atin Road, Tel. 23 211 024, Fax 23 211 187, email: reservation@hamdanplazahotel.com, www.hamdanplazahotel.com. Der imposante fünfstockige Bau bietet 180 klimatisierte Zimmer mit WLAN gegen Gebühr, zwei Restaurants, auf der Rückseite liegt ein Swimmingpool, außerdem sind Gym, Tennis und Billard vorhanden. Verkehrsgünstig an einer vielbefahrenen Schnellstraße direkt gegenüber dem Lulu Hypermarket gelegen. Während der Khareef stets ausgebucht, den Rest des Jahres eher ruhig. Preise: ÜF je nach Saison 50–68 Euro/DZpP und 75–83 Euro/EZ.

Salalah Plaza Hotel: As Sultan Qaboos Street beim Al Awqdayn Roundabout, Auqad, Salalah 217, Tel. 23 210 794, Fax 23 212 488, email: salalah@salalahph.com, www.salalahph.com. 2012 eröffnetes, zentral gelegenes Businesshotel in einem typisch neumodernen arabischen Prachtbau mit 104 Zimmern (kein Wasserkocher, keine schallisolierten Fenster, aber sauber, gratis WLAN und TV). In der direkten Umgebung gibt es Läden und Restaurants, im Hotel sind zwei Schnellrestaurants. Gutes Preis-Leistungs-Verhältnis. Zimmerpreis: ÜF ab 40 Euro/Nacht.

Salalah Gardens Residence: Ar Rubat Street im Salalah Gardens Mall Shopping Komplex, Al Wadi, Salalah, Tel. 23 299 958 und 23 381 000, Fax 23 381 133, email: reservation.sgr@ safirhotels.com, www.safirhotels.com. Mitten im modernsten Einkaufspalast der Stadt eröffnete das Hotel mit 168 Zimmer und Wohneinheiten. Zielgruppe sind Geschäftsreisende und arabische Familien, denn es liegt sehr nah dem Veranstaltungsgelände des Khareef Festivals. Mit gratis WLAN, Restaurant, Pool auf der Dachterrasse, Sauna und Gym. Zimmerpreis ab 95 Euro/Nacht.

City Hotel Salalah: Commercial Area, City Center, Salalah, Tel. 23 295 252, Fax 23 295 988, email: info@cityhotelsalalah.com, www.cityhotelsalalah.com. Ein relativ neues und modernes Hotel in einem Hochhaus nahe der Sultan Qaboos Moschee mit 90 sauberen, geräumigen Zimmern mit Flat-TV, Minibar, Safe und Kaffee-/Teezubereiter. Im Erdgeschoss befindet sich ein Coffee Shop, ein Restaurant gibt es nicht. Das freundliche City Hotel ist eine sehr gute Empfehlung, wenn man im modernen Geschäftsviertel nahe der Freitagsmoschee wohnen möchte. Preise: Die Übernachtung im Standardzimmer kostet 50 Euro/Nacht, im Deluxe Zimmer 70 Euro/Nacht.

Salalah Hotel: P.O. Box 823, Salalah, Tel. 23 295 332, Fax 23 292 145. Nur einen Steinwurf von den Markthallen und dem zentralen Bushbahnhof entfernt liegt das zweckmäßige, saubere 2-Sterne-Stadthotel. Es bietet klimatisierte Zimmer mit TV und Bad. Kein Restaurant im Hotel, jedoch zahlreiche Einkehrmöglichkeiten in der Nähe. Preise: Übernachtung ab 50 Euro/DZpP und 30 Euro/EZ.

Strandhotels und Touristenunterkünfte

Diese Hotelanlagen direkt am Strand sind eher als die Stadthotels für einen längeren Urlaub geeignet. Doch man sollte wissen: Ihre Atmosphäre ist arabisch geprägt, keines der Hotels besitzt eine Lizenz zum Alkoholausschank. Teilweise gibt es einen Pool (eher schattenlos), nirgends Privatstrände zum Baden. Lange Strandwanderungen sind möglich, in der direkten Umgebung gibt es tendenziell keine Taxis, Läden oder Restaurants.

Samharam Tourist Village: Shanfari Group, As Sultan Qaboos Street, Tel. 23 211 420, Fax 23 211 267, email: house@omantel.net.om, www.shanfarihotels.com. Ein weitläufiges Mittelklassehotel am westlichen Stadtrand zwischen Salalah und dem Hilton Hotel mit 128 geräumigen Zimmern, von denen je vier einen Bungalow bilden (man kann mit dem Auto direkt vorfahren). Die meisten bieten einen abgetrennten Bereich mit Küchenzeile und Kühlschrank, es gibt auch Villen für Familien. Zimmer im Erdgeschoss haben eine Terrasse, Zimmer im Obergeschoss aber keinen Balkon. Das Resort hat im Garten einen riesigen Pool, aber nur sehr wenige Liegen und kaum Schatten. Der Ayurveda Spa beim Gym ist aus kulturellen Gründen nur männlichen Gästen zugänglich.

Unternehmungslustigen, aufgeschlossenen Besuchern ist die arabisch geprägte Anlage durchaus zu empfehlen (Foto unten). Zimmerpreis mit reichhaltigem Frühstück ab 120 Euro, im Chalet ab 140 Euro.

Beach Resort: Ad Dahariz Street, Salalah 211, Tel. 23 236 170, Fax 23 236 108, email: reservations@beachresortsalalah.com, www.beachresortsalalah.com. Ein fünfstöckiges weißes Gebäude mit blau verglasten Fenstern, nicht unbedingt nach europäischem Geschmack, aber mit sehr sauberen, großen Zimmern, teilweise mit schönem Balkon (Foto rechts unten) und direkt am ruhigen Strand gelegen. Das moderne, 2012 eröffnete Mittelklassehotel verfügt über 56 Nichtraucherzimmer und 8 Suiten, gut gelegen für Strandliebhaber und Geschäftsleute, allerdings ohne Privatstrand. Möglichst ein Zimmer zur Meerseite nehmen, denn die rückwärtigen Zimmer blicken in eine hässliche Straße. Mit Restaurant; Pool nur im Schwesterhotel nebenan. Preise: ÜF je nach Saison ab 20 Euro/DZpP, EZ-Zuschlag ab 20 Euro.

Beach Villas: Ad Dahariz Street, Salalah 214, Tel. 23 235 999, Fax 23 235 599, email: beachspa@omantel.net.om, www.beach-villas-salalah.com. Direkt nebenan liegt das ältere und einfachere Schwesterhotel, die Gäste vom Beach Resort dürfen hier den Pool benützen. Hier ist alles ein wenig beengt, es gibt keine Liegeflächen am Pool, aber die Zimmer sind groß und bieten Küchenzeile und Balkon. Für Strandliebhaber, die sich selbst versorgen wollen und keine hohen Ansprüche stellen, geeignet (Foto rechts oben). Zimmerpreis ab 70 Euro, Frühstück 7 Euro.

Arabian Sea Villas: Ad Dahariz Street, Salalah 211, Tel. 23 235 833, Fax 23 235 830, email: seavillas@omantel.net.om, www.arabian-sea-villas.com. Ansprechendes ockerfarbenes Gästehaus mit 22 unterschiedlichen Zimmern, direkt am öffentlichen Strand, etwas beengt, ohne Aufenthaltsbereich oder Pool, aber mit kleiner Bar und Gästerestaurant. Klimatisierte Zimmer mit WLAN, man spricht Englisch, Französisch, Deutsch und Niederländisch. Zimmerpreis je nach Lage 60–80 Euro.

Einfache Stadthotels

Darbat Hotel: 23rd July Street, Salalah, Tel. 23 295 878, Fax 23 289 281, email: darbathotel@hotmail.com. Dieses einfache Hotel liegt direkt mitten drin im Gewühl; zu Fuß sind zahlreiche Läden und Restaurants erreichbar. Es bietet 56 klimatisierte Zimmer (ohne Safe, aber mit Kühlschrank), ein türkisches Restaurant und Privatparkplätze. Preise: Übernachtung ab 20 Euro/DZpP und 28 Euro/EZ.

Al-Jabal Hotel: As Sultan Qaboos Street, Auqad, Salalah 211, Tel. 23 210 611, Fax 23 214 021, email: jabalhot@omantel.net.om, www.aljabalhotel.com. Der ältere dreistöckige arabische Bau mit 79 Zimmern befindet sich am westlichen Stadtrand in halbwegs ruhiger Lage. Die klimatisierten Zimmer sind mit einem kleinen Kühlschrank und TV ausgestattet, zudem gibt es ein Restaurant, WLAN in der Lobby und Pool. Preise: ÜF je nach Saison 22–30 Euro/DZpP und 35–44 Euro/EZ.

Al Nile Hotel: As Saadah, Salalah, Tel. 23 225 804, Fax 23 225 805, email: admin@al-mashoor.com, www.al-mashoor.com. Schmuckloses arabisches Businesshotel mit 80 Zimmern und Apartments im Osten von Salalah, das geräumige Zimmer mit gratis WLAN bietet, ansonsten aber kaum Annehmlichkeiten. Im Fußnähe sind ein paar Läden und Lokale, man sollte aber mobil sein. Preise: Zimmerpreis ab 29 Euro/Nacht.

Haffa House: Shanfani Group, Al Matar Street, Burj An Nahdah Roundabout, Salalah 211, Tel. 23 295 444, Fax 23 294 873, email: bennett@shanfani.com, house@omantel.net.com, www.shanfanihotels.com. Verkehrsgünstig am Clocktower Roundabout liegt dieses Hotel in einem düsteren Hochhaus mit neun Stockwerken und einem Klaustrophobie auslösenden Fahrstuhl. Über die verwinkelten Etagen verteilen sich 123 Zimmer, im Erdgeschoss befindet sich neben zahlreichen Airline-Büros und Geschäften ein Restaurant und Café, der Pool liegt verborgen im Hinterhof. Mit Sauna und Fitnesscenter, die Zimmer bieten Safe, Kaffee-/Teezubereiter und TV. Bei arabischen Gästen sehr beliebt, aber nur für Europäer ohne Ansprüche an ein wohnliches Ambiente geeignet. Ziemlich abgewohnt, starke Verkehrsbelastung. Preise: ÜF je nach Saison 38–45 Euro/DZpP und 65–70 Euro/EZ.

Youth Hostel – Areen Sahnoot: Al Saadah, Salalah 111, Tel. 23 234 810, Fax 23 232 485, email: om@salalah-youthhostel.com, www.salalah-youthhostel.com. Rund 8 km nördlich von Salalah liegt die sandfarbene ansprechende Anlage in der unattraktiven Peripherie von Salalah zwischen gesichtslosen Neubauten nahe dem Highway. Ein Restaurant ist vorhanden, auch ein kleiner sauberer Pool, allerdings ohne Liegen oder Stühle. Für diese ruhige, ungewöhnliche Unterkunft braucht man unbedingt einen Mietwagen. Preis: Zimmerpreis 120 Euro/Nacht.

Hilton Salalah Resort

As Sultan Qaboos Street
Salalah , Oman
Tel. +968-23 211 234
email: salalah@hilton.com
www.salalah.hilton.com

Das traditionsreiche First-Class-Hotel, westlich von Salalah zwischen dem Stadtzentrum und dem Hafen in Raysut gelegen, ist der beliebteste Treffpunkt internationaler Reisender, die mehr erleben wollen als Strand und Swimmingpool.

Das Haus verwöhnt seine Gäste mit eleganten, hochwertigen Zimmern und Suiten und einem recht vielseitigen gastronomischen Angebot mit Café, Nachtclub und einem Strandrestaurant, in dem verschiedene Biere vom Fass ausgeschänkt werden.

Der tropisch eingewachsene und blühende Palmengarten voller Vögel bietet eine Liegewiese mit viel natürlichem Schatten rund um den Pool. Davor erstreckt sich ein breiter Sandstrand, an dem lange Strandwanderungen möglich sind. Darüber hinaus findet der Gast hier ein Tauchzentrum, Fitnesscenter mit Sauna, Autoverleih und Taxiservice.

Unsere Meinung: Das Hilton Hotel ist unsere Empfehlung für unabhängige Unternehmungslustige, die keine reine Ferienburg, sondern ein komfortables Hotel mit kosmopolitischem Flair und zugleich einen ruhigen, einsamen Strand in der Nähe Salalahs suchen.

FLIP
FLOP
zone

Salalah Rotana Resort
Salalah Beach Marina
Taqa, Oman
Tel. +968-23 275 700
email: salalah.resort@rotana.com
www.rotana.com

Der Neuzugang unter den Luxusresorts von Salalah hat mit seinem riesigen Pool gleich für Furore gesorgt.
Fast 500 Zimmer liegen hier eingebettet zwischen modernen Luxusresidenzen an einem der schönsten Strände Dhofars: schier endlos lang und noch völlig unverbaut. Ein Traum für Sonnenanbeter. Die legere Strandbar mit lässiger Musik und jede Menge Sonnenliegen im feinen Sand sorgen zusätzlich für entspannte Urlaubsstimmung.

Darüber hinaus beeindruckt die Weitläufigkeit dieser modernen Ferienanlage, die in ihrer verwinkelten, von Wasserläufen durchzogenen Architektur an ein arabisches Dorf erinnert. Mehrere Restaurants sorgen für Gaumengenüsse auf hohem Niveau, ein stilvoller Spa-Bereich, Tennisplätze und ein Gym runden das Freizeitangebot ab. Dabei liegt das Resort sehr praktisch zwischen den Zentren Salalah und Taqa, sodass man von hier aus viele nahe gelegene Sehenswürdigkeiten besuchen kann.

Unsere Meinung: Wer zum Sonnenbaden und unbeschwert Genießen nach Salalah reist, findet hier den schönsten Strand mit einer perfekten All-inclusive-Infrastruktur. Für junge Leute und Paare dürfte es die erste Wahl sein.

Salalah Marriott Resort

Mirbat, Oman
Tel. +968-23 268 245 / 23 275 500
email: mhrs.sllms.reservations@marriott.com
www.marriottsalalahresort.com

Das Resort liegt weit östlich nahe der malerischen Hafenstadt Mirbat, wo das geruhsame und friedvolle Leben der Omanis noch einen Takt gemütlicher zu sein scheint, was sich auch auf das vornehme Resort überträgt. Die Zimmer verströmen eine kühle Eleganz, und mehrere Restaurants verwöhnen den Gast auf hohem Niveau. Harmonisch liegt der großflächige Poolbereich vor dem mit Lavafelsen aufgelockerten Ozeanstrand.

Ein ganz besonderes Highlight sind die spektakulären Tauchgründe vor der Küste Mirbats. Die auf Wracktauchen spezialisierte Tauchschule bietet zudem Schnorcheln, Hochseefischen und Walbeobachtungen. Im edlen Frankincense Spa können Wellnessfreunde stilvoll entspannen.

Unsere Meinung: Für anspruchsvolle Erholungssuchende und Tauchfreunde ist das Marriott Hotel die erste Wahl. In keinem anderen Resort kann man besser die Seele baumeln lassen und zur Ruhe kommen.

Ausflüge in die Umgebung

Sehenswertes im Norden

Alle Ausflüge in den Norden von Salalah führen in die Qaraberge. „Jebel Qara" bezeichnet eigentlich nur einen einzigen Berg direkt nördlich von Salalah, doch hat sich der Name inzwischen umgangssprachlich für das ganze Küstengebirge vom westlichen Jebel al Qamar bis zum östlichen Jebel Samhan eingebürgert. Die Ausflüge führen uns zu Quellen und Höhlen, es geht um Weihrauch und Propheten, und wir sehen geheimnisvolle Trilithen. Wenn man früh aufbricht, kann man die Sehenswürdigkeiten in einer Tagesrundfahrt bewältigen. Sie beginnt beim Kreisverkehr vor dem Hamdan Plaza Hotel, wo die Atin Road von der Ar Rubat Street abzweigt, führt am Khareef Festivalgelände mit Heritage Village, Amphitheater und den Kamelfleisch-Bratereien (siehe S. 141) vorbei, und erreicht nach 5 km, noch in der Ebene, den Abzweig zur Quelle von Ain Garziz. An dieser Abzweigung liegt eines der wenigen Ausflugslokale Dhofars, „Ittina Café & Restaurant", mit zwei Gebäuden und großem Gartenbetrieb. Im Café werden von 10–22 Uhr italienische Speisen gereicht, das Restaurant im Nebengebäude serviert von 14–24 Uhr arabische Spezialitäten.

Ain Garziz *(auch Ain Jarziz)*

Die Zufahrt zu diesem reizvollen stadtnahen Quellgebiet ist 3 km lang. Während der Khareef Season ist der weitläufige Picknickplatz sehr beliebt, den Rest des Jahres genießen die Besucher eine beschauliche Ruhe. Unter hohen schattigen Bäumen und in den Felsnischen und Halbhöhlen verteilen sich zahlreiche betonierte Tische und Bänke für Ausflugsgäste. Das Quellwasser plätschert durch die befestigten Kanäle und überall zwitschern

Oben: Szenerie auf der Strecke zum Hiobs Grab

Fotos rechts: Picknickplatz in Ain Garziz; Al Ateen Cave

muntere Vögel wie Graubrust-Paradiesschnäpper, Hirtenmainas, Schafstelzen und Gelbsteißbülbüls.

Wer möchte, kann von der Quelle noch weiter in das baumbestandene Wadi fahren. Dazu fährt man weiter entlang der Teerstraße, bis links eine Allradpiste abzweigt, die an den Stallungen der Kamele vorbei direkt in das immer enger werdende Wadi führt. Sie endet nach 2 km, unterwegs liegen mehrere stimmungsvolle Picknickplätze.

Zurück auf der Atin Road schlängelt sich die Teerstraße jetzt die Qaraberge hinauf. Nach kurzer Fahrt erreicht sie 350 m Höhe und mit dem großen Parkplatz rechts der Straße bereits die nächste Sehenswürdigkeit.

Al Ateen Cave *(auch Ettein Cave)*

Eine riesige Halbhöhle, die man nach einem kurzen Anstieg entlang des Fußwegs erreicht, zieht hier die Aufmerksamkeit auf sich und bietet einen schönen Ausblick in das baumbestandene Wadi hinter der Quelle von Ain Garziz, in dem die meiste Zeit des Jahres Kamele weiden. Leider hinterlassen die Besucher an der Höhle auch viel Zivilisationsmüll. Direkt beim Parkplatz befindet sich ein jemenitisches Grillrestaurant, das tagsüber unscheinbar wirkt, abends jedoch hübsch beleuchtet wird und einen großartigen Ausblick auf die Lichter von Salalah bietet. Die Gäste sitzen in sichtgeschützten und getrennten Zelt-Separées (siehe Foto auf S. 140 oben).

Die Straße steigt weiter an und erreicht 19 km nach Salalah eine Abzweigung, an der ein kleiner Supermarkt und das einfache Fahad Restaurant mit Zimmervermietung liegen. Hier beginnt die beschilderte 3 km lange Stichzufahrt zum Grabmal des Propheten Hiob. Kurz vor

Oben: Das Grabmal des Propheten Hiob; vor dem Betreten: Schuhe ausziehen!

dem Parkplatz beim Grabmal befindet sich ein nüchternes Restaurant, das außer einer großartigen Aussicht über die Küstenebene wenig zu bieten und häufig geschlossen hat.

Hiobs Grabmal *(auch An Nabi Ayub / An Nabi Ayoub)*

„Job's Tomb", wie das Grabmal auf Englisch genannt wird, ist fester Bestandteil aller touristischen Rundfahrten, aber weniger beeindruckend als das Grab von Nabi Imran in Salalah (siehe S. 134). Wenn man nicht das Pech hat, in eine Reisegruppe zu platzen, ist auch diese Anlage ein Ort der Ruhe. Das schlichte Grabmal befindet sich hinter der kleinen Moschee mit goldener Kuppel. Es heißt, hier läge ein Prophet begraben, der von allen drei monotheistischen Weltreligionen verehrt wird: Muslime nennen ihn Ayoub, Juden und Christen Hiob. Nach dem Alten Testament war er ein rechtschaffener Mann, der im Leben alles verlor und dennoch tief gläubig und gottesfürchtig blieb. Als „Hiobsbotschaft" bezeichnen wir heute noch eine Unglücksbotschaft. Historisch ist allerdings nicht belegt, wer wirklich in diesem Sarkophag ruht. Man darf das Innere des Grabmals betreten (Nicht vergessen: Vor dem Betreten die Schuhe ausziehen und Kopftuchpflicht für Frauen). Ist ein Wärter anwesend, zeigt er den Besuchern auch gern einen angeblichen Fußabdruck des Propheten.

400 m vor dem Grabmal des Hiob zweigt eine Teerstraße rechts ab und endet wenig später an einem großen Parkplatz. Von hier führt ein betonierter Fußweg mit vielen Steinstufen zu einer Quelle, die ein eingefasstes Wasserbecken füllt. An den Wochenenden kommen viele Einheimische zum Baden und Picknicken an diesen Ort.

Auf der Weiterfahrt wird es einsamer, die Straße steigt auf fast 1000 m Höhe an und bietet nicht nur an einzelnen Aussichtsplätzen wunderschöne Fotomotive. Die Vegetation erinnert hier an eine afrikanische Baumsavanne mit hohem gelbem Gras und grünen Akazien, man sieht zahlreiche Kamele weiden, und in der Ferne glitzert das Arabische Meer. Leider sind hier auch die Überweidungsschäden durch die exzessive Viehzucht nicht zu übersehen. Je weiter man ins Landesinnere vordringt, umso

Fotos rechts: Traumkulisse mit weitem Ausblick über die Küstenebene; Felsenpools in Wadi Ayun; Trilithen auf der Zufahrt

stärker schwächt sich jetzt der Monsuneinfluss ab, was zu einer immer kargeren Vegetation führt. 30 km nach dem Abzweig zu Hiobs Grab erreicht man eine Gabelung. Links endet die Straße nach einigen Kilometern noch mitten im Gebirge bei einem Baucamp. Nach rechts führt die Straße weiter nach Ayun *(auch Ayoon, Uyun)*, das bereits in der trockenen Halbwüste Nejd liegt – machen Sie sich auf einen Szenenwechsel gefasst!

Wadi Ayun: Felsenpools und Trilithen

Die Ortschaft Ayun breitet sich abseits der Straße in einer kargen, zerklüfteten Kalksteinmondlandschaft aus, und es lohnt sich nicht, bis dorthin zu fahren. Biegen Sie stattdessen nach nur 400 m entlang der Ortszufahrt links in die Piste zum Wadi Ayun. Nach 500 m entlang dieser Piste liegen Trilithen rechts des Weges. Mehrere Steinpyramiden wurden hier in einer Reihe nebeneinander errichtet, deren Zweck und Bedeutung heute so unbekannt sind wie ihre Erbauer (siehe S. 71). Bis hierhin kann man auch noch mit einem Pkw fahren, für die restliche steinige Geröllstrecke benötigt man ein geländegängiges Fahrzeug.

Tipps und Infos
Die Welterbestätte Wadi Dawkah liegt mit einem großen Parkplatz, Toiletten und beschatteten Bänken deutlich ausgeschildert 1 km neben der Straße. Es wird kein Eintritt verlangt.

Man gelangt 3,7 km nach Verlassen der Teerstraße an einen Parkplatz und blickt von hier steil hinab in die Felsspalten des Wadi Ayun, in Felsenpools voller Riedgras und tiefblauem Wasser, und den Beginn einer Schlucht mit einer Höhle und steilen Felswänden. In das Wadi hinabzusteigen erfordert etwas Kletterei, da es keinen erkennbaren Pfad durch das steile Gestein gibt. Im Vormittagslicht wirken die Pools, die der Überlieferung nach auch das Grundwasser der Oase Ubar/Shishr speisen, am schönsten.

Kleiner Umweg nach Norden zur Welterbestätte in Wadi Dawkah

Auf der Weiterfahrt wendet sich die Straße nun nach Osten und führt über das unwirtliche Hochplateau der Nejd. Zwischen den dürren Dornbüschen stehen einzelne Weihrauchbäume; da und dort sieht man Stallungen und bescheidene Ansiedlungen der Kamelhirten, die nur saisonal bewohnt werden. Nach 20 km gelangt man auf Höhe von Hagif *(auch Hajif)* zum Highway 31 zwischen Thumrait und Salalah. Von hier kann man direkt nach Salalah zurückkehren (30 km), zuvor bietet sich allerdings der Abstecher zu den Weihrauchbäumen von Wadi Dawkah an.

Wadi Dawkah *(auch Wadi Dauka)*

Das UNESCO-Weltkulturerbe mit dem englischen Namen „Frankincense Park" liegt etwa 40 km nördlich von Salalah inmitten der steinig-kargen Mondlandschaft. In dem 5 km² großen

Unten: Besucherzentrum im Wadi Dawkah
Rechts: Neubau in den Qarabergen

umzäunten Gelände gedeihen mehr als 1200 Weihrauchbäume, weil dieses unscheinbare Fleckchen Erde der weltbeste Platz für die anspruchsvolle und mimosenhafte Edelharzpflanze ist. Genau hier im Auflösungsbereich der Monsunwolkendecke findet sie das perfekte Klima. Was aussieht wie eine riesige Plantage, sind ausschließlich wild wachsende Bäume. Alle bisherigen Versuche, künstliche Pflanzungen anzulegen, haben stets nur kümmerliche Ergebnisse erzielt.

Man findet Weihrauchbäume außerhalb Dhofars auch in Jemen, Somalia und Indien, doch von den 25 Arten ist die hiesige *Boswellia sacra* die edelste. Die Gärtner hegen daher jede einzelne Pflanze und bewässern sie individuell. Nicht immer sieht man an den Stämmen das frische gelbliche Harz, welches ein wenig nach Kiefern riecht und sehr klebrig ist (erst beim Aushärten wird es durchsichtig). Zum einen ist nach sieben Erntejahren eine mehrjährige Schonzeit der empfindlichen Bäume üblich, zum anderen fällt die Erntezeit traditionell in die Monate April bis September.

Weitere Abstecher entlang der Rückfahrt

Grabmal des Propheten Hud

In Südarabien wird der mehrfach im Koran erwähnte Prophet Hud (*auch Hood*) tief verehrt. Als Gesandter Allahs, der zum lasterhaften Volk der Ad gesandt wurde, um sie zur Abkehr von ihrem sündigen Lebenswandel und der Vielgötterei zu bringen, hat dieser Prophet in Dhofar besondere Bedeutung, denn die Ad schlugen der Überlieferung nach seine Mahnungen in den Wind, und deshalb ließ Allah die Stadt der Ad – Ubar – im Wüstensand versinken (siehe S. 196ff). Hud soll 150 Jahre lang gelebt haben. Es gibt drei verschiedene Grabmäler, die ihm zugesprochen werden, das bekannteste liegt im jemenitischen Hadramaut und ist ein berühmter Pilgerort. In Dhofar glauben die Menschen allerdings, dass der berühmte Prophet in den Qarabergen nahe Qayrun Hayriti in einem bescheidenen, versteckt im Grünen liegenden Mausoleum beigesetzt wurde (bei GPS N 17°18.736 O 55°15.375, siehe Foto S. 36).

Wadi Nahiz (*auch Wadi Naheez*)

Das bewaldete Wadi Nahiz liegt westlich des Thumrait-Highways und bietet eine malerische Szenerie mit Kamelen und Rindern. Dass dieses fruchtbare Bergtal schon seit Jahrtausenden bewohnt ist, beweisen zahlreiche Felsbilder in den Höhlen der Steilwände.

Suhur Cave (*Fledermaushöhle*)

Als moderne „Show-Cave“ mit Besucherzentrum, Restaurant und Aussichtsplattform soll die Suhur Cave östlich des Thumrait-Highways zum Touristenmagneten ausgebaut werden. In ihrem Innern finden zahlreiche Fledermäuse unterschiedlicher Spezies Zuflucht. Bislang ist die Höhle aber noch nicht öffentlich zugänglich.

Ain Sahnawt (*auch Ain Sahalnoot*)

Ein paar Kilometer weiter südlich zweigt am Fuße der Berge die beschilderte Teerstraße ins Wadi Al Noor nach Osten ab, über die man zum Quellgebiet Ain Sahnawt gelangt. Vor der schmalen Felsenschlucht befindet sich ein Parkplatz, doch man kann auch in die enge Schlucht hineinfahren. Entlang der Strecke liegen zahlreiche Picknickbänke und ganz am Ende ein schöner, tiefer Badepool, sehr schattig und stimmungsvoll. Vogelfreunde können hier die seltenen Bergstelzen (*Motacilla cinerea*) entdecken.

Oben: Jebalis mit ihren Kamelen in den Qarabergen

Sehenswertes im Westen

Im Westen von Salalah reizen starke Naturgegensätze: kahle, abweisende und sehr herbe Kalksteinhochplateaus, eine zumeist spektakuläre Steilküste, großartige Canyons und auf den mittleren Höhenlagen üppig bewaldete Berghänge. Hier begegnet man Jebalis, die noch weitgehend unberührt von Tourismus und Moderne ihr traditionelles Leben als halbnomadische Viehhirten führen. Die Militärpräsenz in dieser Region erinnert an den bewaffneten Dhofar-Konflikt vor rund 40 Jahren.

Man verlässt Salalah entlang der Sultan Qaboos Street, fährt am Samharam Tourist Village und dem Hilton Resort vorbei und erreicht nach ca. 20 km den **Raysut** Kreisverkehr, der den Verkehr zum hochmodernen **Containerhafen Port Salalah** und seiner Freihandelszone regelt. Seit dem Hafenausbau können hier auch bei stürmischer See während des Monsuns die Schiffe und Frachter anlegen. Erklärtes Ziel ist, hier einmal Dubai als wichtigste Umladestation am Golf ablösen zu können. Wenn man bis zum Hafenbecken vorfährt, gelangt man zum **Mausoleum von Salem bin Ahmed bin Arabia** (beschildert, Besichtigung möglich) und dahinter zum Lokal Oasis Club, dem einzigen Restaurant Dhofars, in dem außerhalb der Luxushotels Bier und Wein serviert werden (siehe S. 141).

Auf der Weiterfahrt entlang der Nationalstraße 47 gibt es wenig später zwei Abstecher. Die 4 km lange Piste nach **Eftalquot** endet an einem einsamen Aussichtspunkt direkt an der Steilküste. In einen schluchtartigen Einschnitt der Qaraberge führt dagegen die 9 km lange geteerte Stichstraße zur Quelle **Ain Ishat**, die das Wadi Adownib speist (am Schluss noch 1 km Allradpiste bis zur Quelle und den Wasserbecken).

Fotos rechts: Szenen aus Mughsail mit Blowholes, Fischerbooten, Möwen und der arabischen Zeltstadt

Bleibt man auf der Hauptstraße N 47 wird schnell deutlich, wie stark der Monsuneinfluss hier bereits nachlässt. Es ist dementsprechend kahl und eintönig. Ein paar vereinzelte

Weihrauchbäume wachsen noch in den trockenen Wadibetten, doch sie gedeihen in diesem Klima nicht besonders gut. Umso überraschender ist der farbliche Kontrast, wenn man die pittoreske sandige Bucht von Mughsail von einer kahlen Anhöhe aus zum ersten Mal erblickt, ehe die Straße in das Fischerdorf hinabführt (45 km ab Salalah).

Mughsail *(auch Mughsayl)*

Was für eine großartige Szenerie: Der fast 6 km lange weiße Sandstrand mit Palmen, über den meistens ein paar Kamele spazieren; Fischerboote am azurblauen Ozean, die entladen werden; Toyota-Pickups, auf deren Ladeflächen riesige Kühlboxen für den Meeresfang bereitstehen, und unzählige Möwen und Seeschwalben zwischen all den Menschen und Booten, gierig um die Fischabfälle streitend. Im Hintergrund rahmt die mächtige dunkle Steilküste der westlichen Dhofarberge das Ensemble malerisch ein.

Mughsail Beach zählt zu den schönsten und beliebtesten Stränden Dhofars. Für die zahlreichen Wochenend- und Khareef-Besucher wurden zwischen die jungen Kokospalmen Picknickplätze unter schattenspendenden Pavillons angelegt. Rechts der Straße liegt das Fischerdorf Mughsail, und hier fallen sofort die neuen stereotypen staatlichen Wohnhäuser am Ortsrand auf. Es gibt ein Open-Air-Grilllokal mit Sitzkissen am Boden, das für den lokalen Markt Kamelfleisch mit Reis serviert. Am anderen Ende des Dorfes schließt sich die Lagune **Khor Mughsail** an, ein brackiges Vogelparadies mit weißen Felsbrocken zwischen Schilfgräsern, durch das Flamingos, Silber-, Grau- und Rallenreiher, Braune Sichler, Stelzenläufer und Pelikane staken. Auch die Kamele weiden gerne im Bereich dieser Lagune.

Kurz vor dem Ende der Bucht befindet sich zu Ferienzeiten eine weiße Zeltstadt mit Mietzelten, kleiner Bimmelbahn, diversen

Tipps und Infos: Es besteht die Möglichkeit zur Einkehr beim Cafè Mocca beim Parkplatz am Ende der Bucht (mit Aussichtsterrasse, siehe Foto unten). Picknicken lässt es sich auch gut in den Pavillons an den Blowholes. Für Cave und Blowholes wird kein Eintritt verlangt.

Fahrgeschäften für die Kinder und einem Flutlicht-Fußballfeld mit Kunstrasen. Was man sich den Rest das Jahres kaum vorstellen kann: Während der Khareef Season ist Mughsail Beach überfüllt wie der Strand von Rimini im August, und diese Zeltburg trifft dann genau den Geschmack der arabischen Urlauber.

Kurz dahinter markiert ein Parkplatz das Ende der Bucht. Von hier führt ein Fußweg zur **Al Marneef Cave** *(auch Al Marnif)*, einem mächtigen überhängenden Felsen, der eine Halbhöhle bildet. Direkt dahinter liegen die berühmten „**Blowholes**" an der flachen Felsküste. Diese Blaslöcher sind ein besonderes Spektakel, denn sie stoßen von Zeit zu Zeit unversehens zischende und gurgelnde Fontänen aus. Die stürmische Brandung presst hier mit starkem Druck Luft und Meerwasser durch das weiche, poröse Kalkgestein.

Je nach Wetterlage fallen die Fontänen unterschiedlich aus; im brandungsstarken Monsun sollen sie mitunter bis zu 30 m Höhe erreichen, bei ruhiger See jedoch nur wenige Meter. Die Blowholes wurden inzwischen vergittert und abgesperrt, man kann sich ihnen aber weiterhin nähern und das dumpfe Grollen und Zischeln unter dem Fels deutlich vernehmen. Ganz vorne an der Steilküste, wo sich die Wellen brechen, liegt das schwarze Gestein frei. Viele Tristramstare schwirren hier über der tosenden Brandung.

Am Ende der Bucht von Mughsail erklimmt die Straße sofort die steilen, kahlen Felsberge, die hier bis an die Küste ragen. Nur gelegentlich erhascht man noch einen Blick zum Meer. Auf 230 m Höhe folgt plötzlich der Steilabstieg in ein tiefes Wadi, und auf der gegenüberliegenden Seite schraubt sich die Straße mit acht brachial in den Fels gehauene Spitzkehren sofort wieder auf 500 Höhenmeter. Um diesen gewaltigen Felseinschnitt mit seinem ausgewaschenen Kalkgestein zu bewältigen, musste jede Menge Fels gesprengt

werden. Außerdem wurden aufwändige Drainagen nötig, um den Monsunniederschlag abfließen zu lassen. Erdrutsche sind eine ständige Gefahr in derart ausgehöhltem Gebirgsgestein, das zudem heftigen Stürmen und Regenfällen ausgesetzt ist, und die besonders gefährdeten Hänge wurden hier deshalb mit einer Zementschicht überzogen. Das Land ist sehr stolz auf diese formidable Straßenbauleistung, und im Volksmund wird sie seither **Zickzack-Road** genannt. Ihre Fertigstellung beendete die jahrhundertlange Isolation des Jebel al Qamar, des ehemaligen Sperrgebiets an der Grenze Jemens. Erst durch diese Serpentinenstraße haben die Bergdörfer des Westens infrastrukturellen Anschluss an Salalah erhalten. Ihre Bewohner sind aber auch heute noch eher rückständig und introvertiert.

Weiterfahrt auf dem Plateau

Auf dem Plateau folgt nach dem Abzweig nach Fizaya ein Szenenwechsel. Je höher die Asphaltstraße ansteigt, umso vegetationsärmer wird jetzt die einsame Umgebung. Über 1000 Höhenmeter trotzen hier nur noch kurze, widerstandsfähige Gräser und Sträucher dem ständigen Meereswind. Etwa 13 km nach Mughsail erreicht man den ersten **Militärkontrollpunkt** entlang dieser Strecke. Hier müssen sich alle Personen ausweisen, die Fahrzeugpapiere werden meistens nicht kontrolliert. Nach kurzer Prüfung darf man als Tourist ungehindert auf dem Highway 47 weiterfahren.

Auf der folgenden Strecke liegen weitere interessante Abstecher:

Abstecher nach Al Fizaya

Kaum hat die Straße das Hochplateau erreicht, zweigt links eine beschilderte Stichstraße nach **Al Fizaya** (*auch Al Fazaya*) ab. Die Allrad-Schotterstraße windet sich malerisch den mächtigen Steilhang zur Küste hinab und gibt großartige Ausblicke frei (Fotos links und unten). Interessant sind die verschiedenen Vegetationsstufen und die zahlreichen Halbhöhlen und Geröllformationen entlang des Weges. Nach 6 km erreicht man den blaugrünen Ozean und einen Traumstrand mit zahlreichen Sandbuchten zwischen markanten Felsen. Sie sind zum Wildcampen äußerst beliebt. Ein kleiner Fischhafen zieht Möwen und andere Seevögel an.

Einsturzdoline Shaat und Aussichtspunkt über die Steilküste

Die Stichstraße zu diesen beiden Sehenswürdigkeiten ist deutlich ausgeschildert. Man durchquert zunächst ein kleines Dorf, dann wird es einsam, und nach 4,2 km endet die Straße an einem Parkplatz direkt an der Steilküste. Von dieser Stelle blickt man mehr als 900 m tief direkt in den schäumenden Ozean – ein **schwindelerregender Anblick**! Faszinierend ist auch die Stille, denn außer dem munteren Vogelgezwitscher der seltenen Weidensperlinge (*Passer hispaniolensis*) hört man praktisch nichts. Krüppelbewuchs und ein paar blühende Sträucher halten tapfer den ständigen Ozeanwinden stand. Die Stichstraße zum Einsturzkessel zweigt 1,7 km vor dem Parkplatz von der Zufahrtsstraße ab und endet nach 700 m ebenfalls an einem Parkplatz. Ein markierter Fußweg umrundet die Doline zur Hälfte. Sie ist so tief, dass man von keiner Stelle ihren Grund erblicken kann. Interessant für Vogelfreunde: Im Kessel nisten Felsentauben, die Stamm- und Wildform unserer Haustauben. Ferner sind in dieser stillen Einsamkeit Bergammern und Südliche Raubwürger heimisch.

Spektakuläre Panoramapiste entlang der Steilküste

4 km später lohnt sich für Naturfreunde mit einem Allradfahrzeug noch ein Abstecher: Beim Masharaf Al-Gharbia Commercial Market zweigt eine Panoramapiste ab, die aus dem Dorf Ajdarwt über Rinderweiden führt und sich der Steilküste zuwendet. Nach etwa 3 km durchfährt man ein Gatter, danach beginnt der Abstieg von über 1000 m auf 400 m. Die Piste verläuft jetzt direkt unterhalb des oben beschriebenen Aussichtspunkts am Hang der spektakulären Steilkante und bietet eine gigantische Aussicht: nach oben die senkrechten Felswände, nach unten das azurblaue Meer. Auf dieser Strecke zeigt sich anschaulich die üppige und artenreiche Vegetation der vom Monsun beeinflussten mittleren Höhenlagen. Bis zum Wendepunkt nach etwa 6 km fährt man an einfachen Jebali-Behausungen vorbei durch eine traumhafte Vegetation mit hohen Bäumen, Grasweiden und einer großartigen Vogelvielfalt (ein Geheimtipp, um scheue Schwarzkopfsteinhühner zu erspähen!).

Oben: Auf der Serpentinenstrecke im Wadi Sarfayt

Weiterfahrt nach Westen

Trist wirkt im Vergleich dazu die Weiterfahrt auf dem etwa 1100 m hohen Plateau. Die Straße wendet sich nun dem Landesinneren zu, passiert die Abzweigung nach Hayrun (siehe S. 205) und erreicht 60 km nach Mughsail die 20 km lange Zufahrt zum Küstenort **Rakhyut**. Kurvenreich windet sich die Teerstraße zum Ozean hinab. Das beschauliche Fischerdorf liegt eingeklemmt zwischen hohen Bergen an einem schönen Sandstrand in der Mündung des Wadi Sayq. Das einfache Rakhyut Hotel öffnet nur während der Khareef-Saison (Tel. 99 290 975).

6 km hinter der Abzweigung nach Rakhyut liegt der zweite, diesmal schwer bewaffnete Militärkontrollpunkt einsam und windgepeitscht auf 1180 m Höhe (53 km nach dem ersten Army Checkpoint). Hier kontrollieren die Soldaten die Reisepässe und Fahrzeugpapiere etwas genauer. Sie sprechen in der Regel kaum Englisch, sind aber Touristen gegenüber sehr höflich. Hinter dem Stützpunkt fällt die Straße sofort ab und führt in zahlreichen straffen Serpentinen direkt in den tiefen **Canyon** des Wadi Sarfayt. Auch hier waren massive Sprengungen vonnöten, um die breite Teerstraße durch das bizarre Felsgebirge zu legen. Tunnel und Brücken sparen sich die omanischen Straßenbaumeister, sie greifen hier einfach zu Dynamit. Das Flussbett liegt auf nur 450 m. Im Wadibett und auf den Westhängen des Canyons konnte sich Vegetation bilden, an den Osthängen, die vom Südostmonsun unberührt bleiben, dagegen nicht.

Man nähert sich jetzt den letzten Ortschaften vor der Landesgrenze. Das Hafenstädtchen **Dhalkut** *(auch Dalkut, Dhalkoot)* ist über zwei Straßen zugänglich, sodass sich eine Rundfahrt anbietet. Die obere Zufahrt ist eine steile Panoramastrecke; die untere präsentiert sich ebenso malerisch, denn sie führt über das abwechslungsreiche, etwa 300–600 m hohe Zwischenplateau mit seinen saftig-grünen Bäumen, gelben Grasweiden und markanten Felsblöcken, an den Stallungen der Rinder, Esel und Kamele und an den Behausungen ihrer Jebali-Hirten vorbei. Nachmittags liegen die Siedlungen auf dieser fruchtbaren geologischen Plateaustufe oft im Nebel dichter Küstenwolken.

Fotos rechts: Baobab in Dhalkut; gemütliches Städtchen Dhalkut; Beschilderung zur nahen Grenze; Nachmittagsnebel fällt auf Sarfait herab; Fahrt im Hochland des Jebel al Qamar

Dhalkut ist einer der wenigen kleinen Küstenorte dieses Landstrichs, weil die steil aufragenden, mächtigen Berge des Jebel al Qamar ansonsten kaum flache Sandstrände oder schmale Buchten bieten, in denen sich Fischer ansiedeln könnten. Die hauptsächliche Besiedlung findet deshalb in der klimatisch begünstigten Zwischenstufe statt. Gleich hinter der Ortschaft ragen die Berge 1000–1200 m fast senkrecht auf. Direkt vor der Ortszufahrt befindet sich links der Straße, umzäunt und neben ein paar Park- und Picknickplätzen, ein einsamer, seltener Gast in Arabien: Baumriesen wie diesen „**Big Baobab**" findet man sonst nur in den heißen Niedrigzonen Afrikas.

Die Hafenmole von Dhalkut wurde aus Panzersperren errichtet. Hier gibt es seit kurzem eine Tankstelle. Im Ort ragt zwischen den niedrigen Gebäuden nur das dreistöckige Dhalkoot Hotel heraus. Daneben reihen sich ein paar kleine Restaurants und eine HSBC-Bankfiliale. Starke Baumaßnahmen deuten an, dass in diesem beschaulichen Jebali-Ort, wo die Frauen anstelle schwarzer Abayas auffällig bunte Kleider tragen, die Moderne einzieht. Am Ortsende beginnt ein langer, schöner Sandstrand mit Picknickplätzen.

Sarfait *(auch Sarfayt)* ist das letzte Bergdorf vor der Grenze nach Jemen. Im Dhofar-Krieg wurde es schwer umkämpft, hier kam es im Juni 1975 noch zu einem der letzten schweren Angriffe vor dem Kriegsende. Die bäuerliche Bevölkerung ist freundlich und zurückhaltend, überall sieht man Kamele weiden. Es gibt einen Aussichtspunkt beim Sendemast, von dem man sowohl auf die umgebende unwirtliche Steilküste am Meer als auch zum jemenitischen Grenzposten blicken kann. Oman und Jemen pflegen heute gute nachbarschaftliche Beziehungen. Während Bürger aus dem Jemen Visa zur Einreise in den Oman benötigen, dürfen Omanis visumfrei in den Jemen reisen. Auch Touristen können diese internationale Grenze passieren, sofern sie in Besitz eines Visums für den Jemen sind.

Sehenswertes im Osten

Die Qaraberge östlich von Salalah werden vom jährlichen Monsun besonders begünstigt, daher liegen hier mehrere üppige Quellen, spezielle botanische Sehenswürdigkeiten und das außergewöhnliche Wadi Darbat. Ein weiterer Schwerpunkt sind die archäologischen Ausgrabungsstätten und die alten Hafenstädte. Es ist unmöglich, der vielfältigen Palette an sehenswerten Orten an einem Tag gerecht zu werden, und es bieten sich durch das breite Straßennetz verschiedene Varianten für reizvolle Rundfahrten an. Wir beschreiben zunächst die Küstenstrecke entlang der Nationalstraße 49 von Salalah über Taqa und Mirbat bis Shuwaymiyah. Anschließend folgen die Abstecher in die Berge.

Info Zur Systematik der Beschreibungen: Erst die Küstenstraße, danach die Abstecher in die Berge

Die Strecke beginnt am Um Al Ghawarif Kreisverkehr (*auch Ad Dahariz Roundabout genannt*). Auf den ersten 28 km bis zur Hafenstadt Taqa liegen vier Abstecher zu Quellgebieten. Bereits beim ersten Roundabout nach knapp 7 km zweigt die Zufahrt zur bekanntesten Quelle Dhofars ab.

Ain Razat

Das ganzjährig wasserführende Quellgebiet liegt knapp 8 km nördlich des Kreisverkehrs in einer Sackgasse. Das Wasser der vielen Einzelquellen, die den porösen Kalkstein entwässern, wird in einem Becken gesammelt und durch einen gemauerten, insgesamt 17 km langen Falaj-Kanal geleitet. Entlang des Kanals und des begrünten Wasserbeckens breiten sich unter hohen Bäumen zahlreiche Picknickplätze aus, Steintreppen führen zu einer runden Höhle in der Steilwand hinauf.

In Ain Razat kann man bestens beobachten, welche Bedeutung das Picknick für die arabische Kultur hat. Es ist ein geselliges Beisammensein möglichst vieler Familienmitglieder, bei dem Teppiche zum Sitzen ausgelegt werden, die Frauen unzählige Speisen in Töpfen und Schüsseln auftischen, die Männer sich dem Barbecue zuwenden und die Kinder toben dürfen. Wegen Bilharziosegefahr ist es nicht erlaubt, im Teich zu baden, viele Jugendliche tun es trotzdem. Bei einem Spaziergang in die Felsenschlucht entlang dem Falaj-Kanal kann man dem Besuchertrubel

Das 31 Grad heiße Quellwasser von Ain Razat gilt als das beste Wasser Dhofars. Es versorgt seit jeher den nahegelegenen Mamura Sultanspalast und die königlichen Gärten. Im Dhofar-Krieg wurde die Quelle heiß umkämpft, damals verübten die Aufständischen mehrfach Sprengstoffanschläge, um die Wasserversorgung zu unterbinden

rasch entkommen. Am schönsten wirkt Ain Razat am späten Nachmittag, wenn es von der untergehenden Sonne bestrahlt wird. Neben dem großen Parkplatz (mit Toiletten) liegt eine kleine umzäunte Parkanlage mit Blumenbeeten und Fußwegen, die nur am Donnerstag und Freitag aufgesperrt wird.

Zurück an der Nationalstraße 49 zweigt bereits nach 6 km beim nächsten Kreisverkehr die 7 km lange geteerte Zufahrt zur Quelle Ain Hamran *(auch Ain Humran)* ab.

Oben: Ain Razat

Ain Hamran

Die Stätte liegt am Fuße der Qaraberge auf knapp 90 m Höhe. Eine Plantage mit Flammenbäumen und ein Banyan-Feigenbaum verschönern die Zufahrt. Hier wirkt alles sehr sauber, der Pool ist umzäunt, man darf sogar baden. Hohe Bäume gewähren Schatten und einen Lebensraum für Gelbsteißbülbüls, Nektarvögel und Bergstelzen. Während der Khareef Season dehnt sich hier ein lebhafter Wildcampingplatz aus, den Rest des Jahres bleibt es beschaulich. Ein paar Kinder spielen in den Wasserbecken, manchmal waschen dort Dorfbewohnerinnen Wäsche. Ain Hamran ist nicht nur als Süßwasserquelle ein Begriff, sondern auch für Historiker und Archäologen von Rang: Etwa 1 km vor der Quelle liegen rechts auf einem Hügel unauffällige Ruinen (sie sind besser bei der Ausfahrt von Ain Hamran zu erkennen). Lange hieß es, es handle sich dabei um ein portugiesisches Fort aus den 1580er Jahren. Erst nachdem die Ähnlichkeit zu anderen historischen Weihrauchlagerstätten auffiel, machte man sich die Mühe detaillierter Ausgrabungen und entdeckte, dass man es vielmehr mit einer antiken südarabischen Festung wie in Ubar (S. 196f) zu tun hatte. Zweck und Architektur beider Orte waren sehr ähnlich; beide hatten eine Zitadelle, eine äußere und eine innere Stadtmauer, runde sowie eckige Wachtürme mit Schießscharten und eine Wasserquelle im Innern der Festung. Hier gefundene Tonscherben zeigen das charakteristische Muster (umkreiste Punkte), wie es die Aditen in Ubar anfertigten. Heute geht die Wissenschaft davon aus, dass hier eine Schwesterstadt Ubars für den Weihrauchhandel über den Seeweg lag, die um 450 v. Chr. erbaut worden sein mag. Ain Hamran hat noch eine weitere Sensation zu bieten: Bei Dr. Zarins Grabungen 1992/1993 tauchte im Sand von Ain Hamran, was „Rote Quelle" bedeutet, ein vermutlich präislamischer christlicher Abendmahlkelch auf, der viel Raum für Spekulationen lässt.

Die Quellen Ain Tabrook und Ain Athom

Nur 6 km nach der Ain-Hamran-Zufahrt zweigt beim nächsten Kreisverkehr die Zufahrt zu den beiden Quellen Ain Tabrook *(auch Ain Tabraq)* und Ain Athom *(auch Ain Athum, Ain Athoom)* von der Nationalstraße ab. Vorsicht: 3,5 km nach dem Kreisverkehr muss man die neue Bergstraße verlassen und auf der alten, nicht beschilderten Stichstraße zu den Quellen weiterfahren. Sie gabelt sich nach ein paar Kilometern. Links führt sie entlang des Wadi Tabrook zur 2 km entfernten gleichnamigen Quelle, die nahe einzelner Jebali-Siedlungen liegt und ein anschauliches Beispiel für das Falaj-Bewässerungssystem bietet (siehe S. 63).

Aufpassen: unübersichtliche Zufahrt!

Interessanter ist dennoch die Quelle Ain Athom, die man 4,8 km nach der Gabelung entlang der alten geteerten Bergstraße erreicht. Hier leben zeitweise so viele Kamele, dass man vorsichtig fahren sollte, weil die Tiere gerne auf der Straße laufen, und die dichte Sträuchervegetation die Sicht erschwert. Mehrfach fährt man an Viehstallungen vorbei. Die Straße endet zwischen üppig grünen Bäumen voller Rankengewächse. Vom Parkplatz führt ein Fußweg zu einem riesigen Felsüberhang mit rundgeschliffenen Stalaktiten, von dem in der Khareef Season ein Wasserfall in den Teich stürzt. Es ist ein Paradies für Vögel wie Gelbsteißbülbüls, Graubrust-Paradiesschnäpper, Tristramstare, Graukopflieste, Bergammern und Glanznektarvögel.

Unten: Ain Athom mit seinen eigenwilligen Stalaktiten

In diesem fruchtbaren, geschützten Talabschnitt halten die Kamelzüchter während der kühleren, trockenen Wintermonate etwa 500 Kamelstuten und nur fünf oder sechs Zuchtbullen. Die Viehzüchter-Jebalis weichen mit ihren Herden dem feuchten Monsun in die Küstenebene aus, und lassen die Tiere dann in höheren Lagen weiden. Nach dem Monsun ziehen sie mit den Kamelen zu den saisonalen Weidegebieten in Bergtäler wie diese, die den Tieren dann einige Monate Nahrung bieten. Die Kamelzucht, das Hüten und das Melken sind reine Männertätigkeiten und für Frauen traditionell verboten. Erfahrene Hirten erkennen bereits an der Haltung der Schwänze, ob eine Stute erfolgreich begattet wurde. Weibliche Fohlen dienen der Milchwirtschaft, männliche werden nach ein paar Monaten geschlachtet.

Oben: Das alte Stadthaus, zu dem dieses Fenster gehört, steht gegenüber dem Taqa Fort
Weitere Fotos vom Fort: siehe S. 24

Taqa *(auch Taqah)*

Jetzt nähert sich die Küstenstraße der mit 21 000 Einwohnern drittgrößten Stadt Dhofars, die bereits in der Eisenzeit besiedelt wurde, wie Gräberfunde beiderseits der schilfbestandenen, umzäunten Lagune **Khor Suli** *(auch Khor Sawli)* belegen. 1 km westlich der Lagune befinden sich hinter der Shell Tankstelle die Ruinen von Old Taqa; Laien vermögen dem Ruinenfeld allerdings keine archäologischen Erkenntnisse zu entlocken. In der Nähe liegt ein Steinbruch für Sandstein und Muschelkalk, der seit Jahrhunderten zum Hausbau genutzt wird. „Taqah Stones" sind auch heute noch ein begehrter Exportartikel der Stadt. Ein anderer sind Sardinen, die mit der Meeresströmung von Januar bis März in riesigen Schwärmen vor die Küste Taqas getrieben und zu tausenden Tonnen im seichten Gewässer abgefischt werden. Die Jebalis kaufen die getrockneten Sardinen als Zufutter für ihr Vieh in der Trockenzeit auf.

Taqa bietet eine gemütliche, etwas verschlafene städtische Atmosphäre. Nur im Zentrum haben sich rund um das renovierte und zum Museum ausgebaute Fort ein paar traditionelle Dhofari-Stadthäuser erhalten, die heute sehr dunkel wirken, früher aber eine weiße Kalkschicht hatten, die durch Sonne und Monsunfeuchtigkeit so stark nachdunkelte. Ansonsten ist das Stadtbild zeitgemäß arabisch, und das mondänste Gebäude der stolze Prachtbau einer Bank. Am langen Sandstrand verläuft

Die größte Sehenswürdigkeit der Stadt ist das liebevoll restaurierte, etwa 300 Jahre alte **Taqa Fort**, dessen Besuch einen lebensechten Einblick in das frühere Leben der Walis (Gouverneure des Sultans) bietet. Man betritt die relativ kleine Fortanlage durch ein schweres Holztor mit verziertem Torbogen, dem sich ein schmaler dunkler Gang mit steinernen Bänken anschließt, auf denen früher die Soldaten wachten. Dieser Gang mündet in den beschaulichen Innenhof, von dem in alle Richtungen Räume abgehen: eine Küche, Lagerräume für Datteln und Feuerholz, eine Waffenkammer und ein trostloser Gefängnisraum. All diese Räume wurden mit originalen und teilweise antiken Alltagsgeräten dekoriert, mit Ziegenledersäcken, traditionellen Tongefäßen, alten Vorderladern, historischen Küchengerätschaften, vergilbten Fotografien und bunten Sitzkissen. Eine Dattelpalme inmitten des Innenhofs spendet dem Ziehbrunnen Schatten. Treppen mit hölzernen Geländern führen vom Erdgeschoss ins obere Stockwerk, wo die Privatgemächer des Walis lagen, und über einen Rundgang zu den drei schießschartenbewehrten Wachtürmen. Den Südwestturm kann man über eine steile Treppe sogar besteigen und die prächtige Aussicht über Taqa genießen. Auch die Wohnräume des Walis und seiner Familie sind hochinteressant und aufschlussreich. Sie sind erstaunlich kühl und verbargen das private Innenleben vor den Blicken Unbefugter.

Direkt oberhalb des Forts steht auf einer Anhöhe eine weitere Festung, die bisher noch nicht öffentlich zugänglich ist, aber bereits renoviert wurde. Diese Festung war das eigentliche Verteidigungsfort von Taqa. Bei Gefahr verließ der Wali mit den Soldaten und seiner Familie die Wohnfestung und verschanzte sich hier. Auf den Berghügeln im Hinterland von Taqa liegen noch weitere ähnlich Fortanlagen.

Tipps und Infos

Öffnungszeiten des Forts: Sa–Do von 9–16 Uhr, Fr von 8–11 Uhr. Der Eintritt beträgt 0,5 OMR, für Kinder unter 12 Jahren 0,2 OMR, in Begleitung ihrer Eltern 0,1 OMR. Man erhält die Tickets beim Büro der Verwaltung neben dem Eingang.

die palmenbestandene Corniche. Hier stehen Pavillons für Picknickgäste und am Ufer dümpeln Fischerboote im seichten Gewässer. Kulinarisch bietet Taqa auch nichts aufregendes, das beste Lokal ist „Al Qatar Al Arabi" in der Ortsmitte.

Oben: Der Innenhof von Taqa Fort und das Schlafzimmer des Wali

7 km östlich von Taqa zweigt eine Teerstraße ins Wadi Darbat (S. 188), nach Tawi Attir (S. 190) und zum Jebel Samhan (S. 192) ab. 1 km nach dieser Abzweigung erreicht man bereits das Ausgrabungsgelände Khor Rori/Samharam.

Khor Rori *(auch Khor Rawri, Khor Rohri, Khor Rouri)*
und **Samharam** *(auch Samhuram, Sumhuram)*

Die größte Lagune der Küstenebene, Khor Rori, liegt knapp 8 km von Taqa am östlichen Rande des Monsuneinflusses und misst etwa 8,2 km². Das wertvolle Vogelbrutgebiet ist 2,5 km lang und bis zu 400 m breit. Auch Meeresschildkröten legen an dieser Lagune, die durch eine Sandbank vom Ozean getrennt wird, ihre Eier ab. Ehe sie versandete, bot diese flache, offene Meeresbucht idealen Schutz vor Piratenangriffen. Solche Überlegungen mögen LL'ad Yalut, Herrscher des aufstrebenden Hadramaut-Königreichs von Shabwa, im späten 4. Jh. v. Chr. bewogen haben, an dieser Stelle die größte und bald mächtigste Kolonialsiedlung der Hadrami in Dhofar anzulegen, eine imposante, wehrhafte Festung mit eigenem Weihrauchhafen. Es war die goldene Zeit des Weihrauchhandels. Von Ubar zogen die Karawanen damals in hundert Tagen durch die Arabische Wüste nach Damaskus, um die ständig steigende Nachfrage zu decken. Die Gefahren waren riesig, doch die Gewinne ebenso legendär. Diesen lukrativen Handel wollten die Mächtigen Hadramauts an sich reißen und umleiten, und so schickten sie ihre Soldaten nach Dhofar, besetzten die Mündung des Wadi Darbat und gründeten hier ihren östlichsten Außenposten. Um sich gegen die Einwohner Dhofars und gegen Angreifer vom Meer zu schützen, errichteten sie eine doppelte Stadtmauer um die erhöht gelegene Festung, in der sich neben den Wohnhäusern der Hadrami-Händler und Soldaten zahlreiche Lagerräume für die wertvollen Weihrauchbestände aus Hanun und Andhur befanden. Vom repräsentativen Stadttor führte eine gepflasterte Straße mit breiten Steintreppen zum Hafen hinab. Dort lagen die jemenitischen Schiffe und transportierten die wertvolle Ladung zu den heimatlichen Häfen. Mehrere hundert Jahre lang konnten die hadramischen Besatzer mitten in Dhofar diesen weltgrößten Umschlagplatz für Gewürze halten. Erst die allmähliche Versandung des Meeresarms und die Angriffe der Perser führten im 4. Jh. n. Chr. zum Niedergang der legendär reichen Hafenstadt.

Die Amerikaner Wendell Phillips und F. P. Albright waren die ersten Archäologen, die in den 1950ern in Dhofar und explizit in Khor Rori arbeiten durften. Seither haben sich die Erkenntnisse deutlich verfeinert, konnten hadramische Inschriften entziffert und die Datierung vom Gründungszeitraum anhand der C14-Methode nachgebessert werden. Der Mythos vom Palast der Königin von Saba, der in Samharam gestanden haben soll, wurde damit endgültig ins Reich der Legenden verwiesen, denn die illustre biblische Gestalt lebte augenscheinlich im 10. Jh. v. Chr. (historisch belegt ist sie aber nicht).

Bei bisherigen Grabungsarbeiten wurden die beiden stattlichen Ringmauern, ein 25 m tiefer Brunnenschacht und Gebäudekomplexe mit bis zu 2,5 m dicken Mauern größtenteils freigelegt, ebenso die Kaimauern des antiken Hafens und Teile des massiven, mit zwei Türmen bewehrten Stadttors. Im Zugangsbereich fand man auch die in Stein gehauenen

Inschriften, in denen die Hadrami Zweck und Zeitpunkt der Stadtgründung, ihren Namen Samharam und den Namen der Region Sa'kalân verewigten. Zwischen den behauenen Steinen und Geröll fanden sich 2000 Jahre alte Münzen aus dem Mittelmeerraum, große Mengen indischer roter Keramik sowie kunstvolle Bronzefiguren wie die eines sitzenden Pferdes. All diese Funde bestätigen die weitreichenden Handelskontakte dieses antiken Hafens. Besonders bedeutsam ist die Entdeckung einer versunkenen Tempelanlage zu Ehren des südjemenitischen Mond-Gottheit Sin, die ihren Ehrenplatz neben dem Stadttor hatte. Möglicherweise haben hier drei Opferaltäre gestanden, von denen einer das Relief eines Bullen, das Symbol des Mondgottes, zeigte. Löwenstatuen und riesige Gesichter aus hellem Korallenkalk fanden offensichtlich Verwendung bei religiösen Zeremonien. Die ganze Stadt bestand einst aus grob behauenem, weißem Kalkstein, der sich im Laufe der Zeit dunkel färbte. Die versandete Meeresbucht wird zudem von zwei etwa 20 m hohen Felsen eingerahmt, auf denen Ruinen von Festungsanlagen gefunden wurden, sie datierten allerdings aus dem islamischen 9. Jh.

Tipps und Infos

Die Ausgrabungsstätte heißt in der hadramischen Sprache seiner Erbauer Samharam (übersetzt bedeutet dies „Sein Name ist großartig"), auf Arabisch trägt sie den Namen Khor Rori, wobei dieses Wort auch die Lagune bezeichnet. Die Griechen der Antike bezeichneten den Hafen als Moscha Limên (im Periplus Maris Erythraei, der Routenbeschreibung für antike Seefahrer eines Handelsreisenden aus dem 1. Jh.). Die ungefähr 1 ha große Gesamtanlage, seit 2000 Weltkulturerbestätte, ist weitläufig umzäunt. Eine breite Teerzufahrt führt zum Eingangstor, wo 2 OMR Eintritt pro Fahrzeug kassiert werden, und weiter am Ausgrabungsgelände vorbei zur klimatisierten Gallery, in der sich ein kleines Museum mit Infotafeln, Fotos und Nachbildungen besonderer Fundstücke sowie Toiletten befinden. Über das sonnige Ausgrabungsgelände führt ein Rundweg mit Infotafeln, den man in etwa einer Stunde bewältigen kann (wenn man bis zum antiken Hafen läuft, deutlich länger). Die Wege darf man nicht verlassen. Gutes Schuhwerk und Sonnenschutz sind unabdinglich.

Fotos dieser Doppelseite: Mirbats Altstadt, Fort Mirbat mit historischem Tongefäß und Kanonen; Mausoleum und Pferdestatue
Weitere Fotos aus Mirbat: siehe S. 15, 23, 36 und 48

Mirbat

25 km östlich von Khor Rori erstreckt sich die 18 000 Einwohner zählende Hafenstadt auf einer flachen Halbinsel. Sie zählt zweifellos zu den attraktivsten Ortschaften Dhofars, denn hier blieb eine Altstadt mit historischen Wohnhäusern und Straßenzügen erhalten, wie sie sonst kaum noch zu finden ist. Auch der malerische Hafen der geschichtsträchtigen Stadt ist unbedingt einen Besuch wert. Die erste Sehenswürdigkeit liegt jedoch schon vor den Toren der Stadt.

Mausoleum von Mohammed bin Ali al Alawi

Das schneeweiße Grabmal mit seinen zwei zwiebelförmigen Spitzkuppeln leuchtet schon von Weitem aus dem grauen Felsgestein, und die Zufahrt ist deutlich ausgeschildert. Scheich Mohammed bin Ali al Alawi emigrierte aus dem Hadramaut nach Dhofar und starb im Jahr 1161 n. Chr. Wieder einmal besteht eine Unklarheit über den genauen Familienstammbaum eines muslimischen Heiligen, doch heißt es, er sei ein direkter Nachfahre des letzten rechtgeleiteten Kalifen Ali bin Abi Talib, dem Schwiegersohn und Vetter Mohammeds. Daher wird sein Grabmal verehrt. Es ist eine im Islam ansonsten untypische Eigenart Dhofars, Gräbern, insbesondere denen von Heiligen, eine magische und spirituelle Wirkung beizumessen. Dhofaris pilgern gern und häufig zu den Grabmälern ihrer Propheten und Heiligen, um Wünsche zu äußern und Abbitte zu leisten. Auch die touristischen Reisegruppen steuern das Mausoleum regelmäßig an. Nichtmuslime dürfen dort nur in den Vorraum treten, nicht bis an den Sarkophag (zuvor im Freien die Schuhe ausziehen, Frauen benötigen ein Kopftuch). Nicht minder interessant erscheint uns allerdings der weitläufige Friedhof, der das Grabmal mit seinem Gebets- und Waschhaus umgibt. Kreuz und quer liegen die Gräber, nur selten sind Grabsteine mit Inschriften zu sehen, und niemand hindert die Kamele daran, mittendrin zu weiden.

Eine Pferdestatue erinnert am Ortseingang an Mirbats glorreiche Vergangenheit als historische Hafenstadt für den Export von Weihrauch und Zuchtpferden. Nach der Zerstörung von Al Baleed (S. 114) prosperierte Mirbat zum wichtigsten Seehafen Dhofars für den Gewürz- und Pferdehandel mit Indien und Ostafrika. Als der Seehandel durch die Piraten im 17. Jh. immer unsicherer wurde, starteten von hier aus die Wüstenkarawanen mit ihrer kostbaren Fracht in den Norden. Im **Altstadtbereich** vor dem Hafen lassen die zumeist baufälligen und unbewohnten historischen Handelshäuser erahnen, wie einflussreich Mirbat damals war. Mächtige mehrstöckige Prachtbauten sind darunter, aber auch festungsähnlich mit Zinnen und Wehrtürmen ausgeschmückte Gebäude, in denen sich seine Bewohner regelrecht verriegeln konnten. Der verzierte Verputz und die rechteckige Lehmarchitektur mit kleinen, hell umrahmten und vergitterten Holzfenstern sind südjemenitisch geprägt. Leider sind die meisten Fassaden beschädigt, und nur selten sind an die Hauswände gezeichnete Szenen aus dem Leben dieser stolzen Seefahrergemeinde erhalten geblieben.

Nicht weit von der historischen Altstadt entfernt liegt der immer noch lebhafte **Hafen** in einer geschützten Bucht. Der

Tipps und Infos

Fort Mirbat, 1806 erbaute Wohnresidenz des Walis, ähnelt dem in Taqa sehr. Auch hier kann man sich einen guten Eindruck von den Wohnverhältnissen eines Walis verschaffen und genießt den Ausblick über die Dächer alter Lehmhäuser bis zum Hafen. Drei Kanonen sind vor dem Museum auf das offene Meer gerichtet. Öffnungszeiten: Nur So–Do von 8–14.30 Uhr. Der Eintritt ist frei.

Bereich ist eine ziemlich frauenfreie Zone, in der sich nur Fischer und Käufer aufhalten, die sich an fremden – auch weiblichen – Besuchern aber nicht stören. Im beigefarbenen Gebäude befindet sich der Fischmarkt. Dahinter folgt das Hafenbecken mit zahlreichen Motorbooten und traditionellen Dhaus. Hier flicken tagsüber die Fischer ihre Netze, waschen und sortieren ihren Fang, und zwischendrin schwirren Möwen ohne Scheu vor den Menschen auf der Suche nach Fischabfällen umher. Eine beschauliche, fotogene und zeitlose Szenerie. Fischfang ist der wichtigste Wirtschaftszweig in Mirbat, berühmt ist die Stadt vor allem durch seine „Abalone"-Fischerei. Die Seeohren wurden dabei allerdings derart dezimiert, dass sich die Regierung gezwungen sah, den Molluskenfang auf zwei Monate pro Jahr zu beschränken. Der Tourismus soll zu einem neuen wirtschaftlichen Standbein werden, denn die fischreichen Gewässer und großartigen Korallenbänke vor der Küste Mirbats machen diesen Küstenabschnitt zu einem der besten Tauchgebiete Arabiens, in dem man sehr gut Wale und Delfine beobachten kann. Das Großprojekt beim Marriott Resort, wo eine künstliche Marina und riesige Wohnresidenzen für Wohlhabende aus aller Welt geplant waren, ist jedoch bereits ins Stocken geraten.

Gastronomisch bietet Mirbat im Ortszentrum viele kleine, einfache Restaurants und ein paar modernere arabische Fastfood-Filialen (alle ohne Lizenz für den Ausschank von Alkohol). Eine große Auswahl frischer Speisen auch zum Mitnehmen und mit Lieferservice bietet das Taj Al-Arab Restaurant, Tel. 232 949 31. Direkt nebenan befinden sich ein großer Supermarkt und ein Obst- und Gemüseladen. An der Shell-Tankstelle am Ortsrand liegt das kleine Schawarma-Restaurant „Al Nas". Im Hafengelände gibt es auch ein sehr einfaches Sea Food Restaurant, wo fangfrische Langusten, Muscheln und Fische serviert werden.

Die Schlacht von Mirbat

Das berühmteste Gefecht des Dhofar-Krieges ereignete sich am 19. Juli 1972 in Mirbat und gilt als die weltweit letzte militärische Schlacht um eine Festungsanlage. Sie war als Überraschungsschlag geplant: 300 schwer bewaffnete Aufständische wollten mit einer nächtlichen Blitzattacke das mit nur 30 Mann besetzte Fort Mirbat einnehmen, im Ort die regierungstreuen Einwohner exekutieren und sofort wieder verschwinden. Doch der Plan lief von Anfang an schief. Bereits am Jebel Ali im Hinterland von Mirbat kam es zu ersten Feindkontakten, der Überraschungseffekt war dahin. Durch die Scharmützel erreichten die Angreifer erst bei Tageslicht das Fort in Mirbat und mussten sich dem Kampf ohne den Schutz der Nacht stellen. Zufällig befanden sich unter den 30 Verteidigern im Fort auch acht erstklassig ausgebildete Soldaten der Special Air Service, darunter einige Briten, die sofort ins Luftwaffenhauptquartier funkten. Trotz des Monsunnebels starteten die Kräfte des Sultans in Salalah mit einem Gegenangriff aus der Luft. Von ihren Helikoptern aus konnten sie die schutzlosen Angreifer derart unter Beschuss nehmen, dass sich diese mit fürchterlichen Verlusten in die Berge zurückziehen mussten. Schätzungen zufolge soll die Schlacht von Mirbat die Hälfte der Aufständischen das Leben gekostet haben.

Von Mirbat nach Shuwaymiyah

Fotos rechts: Dramatische Bergszenerie auf der Fahrt nach Sadah; Schmuckfassade in der verfallenden Altstadt von Sadah

Die Weiterfahrt ab Mirbat wird nun spürbar einsamer. Die Hauptstraße wendet sich sofort von der Küste ins Landesinnere ab, führt direkt auf das mächtige Bergmassiv des Jebel Samhan zu und durchquert zwischen den Hügeln und Geröllfelsen immer wieder einzelne Wadis. Die kurvige Strecke entlang der steilen Gebirgswand ist malerisch, wird seit Herbst 2014 allerdings durch aufwändige Baumaßnahmen begradigt, und die meisten Wadifurten werden dabei nun überbrückt.

Abstecher ins Wadi Shaat

Reizvolle Alternativstrecke nach Sadah

Die unbeschilderte Piste beginnt 33 km nach der Mirbat-Zufahrt bei einem Wasserhochbehälter direkt nach der Durchquerung des breiten Wadibetts. Nach 4 km Fahrt im Wadi Shaat wird die gute Piste zur Panoramastrecke, denn das Flussbett verengt sich jetzt immer mehr und führt direkt auf den markanten Berg Jebel Qinqari zu. Nach insgesamt 7 km erreicht man eine Gabelung. Das Wadi knickt hier rechts ab, doch es lohnt sich, nach links abzubiegen, denn auf dieser Strecke steigen die engen Felswände immer höher an und leuchten in pittoresken Farben, mal einfarbig rot, mal schwarzweiß gemasert, dann wieder gelb und ockerfarben gemustert, mit ausgewaschenen Kalksteinfelsen und markanten Höhlenlöchern. Immer malerischer wird die Strecke. Durch das Gebüsch zwischen den Felsen huschen scheue Schwarzkopfsteinhühner, am späteren Nachmittag auch zahlreiche Arabische Berggazellen. 16,4 km nach dem Start steigt die bisher flache Piste bei einer Neubau-Ummauerung an und erklimmt die karge, einer Mondlandschaft gleichende Anhöhe. Ab diesem beschwerlichen, grobsteinigen Steilanstieg benötigt man ein geländegängiges Allradfahrzeug (wer nur das herrliche Wadi besuchen möchte, sollte hier umdrehen). Für den herben Szenenwechsel entschädigt jetzt der kolossale Weitblick über die abweisende Szenerie bis zu den Berghängen des Jebel Samhan. Später taucht in der Ferne der sich in die schmale Bucht schmiegende kleine Hafen Sadah auf. Nach 23 km mündet die Piste auf die alte Teerstraße „Sadah Street" und führt direkt in die Ortschaft.

Sadah

58 km nach Mirbat erreicht man an einer Tankstelle die Zufahrt zur Kleinstadt Sadah, die 1 km abseits liegt. Sadah besteht im Wesentlichen aus einer engen, zur sandigen, schmalen Bucht hinabführenden Straße, die beiderseits von den steilen Felswänden eines tiefen Wadi-Einschnitts eingerahmt wird. Dieser uralte Weihrauchhafen genoss eine bombastische geschützte Lage gegen Angriffe von hoher See. In der Mitte der Ortschaft befindet sich neben der Moschee das sehenswerte Sadah Fort, ein schmaler Lehmbau mit zahlreichen kleinen Holzfenstern, der bei Redaktionsschluss jedoch wegen akuter Baufälligkeit eingerüstet und nicht mehr zugänglich war. Nach der Restaurierung soll das Fort wieder von So–Do von 8.30–14.30 Uhr geöffnet werden. Leider ist sein Zustand symptomatisch für Sadah, wo allerorten die ehrwürdigen alten Lehmhäuser verfallen, zum Teil schon eingestürzt und vielfach bereits für eine Restauration zu beschädigt sind. Im neuen Ortsteil befinden sich eine Bank mit ATM, ein kleines Restaurant und ein paar bescheidene Läden.

Zwischen Sadah und der nächsten Hafenstadt Hasik liegen einsame 70 km. Nach 13 km Fahrt wird vor Sandverwehungen auf der Straße gewarnt. Auf Höhe der kleinen Fischersiedlung Hadbeen stehen ein paar Straßenlokale mit Grillgestellen und Teppichen zum Sitzen am Straßenrand. Der Ort hat seine eigene kleine Sanddüne am Meeresstrand, die für „Dune Bashing" herhalten muss. In diesem Gebiet liegt eine versteckte, wenig bekannte und dafür um so eindrücklichere Sehenswürdigkeit (S. 184).

Mausoleum des Propheten Salih

(Tomb of Saleh bin Hud)

Von diesem Propheten und seiner legendären Kamelstute haben wir bereits in Salalah gehört (siehe S. 139). Hier nun liegt er begraben, in einem imposanten, steilen Talkessel, umringt von hohen, schroffen Bergen. Die unscheinbare Abzweigung ist leicht zu übersehen, sie liegt in einer kleinen Bucht mit Parkplätzen, und nur ein kleines blaues Schild mit arabischem Schriftzug weist in die ältere, stark beschädigte Teerstraße, die vor der Brücke ins Landesinnere führt. Nach 600 m endet sie direkt im Talkessel vor dem erhöhten Grabmal. Eine Treppe führt vom Parkplatz hinauf zur Moschee vor dem eigentlichen Grabmal. Das Innere ist dunkel und weihrauchgeschwängert, der lange Sarkophag mit goldbestickten Tüchern abgedeckt. Hier gibt es keine Schilder oder Informationen auf Englisch, dies ist ein sehr regionales Heiligtum, das nur selten von Abendländern besucht wird. Lange Zeit war der Standort sogar geheim gehalten worden und Nichtmuslimen versperrt, aber heute kann man das versteckte Kleinod inmitten der schroffen Bergkulisse problemlos besuchen. Freitags pilgern viele Gläubige hierher.

Die Nationalstraße führt nun entlang dem 4500 km² großen **Jebel Samhan Nature Reserve**, wie diverse Hinweisschilder kundtun. Sie verläuft durch schwarze Lavaberge, erodiertes dunkles Geröll und markante Felsblöcke. Abschnittsweise zeigt das Gestein rötliche Maserung. Die Küste ist hier sehr felsig und unwirtlich, und die Straße muss sich mehrfach kurvenreich durch dramatisch zerklüftete schwarze Felsen zwängen. 10 km vor Hasik bildet ein Wadi eine kleine Lagune, die durch einen schmalen Kiesstrand von der Meeresbucht getrennt wird. Am Wochenende zieht es viele Einheimische zum Angeln in der starken Brandung hierher.

Hasik

Das ehemals stille Fischerdorf mutierte seit dem staatlichen Siedlungsbau zur modernen Retortenstadt voller gleichförmiger, vielfach noch unbewohnter Neubauten. Um den alten Dorfkern mit engen Gassen und verwinkelten Häusern zu sehen, muss man bis an den geschützten Naturhafen vordringen. Auch dieser uralte Hafen wurde durch die Abalone-Fischerei reich. Den Arabern gelten die Seeohren als „Götterspeise", doch sie konsumieren die Mollusken kaum selbst, sondern exportieren den Fang fast gänzlich nach Ostasien. Die riesigen Fischreusen am Strand dienen der Langustenjagd.

Kurz hinter Hasik endete bisher die Teerstraße aus Salalah. Der nagelneue Straßenabschnitt von Hasik nach Shuwaymiyah führt durch eine der unzugänglichsten Küstenzonen Dhofars und wurde erst 2014 eröffnet. 6 km östlich von Hasik liegt „**Hasik Park**", ein steiler, sehr heller Kalksteinfelsabhang, von dem an mehreren Stellen Wasser von Stalaktiten hinabtropft und entlang schwarzer, blank geschliffener Sinterkrusten in ein eingefasstes Becken plätschert. Hier gibt es auch wieder ein paar Picknickplätze und Toiletten.

2 km danach kontrolliert ein Army Check Point den Verkehr entlang der neuen Straße. Sie wurde brachial in die schroffen Felsen gebaut. Zunächst schlängelt sich die steile, kurvenreiche Strecke über die Küstenberge, man sieht das Meer und darin dümpelnde Fischerboote. Dann führt sie an einer lieblichen, sichelförmigen Lagune vorbei; hier wachsen Palmen inmitten des ansonsten fast vegetationslosen Gesteins. Anschließend windet sich die Straße vom **Wadi Sana'ak** steil die zerklüfteten Felswände bergauf zu einer Plateaukante. Das Gestein ist porös, gespannte Stahlnetze sollen vor Steinschlag schützen. Die Weiterfahrt verläuft nun auf der Hochebene, die zugleich die Wasserscheide zwischen der Küste und dem Wadi Amdat bildet. Nach 18 km gelangt man an einen 520 m hohen Aussichtspunkt, der einen gigantischen Weitblick über die abweisenden Bergschluchten freigibt. 50 km nach Hasik Park führt die Straße vom einsamen Plateau wieder zur Küste hinab.

Unten: Retortenstadt in Hasik
Fotos links: Straßenschild; Hasik Park

Oben: Wadi Shuwaymiyah, Dhofaragame
Fotos rechts: Wadi Shuwaymiyah

Shuwaymiyah

Der beschauliche Küstenort ist mit einem 30 km langen Sandstrand gesegnet. Die Menschen leben vom Fischfang, und mit ihnen Tausende Seevögel, allen voran Tundra- und Steppenmöwen, die hier überall um Fischreste und den verteilten Zivilisationsmüll streiten. Am Ufer liegen unzählige Motorboote gleichen Bautyps, auch ein paar traditionelle Dhaus dümpeln in seichter Küstennähe. Im Hintergrund reihen sich ein paar Picknick-Pavillons an den Strand. Das Dorf hat eine Tankstelle und etliche Restaurants, von denen ein jedes nicht größer als eine Garage ist. Den westlichen Ortsrand begrenzt eine Lagune, die durch ein Wadi gespeist wird, das in manchen Quellen als das schönste Omans gepriesen wird. Tatsächlich ist das 20 km lange **Wadi Shuwaymiyah** von atemberaubender und dramatischer Schönheit. Das anfangs noch breite Wadi verengt sich zunehmend, und die kalkhellen Felswände ragen bald stetig höher auf zu einem eindrucksvollen **Canyon**. Auf den ersten Kilometern fährt man noch an vereinzelten Viehstallungen für Kamele und Ziegen vorbei, dann wird es einsam. Nach 10 km schmiegt sich rechts an den steilen Berghang eine regelrechte Palmenoase. Vom halbrunden Steilabfall ragen Stalaktiten herab, an denen beständig Wasser in einen Schwefelweiher tropft. Diese Feuchtigkeit reicht Fächerpalmen aus, direkt in der Steilwand Wurzeln zu schlagen. Der idyllische Weiher, in dem man auch baden kann, ist von hohem Schilfgras umgeben. Diese hübsche naturbelassene Oase wird derzeit touristengerecht ausgebaut: ein großer Parkplatz, Steinstufen, die zum Weiher hinauf führen, Wege und Sitzbänke.

Info Weiterfahrt nach Marmul: siehe S. 206

Die Piste schlängelt sich nun immer weiter in das meistens wasserführende Wadi hinein und durchquert das Flussbett mehrmals. Die höhlenzerfressenen hellen Steilwände der lockeren Kalkfelsen wirken sehr porös; das Gestein sammelt wie ein Schwamm Feuchtigkeit an, die an vielen Stellen austritt und in Rinnsalen herabtropft. An solchen Feuchtstellen entstanden im Laufe der Zeit Sinterkrusten, Stalaktiten und andere Tropfsteingebilde, und dort breitet sich auch sofort eine liebliche Vegetation mit Palmen, Gräsern und blühenden Sträuchern aus. Immer öfter liegen jetzt große Steinbrocken neben der Piste, die daran erinnern, wie leicht es hier zu Steinschlag kommen kann. Die Piste endet schließlich in einem Steilkessel. Stetige Wind- und Wassererosion haben hier einzelne Zeugenberge in den Schichtstufen freigelegt, die Felsen ausgehöhlt und zerfressen. In dieser spektakulären, stillen Naturszenerie kann man herrlich campieren und dabei vielleicht sogar die grünlich gefärbte Waaliataube (*Treron waalia*) entdecken, die außerhalb Dhofars nur noch an wenigen Stellen in Arabien vorkommt.

Vermutlich wird die Zeit der Selbstvergessenheit auch in Shuwaymiyah bald ein Ende finden, denn seit 2014 ist das Dorf durch die nagelneue Asphaltstraße gut an die wirtschaftlichen Zentren Dhofars angeschlossen. Außerdem gibt es Pläne, hier ein elegantes Ökoresort für künftige Touristen zu eröffnen. Bisher finden Gestrandete nur bescheidene Unterkunft mit drei klimatisierten Zimmern, Küche und Campinggelegenheit im Hof der Shuwaymiyah Tourist Lodge, die auch Boote vermietet und Schnorchelausflüge vermittelt. Kontakt: Al Husn Tourism, Maskat, Tel. 24 495 550, Fax 24 493 361, email: info@al-husn.com sowie direkt unter Tel. 99 101 100, Zimmerpreis: 40 OMR.

Etwa 40 km vor der Küste Shuwaymiyahs liegen die fünf **Hallaniyat Inseln** (früher Kuria Maria Inseln genannt). 1854 verschenkte sie der Sultan von Maskat an Großbritannien, das dort Guano abbauen wollte. Nach wenigen Jahren wurde dieses Projekt zwar eingestellt, dennoch blieben die Inseln in britischem Besitz und wurden von Aden aus verwaltet. Gute hundert Jahre später gewann die Situation an Brisanz, als sich Großbritannien aus Südarabien zurückzog und seine Besitzungen in Aden an die junge Volksrepublik Südjemen übergingen. Diese wollte sich natürlich auch die Inselgruppe vor der Küste Omans einverleiben. Für Oman und Großbritannien unvorstellbar, befanden sie sich doch schon mitten im Dhofar-Krieg gegen die von Jemen unterstützen Rebellen. Eine politische Krise wurde verhindert, indem die Briten das großzügige Geschenk von 1854 einfach wieder rückgängig machten. Heutzutage finden die Inseln nur noch als Brutstätte von Meeresschildkröten und zahlreichen Seevögeln Beachtung.

Oben: Wadi Darbat ist das schönste Wadi Dhofars. Hier ist soviel Wasser, dass man sogar Bootfahren kann

Fotos rechts: Wer in den kühleren Monaten reist, kann hier mit Kamelen auf Tuchfühlung gehen

Sehenswertes in den östlichen Qarabergen

Wadi Darbat *(auch Wadi Dirbat, Wadi Dharbat)*

Afrikanisches Flair in Arabien

Das schönste Wadi des Qaragebirges wird von hohen Bergen abgeriegelt, die sich im oberen Verlauf zu einer Schlucht verengen. Was sofort ins Auge sticht: Dichte Vegetation bedeckt das gesamte Tal, und ganzjährig hält das Wadi Wasser. Im Monsun wird es regelrecht tropisch, bilden sich Feuchtwiesen, und in den Seen und Pools tummeln sich Wasserhühner, Wild- und Pfeifenten. Schließlich sammelt sich hier so viel Wasser an, dass sich Arabiens größter Wasserfall bildet und vom oberen Wadirand in mehreren bis zu 30 m hohen Kaskaden insgesamt 200 m tief in die Küstenebene hinabstürzt. In den Wintermonaten gleicht Wadi Darbat dagegen eher einer verträumten afrikanischen Savanne voller Akazien im hohen gelben Gras. Nur die vielen Kamele wollen dann nicht so recht zum afrikanischen Klischee passen.

Zufahrt: Die Teerstraße nach Tawi Attir zweigt ca. 6 km östlich von Taqa bzw. 1 km vor der Stichstraße nach Khor Rori/ Samharam von der Küstenstraße ab und schlängelt sich sofort die Berge hinauf. Nach 2,5 km zweigt links beim „Restaurant & Caffe Darbat" die Stichstraße ins Wadi Darbat ab. Entlang dieser schmaleren Teerstraße erreicht man nach etwa 2,5 km kurz vor der Brücke im Wadigrund einen Parkplatz mit Toiletten. Von hier aus führt ein Fußweg bis zur Abbruchkante mit ihren fast senkrechten Klippen, über die der Wasserfall für zwei, drei Wochen während des Monsuns stürzt (sofern sich genug Wasser ansammelt, was nicht in jedem Jahr passiert). Doch auch den Rest des Jahres genießt man hier einen großartigen Ausblick über die mehr als 200 m tiefer liegende Küstenebene.

Vom ersten Parkplatz folgt die Teerstraße dem Wadi noch etwa 4 km flussaufwärts. Die Strecke führt durch eine herrlich friedliche Szenerie, man kann sich kaum satt sehen an den üppigen Bäumen, bizarren Felsformationen und – etwa ab November jeden Jahres – den vielen zutraulichen Kamelen. Wegen der hervorragenden Bedingungen betreiben die Jebali-Hirten neben der exzessiven Kamelzucht auch ein wenig Landwirtschaft in diesem Wadi. Ihre Felder grenzen sie mit Steinwällen gegen das Vieh ab.

Die Straße endet an einem Parkplatz mit kleinem Ausflugslokal und Bootsverleih. Ein Pakistani verdient hier seinen Unterhalt während der touristischen Saison mit dem Bereitstellen von kleinen Motorbooten (5 OMR pro Std.), Tretbooten (5 OMR für 20 Min.) und Kajaks (2 OMR), mit denen Besucher das malerische Wadi genießen können.

Von hier kann man auch zu Fuß noch weitergehen und Felsmalereien besuchen. Nach 30 m gewährt eine erste Halbhöhle weite Aussicht, zur eigentlichen Höhle auf der rechten Seite muss man noch 1,5 km weiter laufen, dafür belohnt sie den Wanderer dann mit rötlichen und ockerfarbenen Felsbildern.

Aussichtspunkt „von unten"

Eine unbeschilderte Teerstraße zweigt etwa 100 m vor der Tawi-Attir-Strecke von der Küstenstraße links ab. Sie endet nach knapp 2 km an einer Parkbucht, von der aus sich der beste Blick auf den berühmten Wasserfall bzw. auf die nackte, felsige Steilwand mit ihren vom Wasser markant ausgeformten Kalksteinen und auf Sinterkrusten bietet.

Von Mirbat nach Tawi Attir und zum Jebel Samhan

14 km vor Mirbat zeigt die kurvenreiche östlichste Bergauffahrt von der Nationalstraße ab. Hässliche Wunden hat der rustikale Straßenbau an diesem Berghang hinterlassen. Doch auch ein paar Sehenswürdigkeiten liegen entlang der Strecke.

Weder Spuk noch Magnetismus – nur eine visuelle Täuschung!

Nach 1 km Fahrt lohnt es sich zu Halten, denn rechts der Straße gedeihen mehrere anschauliche Exemplare der **Arabischen Hirtenbäume** (*Boscia arabica*) aus der Familie der Kaperngewächse. Diese seltene Art kommt nur im östlichen Jemen und in den Qarabergen Dhofars vor. An gleicher Stelle liegt übrigens auch der „**Magnetic Point**". Klingt spannend, ist aber nur eine visuelle Täuschung bzw. Bewegungsillusion. Fahrzeuge, die im scheinbar flachen Bereich im Leerlauf abgestellt werden, fangen plötzlich langsam zu rollen an. Oft heißt es, Magnetismus würde an dieser Stelle die Schwerkraft beeinflussen, doch ist die Straße hier tatsächlich abschüssig, auch wenn man das nicht unbedingt wahrnimmt.

Gleich danach beginnt der kurvige Steilanstieg in die Berge. Etwa auf halber Höhe, nach 3,5 km seit Beginn der Strecke, wartet die nächste botanische Besonderheit links des Weges. Eine kurze Stichstraße führt zu einer stattlichen Gruppe von **Baobabs**, knorrigen Bäumen, alle verschieden in Größe und Wuchs, die eigentlich reine Afrikaner sind, und die es in diese Enklave Arabiens nur Dank des besonderen Mikroklimas verschlagen hat.

Der Einsturztrichter ist deutlich ausgeschildert

Auf 560 m Höhe flacht das Gebirge etwas ab, und eine baumbestandene Savanne umgibt das Bergdorf **Tawi Attir** (*auch Tawi Attair, Tawi Atayr)*, das 14 km oberhalb der Küstenstraße liegt. Es hat Berühmtheit erlangt durch einen riesigen Einsturztrichter mit 150 m Durchmesser, der 1 km hinter der Ortschaft liegt.

Der Einsturztrichter von Tawi Attir

Vom Parkplatz mit kleinem Coffee Shop liegt der Aussichtspunkt ca. 100 m entfernt. Auffällig viele Schwalben und Bergammern schwirren hier umher und nisten in den Felsvorsprüngen. Ihr lautes Zwitschern schallt als Echo von Wand zu Wand. Direkt vor der Aussichtsplattform führt links ein kleiner Pfad 150 m über glatte Felsen und Gestrüpp am Rande des Einsturzkessels entlang, der Schwindelfreien einen etwas besseren Blick in die Tiefe erlaubt, aber auch hier kann man den Grund der 211 m tiefen Doline nicht ausmachen. Rechts des Aussichtspunktes ist ein steiler, ausgewaschener Pfad erkennbar. Er führt hinab zu einer Zwischenstufe mit Felsvorsprung, wo sich ein älteres Metallgestell befindet, mit dem früher einmal Wasser hoch geschöpft worden ist. Unterhalb dieser Stelle verengt sich die

Fotos rechts: Baobabs an der Bergauffahrt; Monsterdoline Taiq

Doline zu einem runden Trichter mit ca. 60 m Durchmesser, der bis zum Grundwasser in der Tiefe reicht. 1980 entdeckten britische Höhlenforscher darin eine neue Fischspezies, deren nächster Verwandter mehr als 600 km entfernt lebt. Und so entstand der Trichter: Mehrere Wadis fließen hier in das karstige Kalkgestein ein und haben den Untergrund allmählich zu einem gigantischen, weit verzweigten Höhlensystem ausgespült. Irgendwann ist die Überdeckung eines der Hohlräume eingebrochen und hinterließ eine steilwandige Korrosionsdoline mit Stalagmiten und Stalaktiten. Die porösen Qaraberge sind durchzogen von solchen Höhlen und Untergrundgewässern. Man nimmt an, dass diese hier mit dem Höhlensystem von Taiq und der Quelle des Wadi Darbat verbunden sind.

Die versunkene Doline von Taiq

(auch Teik / Teyk / Teeq Cave)

15 km nordöstlich entlang der beschilderten Teerstraße befindet sich eine weitere Monsterdoline. Diese aber hat eine völlig andere Wirkung als der Einsturztrichter von Tawi Attir, sie wirkt viel bombastischer und weniger bedrohlich. Der Aussichtspunkt beim großen Parkplatz ist spektakulär: Vor dem Betrachter öffnet sich eine elliptische Vertiefung mit gigantischen Ausmaßen. Die Senke misst etwa 1000 m × 750 m und fällt mehrere Hundert Meter tief ab. Zwei Wadis führen ihr nach Regenfällen Wasser zu. Manchmal sieht man Rinder im schattigen Talgrund weiden. Die offene Weite und die Einsamkeit des knapp 1000 m hohen, kargen Plateaus schaffen eine einprägsame Atmosphäre.

Fotos dieser Seite: Impressionen einer Fahrt auf den Jebel Samhan

Rechts: Der Ausblick vom Aussichtspunkt bis zum Arabischen Meer

Bergfahrt auf den Jebel Samhan

Von Tawi Attir bietet sich eine imposante Fahrt auf den höchsten Berg Dhofars an. Die Auffahrt beginnt 4,4 km nach dem Dorfende entlang der Straße zur Taiq Cave. Die ersten 11 km bis zum **Aussichtspunkt** auf 1293 m Höhe ist die Strecke asphaltiert. Der Viewing Point befindet sich unmittelbar an einer beeindruckenden Steilkante des Jebels. Bei klarer Sicht breiten sich vor dem Betrachter die gesamte Küstenebene und das Arabische Meer aus. Nicht minder großartig ist das Erlebnis, wenn nachmittags dicke Wolkenbänke vom Ozean an das Gebirge gedrückt werden, die Wolken auf das Bergmassiv stoßen, sich gespenstisch in die Höhe türmen und schließlich widerwillig auflösen. Dabei entstehen faszinierende Lichteffekte und dramatische Stimmungen.

Von diesem Aussichtspunkt kann man einer Piste noch 14 km weiter in die Höhen des Jebel Samhan folgen, an vereinzelten Hirtenbehausungen und Viehherden auf windumtosten Hochweiden vorbei. In den sporadischen Jebali-Siedlungen sieht man nur noch wenige traditionelle steinerne Rundkuppelhäuser. Viel häufiger sind heutzutage rechteckige Häuser mit Wellblechdächern, in denen die Hirten mit ihrem Vieh die Wintermonate verbringen. Als Viehkral für die Rinder, Ziegen und Kamele nutzen sie Höhlenställe und Steinumfriedungen.

Bereits nach kurzer Fahrt auf dem Hochplateau markieren Schilder den Beginn des 4500 km² großen **Jebel Samhan Naturschutzgebiets**, in dem Wild- und Nutztiere gemeinsam leben (siehe auch S. 83). Kurz danach liegt rechts ein stillgelegter

Marmorsteinbruch, zahlreiche gesägte Steinblöcke stehen dort noch achtlos herum. Anschließend wird es sehr einsam. Immer höher schraubt sich die Straße, immer rauer wird das Klima und karger die Vegetation. Wo die dicken feuchten Wolkenberge aufs Land treffen und bis zu dem Punkt, an dem sie sich aufgelöst haben, gedeihen noch ein paar blühende Sträucher. Unmittelbar dahinter gibt es nur noch sturmresistentes Dauergras. Aufmerksame Besucher entdecken hier scheue Goldschakale und Rüppellfüchse. Einen Leoparden zu erspähen, käme dagegen einem Sechser im Lotto gleich. Die Piste hält sich immer nah dem Steilabfall des Jebel Samhan, wo ab mittags permanent Wolken und Nebel vom Meer ans Gebirge drücken. Sie türmen sich an der Fallkante dramatisch auf, hüllen den Berg kurzzeitig ein, sind ständig in Bewegung und wirken bedrohlich wie ein aufziehendes Unwetter. Doch als gäbe es eine unsichtbare Schranke für die feuchten Nebelmassen, gelangen sie nicht weiter ins Landesinnere, sondern hängen an der Gebirgskante fest, und die Sonne strahlt direkt hinter diesem phantastischen und zugleich unheimlichen Spiel aus Wolkenbergen wieder unbarmherzig vom Himmel. Nirgendwo wird das spezielle Dhofarklima augenscheinlicher als hier oben auf dem Jebel Samhan Plateau, im Auflösungsbereich der Ozeanwolken.

Tipps und Infos

Von der Küstenstraße zwischen Taqa und Mirbat liegt der Aussichtspunkt am Jebel Samhan, an dem der Teer endet, 30 km entfernt.

Für die Weiterfahrt benötigt man ein Allradfahrzeug. Sie endet beim Militärposten „Army 3" auf frostigen 1640 m Höhe. Wer sich ausweisen kann, erhält von den Soldaten an der Schranke vielleicht die Erlaubnis, noch weiter auf den Gipfel zu fahren.

Oben: Ein paar einsame Fettblattbäume (Oscher) inmitten der endlosen Dünen im Leeren Viertel

Touren ins Landesinnere

Wüstentour nach Ubar

Eine Wüstentour in die Sanddünen der Rub al-Khali und zur Ausgrabungsstätte Ubar kann man von Salalah aus an einem Tag bewältigen, wenn man früh genug aufbricht. Empfehlenswerter ist es allerdings, den Ausflug mit einer Übernachtung auf zwei Tage auszudehnen.

Die Tour beginnt am Um Al Ghawarif Roundabout in Salalah, dem Startpunkt der Thumrayt Street. Die als Highway 31 bekannte Fernstraße zieht zweispurig und mit durchgehenden Mittelleitplanken die steilen Südhänge des Qaragebirges hinauf. Gelegentlich kann man in einen tiefen Wadi-Einschnitt mit dicht bewaldeten Hängen blicken. Am höchsten Punkt der Strecke geht die Vegetation sehr plötzlich in die öde Nejd-Ebene mit spärlichem Bewuchs zwischen Felsgeröll über. An dieser Stelle befindet sich ein Militärposten, der den Verkehr nach Salalah kontrolliert. Danach flacht das fast 1000 m hohe Gebirge kontinuierlich wieder ab. Wenig später liegt links der Weihrauchpark Wadi Dawkah (S. 160). Die Fahrt bleibt danach ereignislos, bis man 75 km nördlich von Salalah Thumrait erreicht. Sie führt durch die sogenannte Innere Wadiregion, einer hässlichen Gegend, die wohl nur Geologenherzen erfreut. Wasserlose Geröllhalden, scharfkantiger Schutt, steilwandige enge Wadis und viel verwittertes Gestein lösen einander ab. Sultan Taimur hatte 1953 eine erste Schotterstraße von Hunderten jemenitischen Arbeitern quer durch die Halbwüste Nejd nach Thumrait anlegen lassen. Inzwischen wurde diese zum vielbefahrene Highway nach Maskat ausgebaut.

Tipps und Infos

Unterkunft offeriert das unter indischer Leitung stehende Thumrait Hotel (Tel. 23 279 371, Fax 23 279 373, email: MOHI-Y@yahoo.com). Die 40 einfachen Zimmer zum Preis von 20 OMR/Nacht haben teilweise Außenfenster, die meisten auch Kühlschrank, Fernseher, Sitzgruppe, Dusche und WC. Im gleichen Haus kann man im indischen Restaurant würzige Reis- und Fleischgerichte genießen wie Chicken Kuruma in einer milden hellen Soße. Das Hotel befindet sich im Zentrum an der Hauptstraße.

Thumrait *(auch Thamreet, Thumrit, Thumrayt)*

Der Luftwaffenstützpunkt ist ein typischer Fernstreckenrastplatz mit vielen kleinen jemenitischen Restaurants, Coffee Shops, Lebensmittelläden, Bankfilialen, Reifendiensten und einer Shell-Tankstelle. Es herrscht eine lässige Truck-Stop-Atmosphäre. Rund um das bescheidene Ortszentrum liegen neue Wohnsiedlungen, und dahinter verteilen sich ein paar Beduinenzelte. Der riesige Militärflughafen in der Peripherie wird militärisch gut gesichert. Thumrait ist heute die zweitgrößte Stadt Dhofars und besitzt ein eigenes Stadion für seine Kamelrennen, die im November und Januar stattfinden. Es macht viel Spaß, abends durch Thumrait zu laufen, wenn sich die kleine Moschee und die sie umgebenden Lokale beleben. Frauen sind dann allerdings nicht mehr auf den Straßen zu sehen, dafür Jebalis und Bedu. Alle sind sehr freundlich und zurückhaltend.

Alle Expressbusse zwischen Salalah und den fast 1000 km entfernten Städten im Norden machen hier Station

Weiterfahrt nach Shishr

Am Kreisverkehr 7 km nördlich von Thumrait befinden sich ein Militärposten und eine neue Tankstelle. Spätestens hier sollte man tanken, denn die nächste Tankstelle entlang der Fernstraße folgt erst wieder nach fast 200 km. Hier zweigt rechts auch die Straße nach Marmul ab (siehe S. 206). Ein paar Kilometer nach dem Kreisverkehr mündet der doppelspurig mit Straßenlaternen und Mittelleitplanken ausgebaute Highway in eine einspurige Teerstraße. Fast gleichzeitig tauchen die ersten zarten Sandfelder und leichten Dünen auf. Die Geröllwüste wandelt sich unauffällig zur Sandwüste und verliert dabei weiterhin an Höhe. Man nennt dies die Äußere Wadiregion der Nejd-Ebene, in der sich die Wadis ausweiten, nur noch einzelne Tafelberge aus den Schotter- und Kiesablagerungen ragen und viel Wüstenlack zu sehen ist.

Info Detailkarte der Region Ubar/Oase Shishr mit Wüstencamps: S. 205

Die alte Straße nach Shishr und Ubar zweigt 16 km nördlich von Thumrait ab und führt über eine 75 km lange ruppige Geröllpiste ans Ziel. Seit einigen Jahren existiert jedoch eine neue Zufahrt, die 41 km nördlich von Thumrait bzw. 116 km von Salalah abzweigt und mit „Al Shashar" beschildert ist. Die neue Teerstraße ist 52 km lang und verläuft entlang der „Al Najd Agriculture Development"-Farmen mit riesigen Kreissprinklern zur Bewässerung durch die nur noch 320 m hoch gelegene Geröllwüste. Bis zum Horizont reihen sich immer wieder größere Farmprojekte aneinander, wo mit aufwändigen Bewässerungsmaßnahmen u. a. Futtergras für die Kamele angebaut wird.

Unten: Besonders erfolgreich sind die Agrarprojekte bei Shishr. Je näher man der alten Oase kommt, umso häufiger werden die Anbauflächen. In der Ferne sind auch schon die ersten Dünenzüge erkennbar

Oase Shishr *(auch Shisr, Shisur, Al Shashar)*

Info Detailkarte der Region Ubar/Oase Shishr mit Wüstencamps: S. 205

Grüne Felder und ein Palmenhain umgeben das beschauliche Oasendorf. Am Ortseingang befindet sich die Ausgrabungsstätte Ubar mit einem kleinen Kiosk, der kalte Getränke verkauft. Am Ortsende liegt eine kleine Tankstelle, ansonsten gibt es in Shishr nur einfache Wohnhäuser und ein paar staatliche Verwaltungsgebäude. 1955 ließ der Sultan in Shishr ein Fort an dieser einzigen Wasserstelle am Rande der Rub al-Khali errichten. Zu Beginn der 1970er Jahre baute die Regierung eine Retorten-Wohnsiedlung mit Schule, Gesundheitsstation und Moschee, um die Wüstenbeduinen hier anzusiedeln. Etwa 150 Bedu wurden daraufhin sesshaft und betreiben seither Oasenfeldbau.

Sesshafte Beduinen in der fruchtbaren Oase Shishr

Die Bedu zählen zu den drei primären ethnischen Gruppen Dhofars und leben traditionell in den Wüsten und Halbwüsten von Zentral- und Norddhofar. Die Regierung bemüht sich, die Bedu von einer sesshaften Lebensweise zu überzeugen, stellt ihnen an mehreren Stellen Häuser und Schulen zur Verfügung und investiert in landwirtschaftliche Programme. So bauen sesshafte Bedu inzwischen viel Getreide wie Sorghum, Fingerhirse, Alfalfa und Futtergräser an, außerdem Melonen, Tomaten und Süßkartoffeln. Aber nach anfänglichen Erfolgen gab es bei vielen Projekten später Ernterückgänge wegen des unfachmännischen Anbaus und auch wegen übermäßiger Bewässerung durch die Bedu, weil sie in der Regel keine Furchen-, sondern eine Überflutungsbewässerung betreiben.

Ausgrabungsstätte Ubar *(auch Wabar, im Koran Iram)*

Die Ausgrabungen sind unspektakulär und klein, aber ihre historische Bedeutung ist immens

Ein unerwartet kleines Gelände beherbergt diese Berühmtheit, es gibt auch nur wenig zu sehen. Der archäologische Laie vermag die Bedeutung der Stätte nur vom optischen Eindruck her – ohne detailliertere Hintergrundinformationen – kaum zu erahnen. Das bescheidene Museum neben dem Eingang ist meistens zugesperrt, es hält auch nur ein paar wenige Fundstücke bereit. Doch der unscheinbare Auftritt sollte niemanden verleiten, Ubars Rolle in der Geschichte Südarabiens zu unterschätzen. Die historische Sammelstelle für die Handelskarawanen zwischen der südarabischen Küste und den Königreichen im Norden, in Mesopotamien, Israel, Ägypten und Rom trägt auch die Namen „Atlantis der Wüste" (Lawrence von Arabien) und „Stadt mit den vielen Säulen" (Koran). Sie galt seit ihrer Zerstörung als verschollen und wurde seit Jahrhunderten vom Mythos verklärt. Früher erwartete man, eine derart sagenhafte und bedeutende Handelsstadt müsste an der Küste gelegen und voller Reichtümer gewesen sein, deshalb wurde sie

Fotos rechts: Blick aus dem Fort zum Ausgrabungsgelände; Eingangsschilder

lange vergeblich an falschen Plätzen gesucht. Ihre Entdeckung liegt erst gut zwanzig Jahre zurück.

Der schattenlose **Rundgang** über das umzäunte Ausgrabungsgelände dauert etwa 30 Minuten, wenn man alle Schautafeln liest (bequemes Schuhwerk und Sonnenschutz nicht vergessen). Zuerst wendet sich der mit Steinen gesäumte Sandweg dem nüchternen rechteckigen Fort zu, das der Sultan 1955 hatte errichten lassen. Von hier hat man einen leicht erhöhten Blick auf die Gesamtanlage. Deutlich sieht man das längliche schmale Einsturzloch, ja fast einen Spalt im Boden (siehe Foto S. 200). Der Felsüberhang, unter dem die Forscher graben, musste zum Schutz gegen Steinschlag mit einer Zementschicht überzogen werden. Dieser Grabungsbereich mit seinem betonierten Zugang ist großräumig abgesperrt. Der Pfad führt in einem Kreis um das Einsturzloch und freigelegte Mauerwerke herum, ehe er zum Eingang zurückkehrt. Zahlreiche Schautafeln in Arabisch und Englisch weisen an mehreren Standorten auf besondere Fundstücke oder geschichtliche Zusammenhänge hin.

Zu den spektakulärsten Relikten im Wüstensand von Shishr zählen acht Schachfiguren aus Speckstein, etwa 1000 Jahre alt und die einzigen Südarabiens. Das Spiel ist ursprünglich in Persien beheimatet (der Ausdruck „Schachmatt“ erinnert noch daran, denn „Shah maat“ bedeutet „der König ist tot“). Die meisten Grabungsfunde wie Steingutscherben aus China, Keramik aus Rom und Steintafeln frühester semitischer Hochkulturen stammen aus der Zeit ab ca. 500 v. Chr. und enden im 5. Jh. n. Chr., danach gibt es erst wieder Relikte aus der islamischen Zeit.

Vermutete Schlüsseldaten von Ubar

2800 v. Chr.:	Erste Siedlungen
900 v. Chr.:	Erbauung der Altstadt von Ubar
350 v. Chr.:	Entstehung der Neustadt, Handelsbeziehungen reichen bis Rom und Ägypten
300 n. Chr.:	Ubar wird zerstört und verlassen
900–1500:	Die Ruinen werden notdürftig renoviert und neu bezogen

Die Entdeckung Ubars und die Erforschung der Rub al-Khali

Legende und Mythos sind uralt: Sowohl im Koran als auch in den Märchen aus 1001 Nacht und zahlreichen historischen Berichten taucht sie auf, die Geschichte vom Volk der Ad und ihrer sagenhaft reichen Stadt, die vom Erdboden verschluckt wurde, als göttliche Strafe für ihre Lasterhaftigkeit, Vielgötterei, Überheblichkeit und Hochmütigkeit. Der Prophet Hud habe die Ad mehrfach gewarnt, doch sie schlugen seine Worte in den Wind und provozierten so den Zorn Gottes.

So oder sehr ähnlich lauten die Überlieferungen. Zu den ältesten Hinweisen zählt die Arabienkarte des Kartographen Claudius Ptolemäus aus dem Jahr 150 n. Chr. Er markiert erstmals die Wüste Dhofars mit den Begriffen *„Iobarite"*, dem Land der Ubariten, *„Thurifera Regio"*, dem Land des Weihrauchs, und *„Omanum Emporium"*, dem bedeutsamen Handelsplatz. Etwa 1200 Jahre später, im Jahr 1329, notiert der Gelehrte Mohammed Ibn Battuta, eine halbe Tagesreise von Mansura (heute Salalah) läge das Land der Leute von Ad. Doch bis ernsthafte Expeditionen zur Suche nach der versunkenen Stadt unternommen werden, dauert es weitere Jahrhunderte, genau genommen bis ins Zeitalter der britischen Entdeckungsreisenden. **Thomas Edward Lawrence** (1888–1935), später heroisiert als „Lawrence von Arabien", sucht die versunkene Stadt bis zu seinem frühen Unfalltod verbissen und kreiert den Ausdruck „Atlantis der Wüste", der sich rasch festsetzt und die Legende befeuert. In seine Fußstapfen tritt bald der britische Arabienkenner **Bertram Thomas**, ein bescheidener Mann, der in den 1920ern in Diensten des Sultans als Wesir in Maskat lebt. Sein Traum ist es, als erster Europäer das Leere Viertel zu durchqueren, und er hofft, eine Reiseerlaubnis über den Umweg als Buchhalter des Sultans zu ergattern. Sein Antipode, ebenfalls britisch und ein extravaganter, stolzer Mensch, ist **Harry St. John Philby**, seinerzeit beim saudischen König Abdul Aziz in Riad ansässig. Die beiden kennen sich gut, haben zuvor gemeinsam im Auswärtigen Amt von Transjordanien gearbeitet, Philby als Vorgesetzter von Thomas. Beide wollen sie als Erster die Rub al-Khali durchqueren, sehnen sich in einer nahezu romantischen Weise nach der Wüste und stehen sich als Rivalen gegenüber, nicht minder als einst Amundsen und Scott beim Wettlauf zum Südpol oder Burton und Speke auf der Suche nach den Quellen des Nils. Beide Forscher werden von den jeweiligen Landesherren zurückgehalten und immer wieder vertröstet, denn die Araber haben kein Interesse, die Neugier der Europäer zu stillen. Bertram Thomas stiehlt sich schließlich im Oktober 1930 einfach aus Maskat davon, reist auf einem Öltanker nach Salalah und bricht von dort im Dezember 1930 mit 15

Kamelen und ein paar verwegenen Bedu als Führer auf. Nach fünf Tagen erreicht der Trupp die Oase Shishr, und zwei Tage später stehen sie am Rande der Rub al-Khali vor deutlichen Spuren, die seine Begleiter als die „Straße nach Ubar" bezeichnen. Thomas ist elektrisiert, kann dem Geheimnis aber aus Zeitgründen nicht nachgehen und berichtet davon lediglich in seinen Reiseaufzeichnungen „Arabia Felix". Nach 95 Tagen härtester Entbehrungen erreicht er Doha am Persischen Golf und gilt damit als erster Abendländer, der „Die Sande", wie das Leere Viertel auch genannt wird, durchquert. Er kehrt der Arabischen Halbinsel für immer den Rücken und wird für seine Leistung, den letzten unberührten Fleck auf der Weltkugel „erobert" zu haben, weltweit gefeiert. Mit seiner Reise sei das Ende der Forschungsreisen eingeläutet, heißt es fortan. Philby schäumt vor Wut und Kränkung, sitzt er doch immer noch tatenlos in Riad herum. Erst 1932 ringt sich der saudische König zu einer Reisegenehmigung durch. Philby bricht im März von Riad nach Süden auf, sein Ziel ist, noch viel mehr Aufsehen zu erregen, indem er nicht nur eine anspruchsvollere, weil schwierigere Route zur Wüstendurchquerung meistert, er will außerdem Ubar finden, von dem Thomas nur die Spuren gesehen hatte. Bedu dienen sich ihm als Führer an, die angeblich die versunkene Stadt mitsamt sagenhafter Schätze und Perlen im Wüstensand gefunden hätten. Sie führen ihn allerdings lediglich zu einem Kraterloch, in dem sich keine Schätze, Ruinen oder archäologischen Relikte finden lassen. Philby ist maßlos enttäuscht und verkennt dabei, dass die Entdeckung des Wabar-Kraters, eines riesigen Meteoriten, für die Wissenschaft durchaus ein spektakuläres Ereignis ist. Er schließt seine Nord-Süd-Expedition auf anspruchsvoller Route ab, glaubt fortan aber nicht mehr an die Existenz von Ubar. Der dritte Abendländer, der sich durch diese Wüste wagt, ist wieder ein Engländer, **Wilfried Thesiger**, der sich ab 1945 als Heuschreckenforscher für fünf Jahre in diesen Gefilden aufhalten darf. Er legte dabei 16 000 km auf Kamelen zurück und durchquerte das Leere Viertel gleich zweimal. Aber auch Thesiger gelingt es nicht, das rätselhafte Ubar aufzuspüren. 1953 erhält der US-Amerikaner **Wendell Phillips**, der zuvor eine archäologische Forschungsexpedition im Gebiet des heutigen Jemen geführt hatte, eine Ausgrabungserlaubnis des omanischen Sultans für Dhofar. Er reist auf Bertram Thomas' Spuren ins Landesinnere und beginnt mit den Ausgrabungen in Al Baleed und Khor Rori, ehe er in Ungnade fällt und des Landes verwiesen wird. Die versunkene Stadt bleibt weiterhin ein Mysterium. Dann bricht der Dhofar-Krieg aus, und die archäologische Spatenforschung gerät in den Hintergrund. Der britische Elitesoldat Ranulph Fiennes kämpft mit den Truppen des Sultans und versucht heimlich und vergeblich, nebenbei das Ubar-Geheimnis zu lüften. 1972 verbietet Sultan Qabus sogar jegliche weiteren Forschungen dieser Art, als der britische Archäologe Andrew Williamson durch eine Landmine bei Khor Rori getötet wird. Damit setzt er einen vermeintlichen Schlusspunkt unter die Ubar-Forschung.

Doch bald nährt modernste Technik die alte Ubar-Legende: 1984 gelingen der amerikanischen Raumfähre Challenger Satellitenaufnahmen von Dhofar, die eine ca. 100 km lange, unter dem Wüstensand verborgene alte Straße andeuten, allem Anschein nach die fest gepressten Spuren unzähliger Karawanen. Diese aufsehenserregenden Bilder lösen die **Transarabia Expedition** aus, eine umfangreiche internationale Forschungsreise mit höchst unterschiedlichen, zum Teil illustren Teilnehmern. Geführt wird sie vom inzwischen geadelten **Sir Ranulph Fiennes**, seit dem Dhofar-Krieg Omankenner und erfahrener Extremreisender, der Dank seiner Vita die Forschungserlaubnis des Sultans erhält. Chefarchäologe ist **Dr. Yuris Zarins** von der South West Missouri State University. Hinzu kommt **Nick Clapp**, Dokumentarfilmer aus Kalifornien und Hobby-Arabienforscher, der die Expedition filmisch verarbeiten wird, um nur die wichtigsten Teammitglieder zu nennen. Sie greifen auf die neuesten technischen Errungenschaften wie GPS-Navigation und Luftaufnahmen der NASA zurück, sind sich aber durchaus bewusst, eigentlich „eine Stecknadel im Heuhaufen" zu suchen. Die ganze Aktion ist sehr amerikanisch geprägt, mit viel Tamtam, honorigen Sponsoren, einem Presseaufgebot und Film und Fernsehen. Sein Basislager schlägt das Team nach einigen Rückschlägen nichtsahnend ausgerechnet in Shishr auf, weil die Oase praktisch gelegen ist und Wohngebäude bietet. Die alte verfallene Karawanserei am Rande des Dorfes gilt noch als historisch unbedeutend, als Zarins 1992 dort anfängt zu graben. Niemand erwartet, ausgerechnet hier auf die versunkene Stadt zu stoßen. Erst im Verlauf der Grabungen wird deutlich, dass unter den Ruinen noch viel ältere Gebäude verschüttet liegen. Nach und nach legen die Wissenschaftler Relikte einer Wehranlage mit Türmen und Stadtmauer sowie Teile eines Stadttores frei, und allmählich tauchen immer mehr Fundstücke auf, die überhaupt nicht mehr zu einer unbedeutenden Karawanenherberge passen: Chinesische Keramik aus der Ming-Dynastie, Glasperlen und Schmuck aus den südarabischen Königreichen, Töpferwaren aus Griechenland, Rom, Syrien und Mesopotamien.

Plötzlich bekommen auch die Überlieferungen, Gott habe Ubar und seine lasterhaften Bewohner vernichtet und im Erdboden versinken lassen, einen schlüssigen Sinn: Vor den Archäologen breitet sich ein 12 m tiefer Krater aus, der vermutlich zwischen 200 und 300 n. Chr. entstanden ist, als eine unterirdische Kalksteinhöhle durch Wassererosion oder ein Erdbeben einstürzte. Er liegt genau inmitten der umfriedeten Wehranlage. Wenn der Einsturz passierte, während innerhalb der Festung reges Treiben herrschte, muss sich genau das geschilderte Szenario abgespielt haben.

Das Team um Fiennes und Zarins hat es also tatsächlich geschafft, die Legende durch ihre Forschungen zu untermauern. Die Meldung ihrer spektakulären Entdeckung geht sofort um die ganze Welt. Hinterher gibt es jedoch Streit unter den Teilnehmern ob der ursächlichen Bedeutung der NASA-Satellitenbilder an der Entdeckung Ubars. Die amerikanischen Teammitglieder sehen in der Expedition vor allem einen Sieg ihrer Technik. Sir Fiennes vertritt die Ansicht, viel mehr als die amerikanische Weltraumbehörde hätten Dr. Zarins' Know-how, Entdeckerglück und Beharrlichkeit zum Ziel geführt. Auch international löst die Entdeckung Wirbel und Widerspruch aus, insbesondere in Saudi-Arabien. Denn die Saudis wollen nicht anerkennen, dass eine so geschichtsträchtige Stätte außerhalb ihres Landes liegen sollte, und erst recht nicht akzeptieren, dass Ungläubige diese Entdeckung gemacht hätten. Sie behaupten, gleichartige Funde in Jabreen, 900 km nördlich von Shishr, zu besitzen. Dort hatte Dr. Zarins jahrelang selbst gegraben, und er bestätigt deren Ähnlichkeit. Der Archäologe geht davon aus, dass die beiden Oasen einst reiche Handelsplätze im Weihrauchhandel waren und die beiden Eckpunkte der siebenwöchigen Wüstenkarawanen durch das Leere Viertel markieren. Eine lückenlose Beweiskette, dass die versunkene Stadt Ubar in Shishr liegt, kann niemand vorlegen, doch die

Funde sind derart wertvoll und aussagekräftig, dass die UNESCO Ubar nach langer Prüfung im Jahr 2000 als Weltkulturerbe einstufte. Ungeklärt bleibt bis heute, ob diese Stätte wirklich das legendäre Ubar ist, und ob der Mythos nicht vielleicht anstelle einer einzelnen Ortschaft ein ganzes Gebiet bezeichnet. Solange keine schriftlichen Nachweise auftauchen oder Inschriften im Ausgrabungsschutt entdeckt werden, bleibt der Name wohl weiterhin unbewiesen.

Aber ungeachtet dessen belegen die Entdeckungen rund um die Ubar-Forschung, welch gigantische Kulturlandschaft hier einst lag. Südarabien war in der Antike, als der Indische Ozean der Handelsmittelpunkt der Welt war, der alleinige Warenspediteur und Zwischenhändler zwischen Ost und West, Nord und Süd. Die Südaraber besaßen damals das Monopol sämtlichen Warenverkehrs zwischen blühenden Zivilisationen, die nie direkt miteinander in Berührung kamen.

Wovon man sich allerdings lösen muss, ist die Vorstellung einer großen und prächtigen Stadt. In jener antiken Zeit und in dieser einsamen Lage am Rande der Wüste lag der wahre Reichtum Ubars in seiner unerschöpflichen Süßwasserquelle, und was sie mächtig und reich machte, waren Tausende Karawanen, die hier rasten und Wasser fassen mussten. Während die eigentliche Anlage Ubar relativ klein blieb und die Festung anstelle von sagenhaften Goldbeständen „nur“ die wertvolle Zisterne schützte, bildeten sich um sie herum vermutlich riesige Zeltlager der Kamelhirten, Karawanen und Händler. Zahlreiche solcher Rastplätze konnten durch Dr. Zarins nachgewiesen werden. In Spitzenzeiten mögen hier 100 000 Menschen gerastet haben. Über Hunderte von Kilometern in alle Richtungen war dieser Brunnen die einzige Stelle, wo man Wasser finden konnte – in der Rub al-Khali sicherlich der größte Reichtum, der sich denken lässt. Die Sage vom unermesslichen Reichtum der Ad lässt sich unter diesen Gesichtspunkten besser nachvollziehen. Viele Forschergenerationen hatten einfach einen anderen Blick auf das, was „Reichtum“ bedeutet, als die Menschen der Wüste. Und so entstand aus der wohlhabenden und strategisch so wertvollen Süßwasserquelle am Wüstenrand im Laufe der Zeit der Mythos von einem versunkenen Palast voller unermesslicher Luxusgüter.

Fotos dieser Seite:
Das 1955 erbaute Fort;
zementverkleideter Felsüberhang
Links: Der vermutliche Einsturz
riss einen Spalt in den Boden

Ins Leere Viertel: Spritztour in die Rub al-Khali

Von der Oase Shishr ist es nur noch ein Katzensprung bis zu den Dünen der Rub al-Khali. Eine unbeschilderte breite Sandpiste verlässt den Ort an der kleinen Tankstelle nach Westen. Nach ca. 8 km passiert man einen Militärposten, wo man sich ausweisen muss, um weiterfahren zu dürfen. Hier gabelt sich die Straße.

Tipp Da die Wüste bei Sonnenauf- und kurz vor Sonnenuntergang am schönsten ist, empfehlen wir eine Übernachtung im Gebiet der Sanddünen, z. B. in den rustikalen Touristencamps auf S. 204

Geradeaus führt die Piste weiter bis in die Oase **Al Hashman** (ca. 65 km, GPS N 18°27.368 O 53°06.077) und zu den Ramlats Fasad und al Mitan. Die stille Oase liegt in einer großen, flachen Ebene voller Geoden, dem **Ramlat Fasad**, und wird von einer schwefelhaltigen warmen Quelle gespeist, die in einem Becken gesammelt wird. In ihrer Umgebung türmen sich besonders imposante Sicheldünen auf, deren Höhe teilweise mehr als 250 m beträgt. Neben einigen Verwaltungsgebäuden und Bedu-Wohnhäusern gibt es hier auch ein Touristencamp (siehe S. 204).

125 km nördlich von Al-Hashman liegen die „**Brunnen von Burkana**“ *(auch Burkanah)*, Burkana 1 und Burkana 2. Es handelt sich dabei um einen ca. 150 m durchmessenden, mit Riedgräsern bewachsenen Weiher mitten im riesigen Sandmeer, das hier von riesigen Dünenkämmen in Nord-Süd-Richtung durchzogen ist. Wüstenexpeditionen schöpfen an einem betonierten Wasserbecken neben dem Weiher fossiles, salziges Grundwasser. Bis Burkana führt eine angelegte Allradpiste, an der sogar vereinzelte Verkehrsschilder stehen. Doch ist sie extrem einsam und streckenweise sehr tiefsandig, weil man mehrmals Dünen und Sandverwehungen überqueren muss (bitte unbedingt die Hinweise auf S. 235 beachten).

Woher hat das „Leere Viertel“ seinen Namen?

Rub al-Khali bedeutet in der Sprache der Bedu „Leeres Viertel“. Einer Legende nach teilte Gott die Erde bei der Schöpfung in vier Viertel.

Das erste Viertel galt allen Gewässern, das zweite und dritte dem Festland, und das letzte Viertel sparte er für das ewige leere Ödland auf.

Schneller kommt man auf der kleineren rechten Fahrspur in die malerische Dünenlandschaft, denn sie führt bereits nach 27 km an das von prächtigen hohen Sanddünen flankierte **Wadi Atiyah**. Je weiter man diesem Wadi nach Norden folgt, umso pittoresker wird die Szenerie mit eleganten Sicheldünen in einem Ozean aus Sand, dem festen Wadibett mit seinen zähen Büschelgräsern und Dorngestrüpp, und einzelnen Wüstenbäumen wie Ghaf und Sidarbaum. 4 km vor den Dünen beim Wadi Atiyah liegt direkt neben der Piste das Empty Quarter

Touristencamp. Bis hierher ist die Strecke mit einem Allradfahrzeug einfach zu bewältigen. Auf der Weiterfahrt im Wadi sollte man sehr aufmerksam sein und stets auf festem Untergrund bleiben.

Das Wegegewirr im Weichsand und die vielen Spuren auf den Dünen verraten eine Leidenschaft der Omanis: „**Dune Bashing**", nur zum Spaß durch die Wüste zu brettern und mit Vollgas die höchsten und steilsten Dünen aufs Korn zu nehmen, bis der Wagen im Steilhang stecken bleibt. Könner reißen gerade noch rechtzeitig den Lenker herum und schaffen es, wieder abwärts zu fahren ohne dabei den Geländewagen umzukippen. Der draufgängerische Wüstensport hinterlässt überall seine Spuren (drittes Foto von oben).

Solche Wüstenrallyes sind ökologisch bedenklich und sollten sowieso Sportfahrern vorbehalten bleiben, zu groß ist die Unfallgefahr. Die sportliche Alternative: zu Fuß eine hohe Düne erklimmen. Ziemlich anstrengend, aber der Ausblick lohnt sich! Für **intensive Erlebnisse** braucht man sich aber gar nicht weit vom Auto fortzubewegen. Es genügt, die Stille wahrzunehmen und die vielen kleinen Dinge, die einen umgeben: Linien und Muster, die der Wind in den lockeren Sand zeichnet, Spuren, die winzige Käfer oder Vögel auf ihrem Weg hinterlassen, markante Schatten, Körnerstrukturen, Farbspiele. Und die schlanken langen Fettblattbäume, die überall in Wadibetten stehen, Wüstenkürbisse, die ihre Ranken im weichen Sand ausstrecken, verstreut liegende Geoden und harte, bizarr aufgebrochene Sandoberflächenplatten. In der Dämmerung entdeckt man oft scheue Rüppellfüchse, die sich am buschigen Schwanz mit der weißen Spitze erkennen lassen.

Obwohl die Sahara mehr als sechsmal größer als die Rub al-Khali ist, kommt sie nicht an deren Sandmassen heran, besteht sie doch mehrheitlich aus Geröll und Felswüsten. Entstanden ist die Rub al-Khali über Jahrtausende, in denen strenge Winde riesige, über 300 km lange Dünenketten und Sandkämme bildeten, zwischen denen salzhaltige Ebenen und Täler liegen, die von der Hitze wie Beton gepresst und gehärtet wurden. Solche Ebenen zwischen den Dünenzügen werden **Ramlats** genannt. Manchmal sind sie auch die verlängerten Ausläufer von Wadis, so wie z. B. die Ramlat al Mitan aus dem Wadi Mitan hervorgeht. So faszinierend schön das Dünenmeer auf den Betrachter auch wirkt: Es ist ein lebensfeindliches, erbarmungsloses Land; ein schattenloser, glühender Backofen im Sommer, während im Winter eisige Winde über die Dünen streichen. Nur genügsame Spezialisten können hier überleben.

Empty Quarter Camp: Mr. Mabrook, Tel. 95555345 und 99000698. Das Camp für max. 20 Gäste liegt 23 km von Shishr entfernt, die Zufahrt auf fester Sandpiste kann ein sanderfahrener Fahrer notfalls auch ohne Allrad bewältigen. Es bietet ein offenes Wohnzelt, bescheidene sanitäre Einrichtungen und Feldbetten, aber keinen Strom. Der Besitzer leitet das rustikale Camp schon zwanzig Jahre und unternimmt mit seinen Gästen nachmittags eine Fahrt in die Dünenlandschaft des Wadis. Da sich hier manchmal Reisegruppen einquartieren, sollte man vorreservieren. Bei Direktbuchung kostet eine Übernachtung mit Abendessen und Frühstück 20 OMR. Als Pauschalausflug mit Übernachtung wird die Tour in Salalah ab 60 Euro pro Person angeboten, in den Touristenhotels für das Doppelte. Für eine individuelle Zweitagestour mit eigenem Fahrer werden dort 500–600 Euro (max. 4 Personen) berechnet.

Al Hashman Camp: Al Fawaz Tours, 23rd July Street, 211 Salalah, Tel. 23 294 324, Fax 23 294 390, email: reservations1@alfawaztours.com, www.alfawaztours.com. Das ähnliche, ein wenig komfortabler ausgestattete Camp liegt ca. 73 km von Ubar im Bereich der Sanddünen von Al Hashman. Der Tour Operator aus Salalah beherbergt hier europäische Pauschalreisegruppen, bietet aber auch eine individuelle Tour für max. 4 Gäste mit eigenem Guide an, die etwa 540 Euro kostet. Auch hier unternehmen die Guides eine Nachmittagstour in die Dünen.

Beide Camps begrüßen ihre Gäste mit Arabischem Kaffee und Datteln. Abends wird gegrilltes Kamelfleisch, Hühnerfleisch und Fladenbrot serviert (kein Alkohol), danach kreist die Wasserpfeife. Man schläft auf schmalen Feldbetten im Freien bzw. unter einem offenen Zeltdach und sollte daher unbedingt warme Kleidung mitbringen. Im Sommer herrschen in der Wüste tagsüber bis zu 50 °C; im Winter sind dafür die Nächte sehr kalt. Wer ein Zelt dabei hat, kann frei in der Wüste campieren. Als Alternative zur Wüstennacht bietet sich das Thumrait Hotel an (S. 195, etwa 1,5 Std. Fahrzeit vom Wadi Atiyah).

Für Autofahrer: Es empfiehlt sich, den Reifendruck auf etwa 50 % der Herstellerempfehlung für Teerstraßen zu reduzieren. Parken Sie den Wagen nicht achtlos im Weichsand und bleiben Sie immer auf vorhandenen Wegen. Wüstentouren, die über die Touristencamps hinausführen, sollten nur im Konvoi mindestens zweier autarker Allradfahrzeuge unternommen werden, erfordern ein hohes Maß an Navigations- und Fahrkenntnis und eine umfangreiche Ausrüstung (siehe S. 234f).

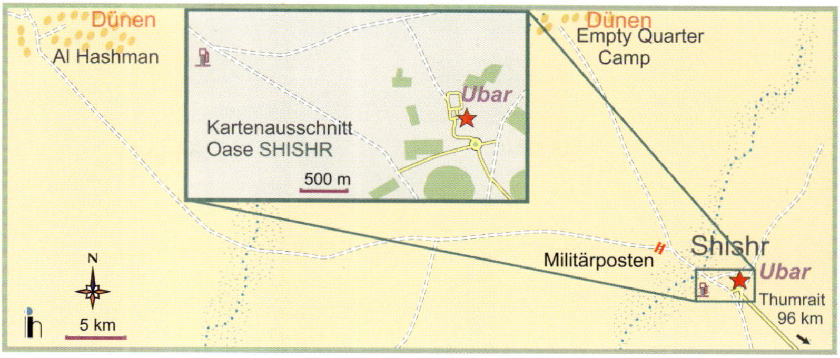

Im westlichen Landesinnern: Von Thumrait in die Mondberge und zur Grenze Jemens

Die Nationalstraße 45 verbindet Thumrait mit dem Küstenstädtchen Rakhyut (S. 168). Die ersten 82 km der Strecke bis **Muday** *(auch Mudhail, Mudayy)* am Wadi Amat führen durch die spröde Nejd. Die historische Oase beherbergt ein paar archäologische Schätze. Wilfred Thesiger entdeckte im Tal Trilithen und in den nahe gelegenen Bergen Hügelgräber, deren Erbauer unbekannt blieben, genauso wie heute niemand mehr weiß, wer in dem kleinen Mausoleum mit weißer Kuppel bestattet wurde.

In Muday zweigt eine Asphaltstraße zur 108 km entfernten Grenzstadt **Al Mazyuna** (*auch Al Mazyunah, Al Mazionah, Al Maziyona*) ab, die 4 km vor der Grenze nach Jemen liegt (Ausreise nach Jemen möglich, sofern man über ein Visum verfügt). Trotz der Freihandelszone, einer Tankstelle und dem Al Mazyunah Tourist Hotel (Tel. 23 271 111) hat diese Grenzstadt wenig zu bieten. Es besteht auch die Möglichkeit, entlang dieser Strecke nach 53 km auf eine eintönige Schotterpiste mit viel Wellblech abzubiegen, die über Shishr/Ubar (nach 75 km) nach Dawkah (weitere 66 km) an der Fernstraße nach Maskat führt.

Wir folgen jedoch in Muday der Nationalstraße 45, die sich jetzt nach Süden wendet. Sie bleibt bis zur lieblichen Palmenoase **Aybut** asphaltiert, danach verläuft sie als gute, einsame Schotterstraße durch eine großartige Zeugenberglandschaft mit dramatischen Felsschluchten und tief ausgeschnittenen, sandigen Flussbetten direkt auf das Mondgebirge Jebel al-Qamar zu. Die Piste hält sich stets auf der Hochebene, gelegentlich führen einzelne Fahrwege in die wildromantischen Wadis hinab. In **Aydam**, das in vielen Landkarten **Hayrun** genannt wird, befindet sich ein militärisches Sperrgebiet, von hier an ist die restliche Strecke bis zur Nationalstraße 47 wieder asphaltiert.

Info Zweimal passiert man entlang dieser großartigen Panoramastrecke Kontrollposten des Militärs, in Aybut und in Aydam

Oben: Typische Szenerie vor Marmul

Fahrt von Thumrait nach Marmul und Shuwaymiyah

Die Fahrt entlang der bestens ausgebauten Nationalstraße 39 verläuft größtenteils eintönig durch die Innere Wadiregion der Nejd-Ebene. Es herrscht kaum Verkehr. Gelegentlich durchquert man breite Wadis, die sich vom Küstengebirge in die Nejd entwässern und schließlich versickern. Bei passender Lichtstimmung, wenn die Sonne schräg steht und die weißen Steine im Flussbett einen Kontrast zu den farbigen Felsen der Uferkanten bilden, wirken diese Flusstäler sehr malerisch. Ein schönes Beispiel ist nach 72 km das **Wadi Andhur**, sein Flussbett voller rundgeschliffener Steine wird von steilen, festen, ockerfarbenen Geröllwänden begrenzt. Das Wadi führt gelegentlich Wasser, Kamele weiden im Wadigrund zwischen dem Gestrüpp. Kurz vor der Furt durch das imposant breite **Wadi Mahwis**, in dem sogar einige Sidarbäume gedeihen, zweigt eine neue Teerstraße in die 25 km entfernte Palmenoase Andhur *(auch Andur)* ab.

Andhur liegt abseits der Fernstraße

In **Andhur** stehen Ruinen antiker Weihrauchspeicher aus der Zeit der Hadrami in Khor Rori. Wilfred Thesiger entdeckte diese halb verschütteten Gebäuderuinen über einem Brunnen in einem Palmenhain. Die Oasenbewohner sind Mahra-Jebali und wenig begeistert über touristische Besuche, weil sie die antiken Stätten als heilig ansehen.

Die weitere Strecke wird nun etwas welliger und damit abwechslungsreicher. 20 km vor Marmul tauchen da und dort die ersten Ölpumpen auf, wenig später die ersten Stahlrohre, die für den Öltransport von den Pumpen bis Maskat entlang eines riesigen Pipelinenetzes benötigt werden. 4 km vor **Marmul** *(auch Marmol)* passiert man den Flughafen, der Ort selbst ist sehr klein und bescheiden. Er besteht gerade einmal aus einer Tankstelle mit Bank (ATM), einem Supermarkt, Barber Shops und ein paar Lokalen. 40 km danach zweigt an einem Army Check Point bei Amal die Straße nach Shalim ab. Entlang der 40 km langen Teerstraße liegen wieder zahlreiche Ölfelder mit den typischen Baggerpumpen.

Fotos rechts: Beduinenzelte auf der Strecke nach Marmul; Tafelberge an der Abfahrt von Shalim nach Shuwaymiyah

Shalim *(auch Shaleem)* ist von größerer infrastruktureller Bedeutung als Marmul, hier gibt es sogar ein Wali Office, ein paar Läden und wieder eine Tankstelle.

Hinter Shalim endet endlich die Eintönigkeit; die nächsten 36 km bis Shuwaymiyah haben es in sich: Plötzlich tauchen wie in einer Wildwestlandschaft Tafel- und Zeugenberge mit unterschiedlich farbigen, quer verlaufenden Gesteinsschichten auf. Die Straße wird kurvig und fällt steil bergab, auf der linken Straßenseite gibt sie plötzlich den Blick über einen **imposanten Canyon** frei. Winderosion und Ozeanwellen haben hier einen riesigen Kessel mit hohen Steilwänden und furchteinflößenden Überhängen über einem sanften Wadibett ausgeschliffen. In rasanter Fahrt geht es entlang dieser Felswände zur Küste hinab. An der Mündung des Wadis kann man entlang der Sandpisten im Wadibett direkt in den steilen Kessel, der etliche stimmungsvolle Camping- oder Picknickspots bietet, hineinfahren. (Weiterreise von Shuwaymiyah nach Mirbat und Salalah: siehe S. 186)

Oben: Wüstenkürbisse, auch Koloquinten oder Teufelsäpfel genannt

Oben: Eine Sukkulente Art der Cissus-Familie (*Cissus quadrangularis*)

Von Thumrait nach Maskat und zu den Dünen von Muqshin

953 km Asphalt trennen die einstige Bedu-Siedlung Thumrait von der blühenden Hauptstadt Maskat; eine langatmige, eher reizlose Strecke. Die wenigen Ortschaften oder Raststationen liegen weit voneinander entfernt: Zunächst **Dawkah** *(auch Dauka)* nach 122 km, ein verträumtes Dorf mit Versuchsfarm für verschiedene Gemüsesorten, dann **Qitbit** *(auch Qatbit)* mit gleichnamigem einfachem Hotel direkt am Highway (Tel. 99 085 686, zehn Zimmer für 25 OMR/EZ und 30 OMR/DZpP), und schließlich Muqshin nach 270 km Fahrt, schon fast am nordöstlichen Ende Dhofars gelegen. All diese Ortschaften waren einst als Stationen entlang der Routen für Erdöl-Testbohrungen angelegt worden. **Muqshin** bezieht Grundwasser aus dem gleichnamigen Wadi, das sich am Ostrand des Leeren Viertels in die Ramlat Muqshin entwässert. Die 500-Einwohner-Oase liegt bereits im Dünengebiet. Von hier aus führt eine tiefsandige Allradpiste direkt in die Rub al-Khali und zur saudi-arabischen Grenze. Eine zweite Zufahrt in dieses atemberaubend schöne Grenzgebiet zweigt 25 km nach Muqshin von der Nationalstraße ab (bei GPS N 19°37.311 O 55°12.186). Dieses malerische Sandmeer ist das Ziel geführter Wüstenexpeditionen, denn die Strecke zählt mit ihren endlosen Dünenzügen zu den eindrucksvollsten Omans. Mehrere Army Checkpoints sichern das sensible Grenzgebiet ab, versuchte Saudi-Arabien doch in der Vergangenheit bereits, sein Staatsgebiet in Richtung Oman zu vergrößern.

Nach 30 km Fahrt liegt etwa 2,5 km neben der Piste ein umzäuntes **Sinkloch** mitten in den Dünen (bei GPS N 19°48.305 O 55°00.914). Da es sich um ein fast kreisrundes, etwa 14 m durchmessendes Loch handelt, wird es irrtümlich gerne als Meteoritenloch bezeichnet. Es hält salziges Grundwasser.

Eine Reise nach Dhofar / Oman planen

Praxistipps für Oman

Informationen von A bis Z

Adressenverzeichnis

Klima, Reisezeit und Reisedauer

Das Klima an der Küste: Drei feuchte und neun trockene Monate

Die Küstenebene von Salalah, an der auch alle Badehotels liegen, ist ganzjährig zwischen 25 und 32 °C warm. Sie wird vom jährlichen Monsun geprägt, dessen Luftmassen auf die Küstengebirge treffen und kondensieren. Während dieser Zeit von Ende Juni bis Anfang September erhält die Küste etwa 90 mm Niederschlag (die Südhänge der Qaraberge erhalten ca. 150 mm). Das erscheint moderat, allerdings herrscht dann gleichzeitig eine extreme Luftfeuchtigkeit von bis zu 96 %.

Das Landesinnere: Ganzjährig trockenes Wüstenklima

Nur 75 km nördlich von Salalah herrschen in Thumrait bereits ganz andere Bedingungen. Hier kühlt es bei Sonnenuntergang massiv ab, betragen die Tag-Nacht-Unterschiede oft mehr als 20 Grad. Im Winter ist es kalt und trocken, im Sommer leidet das Hinterland wie die gesamte restliche Arabische Halbinsel unter trockener Hitze mit Extremwerten bis 50 °C. Im Landesinnern wehen kalte Nordwinde, die auch die Sanddünen in der Rub al-Khali formen. Nur in der Monsunzeit drehen die Winde und blasen von Süden.

Reisezeit

Sehenswert ist die blühende Natur während der Khareef zweifellos. Die trockenen Wadis der Südhänge im Qaragebirge werden zu breiten Flüssen, die Berghänge ergrünen, auf dem Wüstenboden ist Ackerbau möglich, und östlich von Salalah gibt es sogar Wasserfälle. Für einen Badeurlaub ist die Monsunzeit von Ende Juni bis Anfang September jedoch ungeeignet. Die sehr hohe Luftfeuchtigkeit an der Küste ist für Europäer höchst unangenehm. Es ist dort ständig schwül und stürmisch, tagelang kann es nieseln, und die raue See türmt bis zu 8 m hohe Wellen auf (es herrscht Badeverbot). Auch für Wüstentouren ist der Sommer ungeeignet, denn im Landesinnern machen Backofentemperaturen jeden Trip zur Herausforderung.

Die schönste Reisezeit beginnt nach dem Monsun ab Mitte September, wenn das Klima dem europäischen Sommer ähnelt und die Natur noch ihr herrliches grünes Kleid trägt. Die Luftfeuchtigkeit bleibt allerdings bis in den Oktober hinein hoch. Ende Oktober vertrocknet die Vegetation und es wird allmählich kühler. Für einen Strandurlaub ist diese Reisezeit bis in den März ideal. Bestens geeignet für Rundreisen und Aktivitäten

Foto rechts: Ein Sandsturm bei Sonnenaufgang an der Küste von Taqa

sind die kühleren Monate Januar und Februar, auch für Ornithologen ist dies eine gute Reisezeit. Aufgrund der vorherrschenden sehr trockenen ablandigen Passatwinde ist es in Dhofar im Winter meistens sonniger als in den Nachbarregionen Arabiens. Am Strand wird es tagsüber 25–27 Grad warm, abends kühlt es moderat ab. Auch Touren ins Landesinnere sind im Winter ideal, sie erfordern allerdings warme Kleidung für Nächte. Ab April stellen sich allmählich die ersten Anzeichen des nächsten Monsuns ein: es wird feuchter, windiger und wärmer. Am heißesten ist der Vormonsun im Mai/Juni mit 30–32 °C, im Juli und August sinken die Temperaturen wieder auf 27–28 °C ab.

Klima in Salalah

Monat	Jan	Feb	Mar	Apr	Mai	Jun	Jul	Aug	Sep	Okt	Nov	Dez
Temperatur ~ max	27	28	30	32	32	32	28	27	29	31	31	29
Sonnenstd.	9	9	9	10	10	7	2	1	6	10	10	9
Temperatur ~ min	18	19	21	23	25	26	24	23	23	22	20	19
Regentage	0	1	0	0	0	3	7	8	3	0	0	0
Wassertemp.	24	25	26	28	29	28	25	24	25	26	26	25
Luftfeucht.(%)	50	58	62	68	75	80	89	90	81	67	55	50

Klima in Thumrait 467m

Monat	Jan	Feb	Mar	Apr	Mai	Jun	Jul	Aug	Sep	Okt	Nov	Dez
Temperatur ~ max	26	28	32	36	39	41	37	38	38	35	30	26
Sonnenstd.	9	9	9	10	11	12	12	9	10	11	10	9
Temperatur ~ min	11	14	17	21	23	25	24	23	22	18	15	12
Regentage	2	3	2	1	0	0	0	1	0	0	0	0
Luftfeucht.(%)	54	53	46	41	43	44	63	58	51	41	47	54

Reisedauer – nur der Süden oder ganz Oman?

Für eine Urlaubsreise, die sich auf Dhofar beschränkt, ist ein zweiwöchiger Aufenthalt ideal. Wer das Weihrauchland mit dem nördlichen Oman kombinieren möchte, sollte besser drei oder vier Wochen Zeit haben. Dabei ist zu entscheiden, ob man die rund 1000 km lange Distanz zwischen Salalah und Maskat auf dem Landweg oder per Flug zurücklegen möchte. Die Transitstrecke ist einfach zu befahren, aber überwiegend eintönig. Inlandflüge zwischen Maskat und Salalah gibt es bis zu fünf Mal täglich. Sie dauern ca. 1,5 Std. und kosten ab 125 Euro für den Hin- und Rückflug. Wer nur eine einfache Strecke mit dem Mietwagen fahren möchte, sollte dies bereits vor der Reise buchen, da die Agenturen vor Ort den Wunsch gerne verweigern. Mit relativ hohen Einweggebühren muss man allerdings rechnen.

Bei einer Fluganreise bietet sich auch ein Zwischenaufenthalt in den Golfmetropolen an, z. B. bei einem Emirates-Flug in Dubai, oder bei einem Flug mit Qatar Airways in Doha.

Reisen mit Kindern

Kinder werden im arabischen Kulturkreis verehrt und verhätschelt, daher sind sie überall gern gesehen. Vieles spricht für eine Reise in den Oman mit Kindern: Die Wintermonate von November bis Februar bieten ein kinderfreundliches Klima, die Hotels haben flach abfallende Meeresstrände und Kinderpools, die medizinische Versorgung und die Versorgungslage für Babynahrung, Windeln etc. sind vorbildlich, und viele Ausflüge und Sehenswürdigkeiten wie der Weihrauchsouk, Al Baleed, Mughsail und Wadi Darbat sind auch für die Kleinen spannend. Als besonders kinderfreundlich gelten die Hotels Marriott, Hilton, Crowne Plaza und Rotana. Woran Eltern denken sollten: Sonnenschutz ist im Oman besonders wichtig, auch sollte man stets ausreichend Trinkwasser bei sich haben, z. B. bei allen Autofahrten. Wegen scharfkantiger Felsen und Seeigeln sind auch Badeschuhe ratsam.

Einreisebestimmungen

Info Kinder benötigen zur Einreise ein eigenes Ausweisdokument

Für die Einreise nach Oman benötigen Deutsche, Österreicher und Schweizer einen Reisepass, der noch mindestens sechs Monate nach der Einreise gültig ist. Bei der Ankunft stellt die Immigrationsbehörde ein Touristenvisum aus. Einreisende müssen dazu zuerst am „Travelex"-Geldwechselschalter die Visumgebühr begleichen (mit OMR oder Devisen in bar). Mit dem Zahlbeleg geht man weiter zum Immigration-Schalter, wo der Beamte das entsprechende Visum in den Pass stempelt.

Prozedur bei der Ankunft

Für die einmalige Einreise und einen Aufenthalt von bis zu zehn Tagen beträgt die Visumgebühr 5 OMR (etwa 10 Euro). Es besteht Verlängerungsmöglichkeit um weitere zehn Tage. Für einen Aufenthalt von bis zu einem Monat beträgt die Gebühr 20 OMR. Auch dieses Visum ist um einen weiteren Monat verlängerbar. Geschäftsreisende können für 50 OMR ein Visum mit mehrfacher Einreise und einem Nutzungszeitraum von bis zu einem Jahr beantragen. Das Überschreiten der Gültigkeitsdauer des Visums wird mit 10 OMR pro Tag geahndet. Es gibt eine **Besonderheit** bei Kreuzfahrtpassagieren, die für einen Aufenthalt bis 24 Stunden im Rahmen eines Landgangs von der Visumpflicht befreit sind.

Mit einem Mietwagen auf dem Landweg nach Oman einreisen: siehe S. 224 und 241

Es bestehen keine Impfvorschriften für Oman, außer bei der Einreise aus einem Gelbfiebergebiet. Wer von dort nach Oman reist oder sich kürzlich in solchen Ländern aufgehalten hat, benötigt den Nachweis einer Gelbfieberimpfung.

Viele afrikanische und südamerikanische Staaten zählen zu den Gelbfiebergebieten

Auswärtiges Amt
Werderscher Markt 1
11013 Berlin
Deutschland
Tel. 0049-30-18170
Fax 0049-30-18173402
www.auswaertiges-amt.de

Diplomatische Vertretungen europäischer Länder in Oman

Botschaft der Bundesrepublik Deutschland
Embassy of the Federal Republic of Germany
P. O. Box 128, Ruwi, PC 112, Maskat
Sultanate of Oman
Tel. 00968-24 832 482, 24 835 000
Notfall-Tel. 99 321 641
Fax 00968-24 835 690
E-Mail: info@maskat.diplo.de
www.maskat.diplo.de
Öffnungszeiten: So–Do von 9–12 Uhr

Generalkonsulat der Schweiz
P. O. Box 385, PC 118
Al Harthi Complex, Maskat
Sultanate of Oman
Tel. 00968-24 568 202
Fax 00968-24 568 206
E-Mail: maskat@honrep.ch
www.eda.admin.ch/riad

Österreichische Botschaft
Diplomatic Quarter Riyadh
P. O. Box 94373, Riyadh 11693
Saudi-Arabien
Tel. 00966-11-4801217, 4806598
Fax 00966-11-4801526
E-Mail: riyadh-ob@bmeia.gv.at
www.aussenministerium.at/riyadh
Öffnungszeiten: So–Do von 9–12 Uhr
Amtsbereich: Saudi-Arabien, Oman, Jemen

Diplomatische Vertretungen Omans in Europa

Botschaft des Sultanats Oman
Clayallee 82
14195 Berlin
Deutschland
Tel. 0049-30-8100510
Fax 0049-30-81005196
E-Mail: botschaft-oman@t-online.de
Öffnungszeiten: Mo–Fr von 10–15 Uhr

Honorarkonsul des Sultanats Oman
Honorarprofessor Dr. Mathias Müller
Börsenplatz 4
60313 Frankfurt am Main
Deutschland
Tel. 0049-69-21084650
Fax 0049-69-21084677
E-Mail: office@honorarkonsul-oman.de
Öffnungszeiten: Di–Do von 10–12 Uhr
Amtsbezirk: Hessen, Baden-Württemberg, Bayern, Rheinland-Pfalz, Saarland, Sachsen, Thüringen

Generalkonsulat des Sultanats Oman
3A Chemin de Roilbot
1292 Chambésy
Schweiz
Tel. 0041-22-7589660, 7589670
Fax 0041-22-7589666
E-Mail: mission.oman@itu.ch

Botschaft des Sultanats Oman
Währingerstraße 2–4/24–25
1090 Wien
Österreich
Tel. 0043-1-3108643/44
Fax 0043-1-3107268
E-Mail: embassy.oman@chello.at und vienna@omanembassy.at
Öffnungszeiten: Mo–Fr von 9–15 Uhr

Weitere Informationen bieten das Auswärtige Amt (siehe oben), die Webseite der omanischen Polizei www.rop.gov.om und unsere Hinweise zum Zoll auf S. 241

Oben: Halber-Rial-Geldnote
Foto rechts: Araberinnen in der Salalah Gardens Mall

Währung und Geldwechsel

Die Landeswährung heißt Omani-Rial, abgekürzt OMR. Ein Omani-Rial entspricht 1000 Baizas. Es gibt Banknoten zu 50, 20, 10, 5, 1 und ½ OMR, die Werte sind jeweils in arabischen und lateinischen Ziffern aufgedruckt. Ferner gibt es Noten zu 200 und 100 Baizas sowie Münzen zu 5, 10, 25 und 50 Baizas.

Der Omani-Rial ist an den US-Dollar gekoppelt und daher denselben Schwankungen unterworfen (1 OMR entspricht 2,59 US$).
Wechselkurs bei Redaktionsschluss :
1 OMR = 2,08 Euro, 1 Euro = 0,48 OMR

Info Am Flughafen Maskat sind in der Ankunftshalle mehrere ATM-Schalter. „Bank of Oman" akzeptiert hier auch Maestro/EC-Karten

Die Ein- und Ausfuhr von OMR ist unbegrenzt erlaubt. Wegen der besseren Umtauschraten empfehlen wir, erst in Oman Bargeld zu tauschen. Euro und US-Dollar lassen sich überall problemlos wechseln. Wer in einer Bank Geld umtauschen möchte, muss dazu seinen Pass vorlegen. Die alternativen Wechselstuben heißen hier „Exchange Offices" und „Money Changer" und bieten einen schnelleren und oftmals günstigeren Umtausch als Banken. Reiseschecks kann man kaum noch empfehlen, denn sie werden von vielen Banken gar nicht mehr oder nur nach langwieriger Prüfung und zu schlechten Umtauschraten angenommen. Auch 100-US-Dollar-Scheine sollte man möglichst meiden, sie sind sehr unbeliebt, da sie so oft gefälscht wurden.

Es sind alle gängigen Kreditkarten vertreten, die beste Akzeptanz haben Visa- und Mastercard. Bei einigen Banken kann man sogar mit einer EC-Karte/Maestro Bargeld abheben, z. B. bei der National Bank of Oman und bei den gelben ATM-Schaltern der HSBC (Bargeldabhebungen mit einer EC-Karte sind deutlich günstiger als mit den meisten Kreditkarten). PIN-Nummer nicht vergessen!

Kreditkarten sperren lassen bei Verlust:
Tel. +49-116116 sowie www.sperr-notruf.de

Wir empfehlen für die Reisekasse Euro und ein paar US-Dollar in bar, eine Kreditkarte und stets Bargeld in der lokalen Währung für Tankstellen, Restaurants und andere Einkäufe.

Preisgefüge und Reisekosten

Oman ist weder ein teures noch ein Billigreiseland. Restaurants und Lebensmittel sind vielfach deutlich günstiger als in Mitteleuropa, auch Mietwagen, Bus- und Taxifahrten sind erschwinglich, von den Spritpreisen eines Erdöllands ganz zu schweigen. Tiefer als zuhause muss man allerdings in den Geldbeutel greifen, sobald man alkoholische Getränke bestellt oder Dienstleistungen wie Massagen in den Luxushotels in Anspruch nimmt. Die Hotelpreise schwanken stark je nach Saison und Auslastung, hier gibt es oft kurzfristige Angebote. Die europäischen Reiseanbieter offerieren in ihren Vertragshotels geführte Ausflugstouren, die heimatlichem Preisniveau entsprechen. Die gleichen Touren lassen sich individuell mit einem Mietwagen oder Taxi viel günstiger organisieren, auch sind die Preise der örtlichen Reiseagenturen außerhalb der Luxushotels mitunter deutlich niedriger.

Preise in den Touristenhotels *(Endpreise in OMR inklusive aller Steuern)*

Getränk	Crowne Plaza	Juweira	Hilton	Marriott	Rotana
Fassbier	4,35	4,10	2,80		
Dose Bier	2,80		2,70	2,90	2,50
Glas Rotwein			3,00	2,80	5,00
Dose Pepsi	1,65		1,50	1,70	1,50
Ice Tea	2,35				1,50
Orangensaft			2,25	2,80	
Wasser, 0,5 l			1,00	0,90	
Wasser, 1,5 l	1,90	2,35	1,75		1,50
Perrier 1 l			4,00	2,80	2,80
Kaffee			2,00	2,20	1,80
Tee			1,80	2,20	2,00
Fl. Rotwein	17,50	14,00	14,00	16,00	20,00
Abendbuffet	11,70	14,00	15,80	13,00	15,20

Preisbeispiele

Reiseanbieter *(in den Hotels)*

- Hochseefischen: halbtags etwa 800 Euro, ganztags etwa 1300 Euro pro Boot
- Kajak- und Kanufahren: halbtags ab 36 Euro, ganztags ab 50 Euro
- Schnorcheln: ab 50 Euro, Tauchen: ab 80 Euro, Delfinbeobachtung: ab 60 Euro
- Halbtägige Stadtrundfahrt in Salalah: ab 35 Euro
- „Salalah Ost und West" mit Taqa, Mirbat, Ain Razat, Hiobs Grab und Mughsail: ab 70 Euro
- „Jebel Safari" mit Taqa, Wadi Darbat und Picknick am Jebel Samhan: ab 80 Euro
- Kochen mit Jebalifrauen: ab 60 Euro
- Wüsten-Tagestour nach Ubar und in die Dünen der Rub al-Khali: ab 90 Euro
- Wüstentouren mit Übernachtung in den Beduinencamps: Als Pauschalausflug ab 120 Euro pro Person, als Tour mit privatem Führer und Chauffeur (max. 4 Personen) sollte man 500 bis 580 Euro veranschlagen.

Taxipreise *(Hoteltaxis)*

Vor den Touristenhotels stationierte Hoteltaxis haben feste Preistafeln, viele Fahrer sind aber verhandlungsbereit. Freie Taxis sind in der Regel deutlich günstiger. Preisbeispiele für Fahrten vom Crown Plaza Hotel:

	Einfache Strecke	Hin- und Rückfahrt
Salalah Stadtgebiet	4–6 OMR	6–9 OMR
Taqa	10	15
Wadi Darbat	12	18
Mirbat	15	22
Hasik	23	35
Thumrait	15	30
Rakhyut	17	25

Restaurantpreise *(außerhalb der Hotels)*

Vorspeisen (Meze) wie Humus (Kichererbsenpüree), Mutabel (Auberginenpüree), Tabouleh (Bulgur-Petersiliensalat), Raita (indisches Joghurtgericht, ähnlich Tsatsiki) und Fattoush (gemischter Salat mit Fladenbrot-Splittern) kosten jeweils etwa 1–1,50 OMR

Suppen (Linsen, Pilze, Mais, Huhn): ca. 1 OMR

Imbissgerichte wie Shawarma (mit Fleisch vom Drehspieß gefüllte Fladen), Sandwiches und frittierte Falafel-Bällchen: je ca. 1 OMR

Vegetarische Speisen wie Paneer/Panir (Frischkäse), Dal Fry (warmes Linsenpüree) und Dum Aloo (frittierte Kartoffeln mit würziger Soße): jeweils 1–1,80 OMR

Salate (Blattsalat, Thunfisch, Avocado, Mais): jeweils 1,20–2,50 OMR

Reisgerichte wie Biryani kosten je nach Fleisch- oder Fischzugabe 1–3 OMR

Indische **Hühnergerichte** wie Tandoori, Tikka, Kebab und Curry Masala: 2,50–4 OMR

Steaks: etwa 4–6 OMR

Grillspieße (Shish Kebab): 1,70–2,70 OMR

Sea Food (Shrimps, Tintenfisch): 3–6 OMR

Fischgerichte (Hamour, King Fish): 3–4 OMR

Obstsäfte und Milchshakes: 0,90–1,20 OMR

Lebensmittelpreise *(im Supermarkt)*

Lipton Ice Tea	0,33 l	0,25 OMR
Coca Cola	0,33 l	0,15 OMR
Alkoholfreies Bier	0,33 l	0,25 OMR
Mineralwasser, still	1,5 l	0,13 OMR
Mineralwasser, still	0,5 l	0,10 OMR
Sprudel-Mineralw.	0,5 l	0,20 OMR
Orangensaft, frisch	0,2 l	0,20 OMR
Ceres Obstsaft	1,0 l	0,75 OMR
Baguette	1 Stück	0,20 OMR
Samosas	1 Stück	0,20 OMR
Croissants	1 Stück	0,10 OMR
Apple Pie	1 Stück	0,40 OMR
Tafel Schokolade	1 Stück	1,30 OMR
Baclava-Gebäck	pro kg	3,60 OMR
Tilapia	pro kg	1,00 OMR
Prawns	pro kg	5,00 OMR
Nilbarschfilet	pro kg	4,20 OMR
Hamour	pro kg	2,00 OMR
King Fish Steak	pro kg	5,20 OMR
Rinderfilet	pro kg	5,00 OMR
Lamb Chops	pro kg	4,30 OMR
Huhn	pro kg	1,50 OMR
Eier	6 Stück	0,45 OMR
Butter	200 g	0,65 OMR
Frischkäse	200 g	1,20 OMR
Feta, frisch	pro kg	2,00 OMR
Milch	1,0 l	0,55 OMR
Trinkjoghurt	0,2 l	0,13 OMR
Kartoffeln	pro kg	0,40 OMR
Tomaten	pro kg	0,40 OMR

Mietwagenpreise *(in Euro)*

Fahrzeug	Tagestarif	Wochentarif
Toyota Yaris	15	98
Nissan Pick-up	40	260
Toyota Prado 4×4	55	355

Fotos links: Klassische Vorspeisen sind Humus, Mutabel und Fladenbrot; Taxi in Ain Athom
Unten: Supermarkt im Zentrum Salalahs

Handeln – die Kunst des Feilschens

Supermärkte und Restaurants haben Festpreise, aber auf den Märkten, im Souk und in kleinen Läden wird der Preis von Souvenirs und Waren aller Art ausgehandelt. Feilschen ist kein Zeichen von Geiz, sondern ein fester Bestandteil der arabischen Kultur und dient der gemeinsamen Preisfindung in einer höflichen und respektvollen Atmosphäre.

Araber sind äußerst geschickte Kaufleute, die eine Menge Theatralik bei den Verhandlungen einfließen lassen und dabei viel Menschenkenntnis beweisen. Wie viel man jeweils vom angebotenen ersten Preis herunter handeln kann, lässt sich nie pauschal sagen. Die vielfach empfohlene Richtlinie, wonach der „reelle Preis" rund 50–70 % des ersten Angebots betragen würde, halten wir für irreführend. Sie mag in touristischen Regionen ihre Berechtigung finden, wo die Preise durch ahnungslose Urlauber teilweise astronomisch in die Höhe schnellen, sollte aber nicht pauschalisiert werden. Hier hilft einfach nur Fingerspitzengefühl. Am besten fragt man verschiedene Händler möglichst auch noch auf unterschiedlichen Märkten nach den Preisen für die begehrte Ware und prägt sich das Preisgefüge ein. So erhält man mit der Zeit eine Vorstellung vom Preisniveau. Unserer Erfahrung nach neigen Männer eher zum Fordern überhöhter Preise als Frauen.

Wenn Sie geschickt handeln wollen, brauchen Sie Zeit, ein wenig Schauspielkunst und möglichst Routine im Ritual des Feilschens. Sie sollten sich immer erst einen Preis nennen lassen. Setzen Sie nun Ihren Preis deutlich niedriger an, als Sie zu zahlen bereit sind. Nun wird zwischen dem geforderten und Ihrem gebotenen Preis weiter verhandelt. Der Händler wird die Hände über dem Kopf zusammen schlagen, Empörung zeigen und von seinem Ruin jammern. Spielen Sie mit, markieren Sie den Desinteressierten, und wenn Sie zu zweit sind, kann Ihr Partner durch scheinbares Drängeln zum Weitergehen die Verhandlungen beschleunigen. Nähern Sie sich langsam an die Summe, die Sie zu zahlen bereit sind, an. In der Hochsaison, bei einigermaßen gesicherter Nachfrage, feilscht es sich schwieriger. Da stellt sich ein Händler eher die Frage, ob er das begehrte Stück bei geringerem Profit abgibt, oder ob er lieber auf den nächsten Touristen wartet, der vielleicht viel mehr dafür zu zahlen bereit ist. Sie werden vermutlich nicht erfahren, ob Sie einen fairen Preis bezahlt haben, oder ob sich der Händler insgeheim ins Fäustchen lacht. Man kann aber davon ausgehen, dass ein Händler nur dann verkauft, wenn er auch noch etwas daran verdient.

Fazit: Ein guter Kaufabschluss ist immer der, bei dem beide anschließend zufrieden sind.

Unten: Parfumladen im Weihrauchsouk von Salalah

Gesundheit

Ein dickes Plus von Reisen nach Oman sind die gute medizinische Versorgung, der hohe Hygienestandard und die geringen Krankheitsrisiken für Touristen. Man kann fast überall sorglos in lokalen Restaurants essen, ohne gesundheitliche Probleme befürchten zu müssen. Zu den größten Gefahren zählen hier eher Sonnenbrand und Erkältungen durch die vielen Klimaanlagen. Und sollte man tatsächlich einen Arzt oder Apotheker benötigen, sind diese in der Regel sehr gut ausgebildet, englischsprachig und vorbildlich ausgestattet. Medikamente sind in Oman vielfach günstiger als in Deutschland, die ärztlichen Behandlungskosten dagegen oft teurer, da Touristen alle Kosten über die reine Notfallversorgung hinaus selbst bezahlen müssen. Deshalb sollte man unbedingt eine gute Auslandskrankenversicherung abschließen.

Empfehlung zur Reisevorsorge

Führen Sie ein ärztliches Gespräch bzgl. Ihrer individuellen Gesundheitsrisiken und der aktuellen reisemedizinischen Empfehlungen. Entsprechende Informationen erhalten Sie auch im Internet: www.fit-for-travel.de, www.reisevorsorge.de, www.rki.de, www.meine-gesundheit.de, www.bctropen.de, www.gesundes-reisen.de, www.travelmed.de oder www.crm.de.

Um im Falle eines Notfalls im Ausland versicherungstechnisch abgedeckt zu sein, sollte jeder Reisende eine Auslandskrankenversicherung abschließen.
Doch vergleichen Sie vor Abschluss die Leistungen. Wichtig sind ein kostenloser Rückholservice auch bei ärztlicher Empfehlung (nicht nur, wenn medizinisch notwendig) und die Erstattung hoher Bergungskosten, denn die Evakuierung eines Verletzten aus der abgelegenen Wildnis kann teuer werden. Stellen Sie eine auch kleine Reiseapotheke für unterwegs zusammen (siehe S. 221) und beachten Sie ferner bitte unsere Gesundheitstipps auf S. 229.

Gegen Diphtherie, Polio (Kinderlähmung) und Tetanus (Wundstarrkrampf) sollte jeder zeitlebens immunisiert sein. Diese gefährlichen Krankheiten kommen weltweit, auch in Mitteleuropa, vor. Eine anstehende Omanreise könnte daher ein guter Anlass sein, beim Arzt den Impfschutz wieder einmal überprüfen zu lassen.

Es besteht nur ein sehr geringes Malariarisiko während des Monsuns, im Winter gar nicht. Deshalb raten die wenigsten Ärzte bei einer Reise nach Oman zu einer Malariaprophylaxe. Informieren Sie Ihren Arzt bei Fieber, Kopf- und Gliederschmerzen dennoch über eine zurückliegende Omanreise.

Bilharziose

Die weltweit in tropischen Regionen vorkommende chronische Infektionskrankheit wird beim Baden in stehendem oder leicht fließendem Süßwasser mit Uferbewuchs übertragen, wo eine spezielle Wasserschnecke lebt, die als Zwischenwirt der Erreger fungiert. Diese Zerkarien spüren im Wasser menschliche Haut auf und dringen unbemerkt ein, nisten sich im Darm oder der Blase ein und wachsen zu Würmern heran, die bis zu 15 Jahre lang überleben können. Die Symptome einer chronischen Infektion sind Fieber, Schwachheit und erst sehr spät blutiger Urin. Bei Touristen wird eine Erkrankung meistens erst durch eine Routineuntersuchung beim Facharzt bemerkt. Die unkomplizierte Behandlung besteht aus einer Einmaldosierung mit dem Medikament Biltricide.

Schlangen- und Skorpionbisse

Die meisten Schlangen flüchten frühzeitig und greifen Menschen nur an, wenn sie sich bedroht fühlen. Es sind nur wenige Schlangen Omans für den Menschen lebensgefährlich giftig, und ihr Gift wirkt auf unterschiedliche Weise. Ein Großteil aller schweren Unfälle passiert durch die sehr träge, zellenzerstörend giftige **Puffotter**, weil sie sich anstelle zu flüchten bewegungslos zu tarnen versucht. Kommt man ihr unbemerkt zu nahe, greift sie schließlich an. **Kobras** spritzen ein fatales Nervengift, das Gift von **Vipern** wirkt wiederum hämotoxisch, d. h. es zerstört die Blutgerinnung. Falsche Behandlungsmethoden können ein Schlangenbissopfer mitunter mehr gefährden als der eigentliche Biss.

Am wichtigsten ist es, das Opfer ruhig zu stellen, damit sich die Blutzirkulation verlangsamt. Der Patient sollte viel Flüssigkeit zu sich nehmen. Ferner können in Erste-Hilfe-Geübte ggf. bei dem betroffenen Körperteil eine Stauung anlegen (frisches Blut kann in den gebissenen Körperteil fließen, infiziertes Blut aber nicht zum Herz zurück). Laien dürfen die Wunde nur vorsichtig säubern (keinesfalls aufschneiden oder aussaugen), verbinden und möglichst kühl halten. Nun gilt es, den Verletzten schnellstmöglich in eine Klinik zu bringen.

Schlangenserum mitzunehmen empfiehlt sich schon aus organisatorischen Gründen nicht, denn es muss konstant gekühlt werden und kann auch nur eingesetzt werden, wenn die Schlange eindeutig identifiziert wurde. Dies wiederum ist in den meisten Fällen sehr schwierig, da Giftschlangen in den verschiedenen Lebensstadien zahlreiche Farbvariationen aufweisen. Schlangen mit Querstreifen oder Ringelmuster sind meist giftige Arten, während längs gestreifte Schlangen eher harmlos sind. Schlangen, die ihren Oberkörper aufrichten und drohend „fauchen" sind eher gefährlichen, sehr giftigen Arten zuzurechnen. Giftige Vipern, zu denen die Puffotter zählt, erkennt man am kurzen, dicken Körper und dreieckigen Kopf.

Auch die nachtaktiven **Skorpione** greifen nur an, wenn sie sich bedroht fühlen. Der Stich ist für gesunde Erwachsene meist nicht lebensbedrohlich, aber sehr schmerzhaft. Stellt sich allerdings Atemnot ein und schwillt die Wunde sehr stark an, ist ein sofortiger Arztbesuch notwendig. Um zu vermeiden, dass es sich ein Skorpion auf nächtlicher Wanderung im warmen Schuh gemütlich macht, lässt man grundsätzlich keine Schuhe im Freien stehen bzw. klopft sie vor dem Anziehen aus.

Verhalten bei Biss- und Stichwunden

Panikreaktionen und Schockzustand sind oft gefährlicher als das Gift selbst, daher ist oberstes Gebot: **Ruhe bewahren!** Die meisten Schlangenbisse sind nicht tödlich. Die Bissstelle schmerzt und schwillt an, und wenn viel Gift injiziert wurde, kommt es zu Übelkeit, Erbrechen, Kopfschmerzen und Herzjagen. Wenn man die Schlange nicht identifizieren kann, gilt als grobe Faustregel:

- **Die Bissstelle ist stark geschwollen und schmerzhaft:** Vermutlich ein Blut- und Gewebegift; eher Puffotter/Viper. Keine Stauung anlegen, sofort zum Arzt.
- **Kaum Schwellung oder Blutung, die Wunde ist unscheinbar:** Vermutlich ein Nervengift; eher ein Kobrabiss. Oberhalb der Bisswunde sofort eine Stauung anlegen (siehe links), den Körperteil notfalls abbinden. Sofort zum Arzt, hier zählt jede Stunde!

Sonstige Maßnahmen: Schlangensets (kleine Sauggeräte zum Absaugen der Wunde) eignen sich zur Anwendung innerhalb der ersten fünf Minuten nach dem Biss.

Links: Bilharziose-Warnung im Wadi Darbat. Oben: Die typischen Kleingewerbe Omans: Herrenschneider, Mini-Supermarkt „Foodstuff & Luxuries" und Wäscherei – es fehlt nur noch der „Barber Shop"

Die Reiseapotheke

Vorschläge zum Inhalt einer Notfallapotheke gemäß Bayerischem Gesundheitsamt

Beschwerden	Substanz (Medikament)
Fieber, Entzündung, Schmerzen	Paracetamol, Acetylsalicylsäure (Aspirin)
Insektenstiche	diverse Repellentien, Chlorphenoxamin-Creme
Kreislaufanregung	Etilefrin, Norfenefrin
Durchfall	Elektrolyt-Glukose-Präperate, Hefe-Präperate, Loperamid (Imodium)
Erbrechen & Übelkeit	Metoclopramid (Paspertin)
Bauchkrämpfe	Butylscopolamid
Augenentzündung	Tetrazyklin-Augentropfen
Harnwegsinfektionen	Antibiotika, Nieren-Blasen-Tee
Ohrenentzündung	Acetylsalicylsäure (Aspirin), Phenazon

Außerdem: kleine Schere, Sicherheitsnadeln, Rasierklinge, Fieberthermometer, Pinzette, Pflaster, Verbandszeug, Desinfektionsmittel, ggf. Allergie- und Magentabletten, ein Magnesiumpräparat, evtl. Einwegspritzen und alle Medikamente, die Sie regelmäßig einnehmen.

Anreise

Fluganreise

Zahlreiche Fluggesellschaften fliegen nach Maskat, der Hauptstadt des Oman. Von dort geht es mehrmals täglich direkt weiter nach Salalah. Attraktive Verbindungen bieten die staatliche Oman Air und Emirates Airlines, die mehrmals wöchentlich nonstop zwischen Dubai und Salalah fliegt. In den Wintermonaten gibt es auch Charter-Direktflüge von deutschen Flughäfen nach Salalah.

Die reine Flugzeit zwischen Deutschland und Salalah beträgt etwa 6 Stunden, bei einem Umstieg in Dubai, Maskat o. ä. kommen 1,5–2 Stunden hinzu. Je nach Airline bieten sich interessante Stoppover-Variationen an, z. B. in Dubai, Abu Dhabi, Doha oder Maskat.
Salalah Airport Information: Tel. 23 291 011.
Salalah Office der Oman Air: Haffa House Hotel, Tel. 23 292 777, www.omanair.com.
Weitere Fluggesellschaften: siehe S. 242

Anreise auf dem Landweg

Eine Einreise auf dem Landweg über die Grenzen der VAE in den Norden Omans ist ebenfalls möglich. Die Busgesellschaften Oman National Transport Co. (Tel. 23 393 773, www.ontcoman.com) und Gulf Transport Co. (Tel. 23 293 303, http://gulftransportbusline.blogspot.de) befahren neben der Maskat-Salalah-Verbindung auch die Strecke Dubai-Salalah.
Im Mietwagen von den VAE nach Oman reisen: siehe S. 211, 224 und 241.

Gepäck

Sie benötigen folgende **Reisedokumente**: Reisepass, Flugticket, Reiseunterlagen/Hotelvoucher, bei Bedarf nationaler und internationaler Führerschein. Von offiziellen Dokumenten sollte man Fotokopien dabei haben und an getrennten Plätzen verwahren. Für Notfälle hat man wichtige Rufnummern notiert, z. B. die Servicenummern der Kreditkarteninstitute und der Auslandskrankenversicherung. Leichte, weite Baumwollkleidung eignet sich für einen Aufenthalt in Oman am besten. Tagsüber ist atmungsaktive Freizeitkleidung angebracht, für kühlere Abende empfehlen wir eine Fleecejacke oder einen Pullover. Wählen Sie (für beide Geschlechter) weite, blickdichte und nicht figurbetonte **Kleidung**, welche die Schultern und die Knie grundsätzlich bedeckt. Im Klartext bedeutet dies: Damen sollten Shorts, Miniröcke und knappe Trägershirts höchstens am Poolbereich des Hotels tragen, besser aber gleich zuhause lassen. Männer sollten das Tragen von Shorts ebenfalls auf den Poolbereich beschränken, da sie in kurzen Hosen in der arabischen Gesellschaft eher lächerlich wirken.

Oben: Boarding eines Oman Air Fluggeräts auf dem Flughafen von Salalah
Foto rechts: Beginn einer Oman-Rundreise

Mit kurzärmligen weiten T-Shirts und lockeren, knielangen Hosen oder Röcken sind Touristinnen in Salalah und touristischen Regionen gut gekleidet, für bestimmte Sehenswürdigkeiten, das Landesinnere und Dorfbesuche sollten Arme und Beine allerdings mindestens dreiviertel bedeckt sein. Für Unternehmungen im Landesinneren empfehlen wir daher lange Baumwollhosen und Hemden bzw. lange Sommerkleider mit Sonnenhut/Schirmmütze. Sehr gut lässt sich ein großes Umhängetuch einsetzen, das frau bei Bedarf (z. B. im Markt und bei Grabmälern) locker um den Körper schlingt. Bequemes Schuhwerk und Sandalen gehören ins Gepäck, evtl. auch Badeschuhe. Als Badekleidung am Strand empfehlen sich einteilige Badeanzüge für die Damen und Badeshorts für die Herren. In Luxushotels wird nach Sonnenuntergang gepflegte Kleidung erwartet, Jackett und Krawatte sind aber nirgends erforderlich. Ein Halstuch oder kleiner Schal hilft gegen Zugluft im kühlen Flugzeug und bei starken Klimaanlagen in Fahrzeugen und Hotels. Für Ausflüge ist ein kleiner Tagesrucksack praktisch. Sonnen- und Insektenschutzmittel und eine starke Sonnenbrille sollten auf der Reise auch nicht fehlen.

Wer starke **Medikamente** mit sich führen muss, sollte dafür ein ärztliches Rezept in Englisch dabei haben, das bei Bedarf den Behörden vorgelegt werden kann, da in Oman verschiedene Pharmaprodukte Einfuhrbeschränkungen unterworfen sind. Nehmen Sie solche Medikamente in der Originalverpackung mit und verstauen Sie diese im Handgepäck. Auch alle persönlichen Dokumente, Zahlungsmittel und die Fotoausrüstung gehören ins Handgepäck. Bitte beachten Sie die strengen **Bestimmungen für das Handgepäck**: Fluggäste dürfen nur sehr kleine Mengen Flüssigkeiten im Handgepäck mitführen. Der Behälter darf max. 100 ml Fassungsvermögen haben und muss in einem transparenten, verschließbaren (z. B mit ZIP-Verschluss), max. 1 l fassenden Plastikbeutel transportiert werden. Diesen Bestimmungen unterliegen alle flüssigen, cremigen, gelartigen und schaumigen Substanzen. Während des Fluges benötigte flüssige Medikamente, z. B. Insulin, dürfen mitgeführt werden, wenn eine ärztliche Bescheinigung vorliegt.

Für die Mitnahme von Sondergepäck wie diversen Sportgeräten sollten Sie vorab die Bestimmungen bei der gebuchten Airline erfragen.

Mietwagen

Alle großen internationalen Autoverleiher sind am Flughafen von Salalah und teilweise auch mit Zweigstellen in den Hotels vertreten. Darüber hinaus offerieren mehrere lokale Anbieter ihre Fahrzeuge. Damit es nicht zu unerwarteten Engpässen kommt, empfehlen wir, einen Mietwagen bereits vor Reiseantritt zu reservieren. Adressen und Buchungsmöglichkeiten: siehe S. 242.

Allrad oder Pkw? Für die Küstenregion und die meisten Ausflüge reicht ein preiswerter Pkw aus, wenn man umsichtig fährt (Vorsicht bei Bodenschwellen). Wer allerdings reizvolle Wadistrecken, die Sanddünen in der Wüste und Bergpisten wie zum Jebel Samhan befahren möchte, kommt um einen robusten Geländewagen mit viel Bodenfreiheit nicht herum.

Mietvoraussetzungen: Das Mindestalter beträgt je nach Mietwagenanbieter 21–25 Jahre. Voraussetzung sind der nationale und ein internationaler Führerschein sowie der Besitz einer Kreditkarte, mit der die Kaution hinterlegt wird.

Versicherungen: Neben der Haftpflichtversicherung (Third Party Insurance) besteht die Möglichkeit, eine Unfallversicherung (Personal Accident Insurance), eine Diebstahlversicherung (Theft Protection) und eine Voll- oder Teilkaskoversicherung (Collision Damage Waiver) abzuschließen.

Gut zu wissen: Reifenschäden und Schäden an der Windschutzscheibe sind in der Regel nicht versichert. Bei Pkws ersetzt die Versicherung auch keine Schäden, die durch Offroad-Fahrten entstanden sind. Vor Ort ist es schwierig, einen Mietwagen für die einfache Fahrt zwischen Salalah und Muskat zu mieten. Wer dies plant, sollte schon vor der Reise einen Mietwagen buchen (S. 211).

Fahrzeugausstattung: Der Mietwagen sollte mit einem Ersatzrad, Wagenheber, Radmutterkreuz, Werkzeug und Fahrzeughandbuch ausgestattet sein.

Fahrzeugübernahme: Halten Sie etwaige vorhandene Fahrzeugschäden schriftlich fest, damit Sie nicht später dafür zur Verantwortung gezogen werden. Notieren Sie auch die Kilometerzahl und checken Sie den Zustand der Bereifung. Lassen Sie sich für Grenzübertritte in die VAE eine schriftliche Genehmigung und entsprechende Fahrzeugpapiere aushändigen. Optional sind Zusatzfahrer anzumelden, gegen Aufpreis kann man Kindersitze und Navigationsgeräte mieten.

Verhaltenskodex: Kleiner Knigge für die Reise in den Oman

Begegnung mit den Menschen

Viele Omanis sprechen relativ wenig Englisch und sind durch die arabische Aussprache schwer zu verstehen. Doch das tut ihrer Gastfreundschaft keinen Abbruch. Als Tourist wird man oft wohlwollend beobachtet, z. B. wenn man etwas fotografiert. Manchmal zeigen sie dem Gast dann sogar noch stolz etwas Besonderes, damit man es aufnimmt.

Mit den einheimischen Frauen kommt man praktisch gar nicht in Kontakt. Es gilt auch als sehr **unschicklich**, wenn ein Mann eine ihm fremde Araberin anstarrt oder anspricht, Europäer sollten dies tunlichst unterlassen. Die vielen asiatischen Gast-arbeiter sind zurückhaltend und immer sehr freundlich.

Was man wissen sollte: Südinder und Sri Lanker wackeln bei Zustimmung mit dem Kopf, in derselben Art, wie Europäer verneinen. Dies kann zu lustigen Verwicklungen und Missverständnissen führen, wenn man z. B. von einem Südinder im Restaurant bedient wird und Fragen stellt.

Bei der **Begrüßung** geben Männer sich die rechte Hand (moderne Omanis reichen auch Europäerinnen die Hand, dies sollte man aber nicht forcieren). Es ist üblich, einen Araber mit seinem Titel anzusprechen, zumindest aber mit einem höflichen „Mr." vor dem Vornamen (Beispiel: „Good Morning, Mr. Mohammed").

Sollten Sie einmal zu einer omanischen Familie nach Hause eingeladen werden, sind Süßigkeiten oder Schokolade als Gastgeschenk angebracht. Vergessen Sie nicht, die Schuhe vor dem Betreten der Wohnräume auszuziehen. Angebotene Erfrischungen und Kaffee – egal bei welcher Gelegenheit – sollte man immer annehmen, eine Ablehnung gilt als taktlos. Im **Gespräch** mit Arabern übt man am besten Zurückhaltung bei allen religiösen und politischen Themen, um nicht ins Fettnäpfchen zu treten. Man zeigt Interesse an der Familie, den Kindern und Großeltern, nicht aber direkt an der Ehefrau. **Respekt** vor Älteren ist eine Grundregel Arabiens. Überhaupt ist es in der arabischen Gesellschaft wichtig, sein Gesicht zu wahren, indem man stets ruhig, besonnen, geduldig und höflich miteinander umgeht. Hektik, lautstarke Kritik und Drängelei, wie sie in Europa häufig vorkommen, werden als beleidigend und schamlos empfunden. Jemandem nach einer Hilfeleistung, z. B. Pannenhilfe, Geld anzubieten, verletzt hier auch schnell die Ehre. Es ist also wieder einmal Fingerspitzengefühl gefragt.

Noch zwei wichtige Hinweise: Pünktlichkeit ist in Arabien ein dehnbarer Begriff, und die linke Hand ein absolutes **Tabu** – reichen Sie niemals Ihre linke Hand zum Gruß, und greifen Sie damit auch nicht in eine Schale mit Gebäck ... sie gilt als unrein und beleidigt Ihr Gegenüber ebenso, als wenn Sie ihm die Fußsohlen entgegenstrecken.

Auch der **Moscheebesuch** bietet eine ganze Reihe Möglichkeiten, als Tourist unangenehm aufzufallen. Der Zutritt zu den meisten Moscheen Omans ist für Nichtgläubige ohnehin verboten, und bei den wenigen zugänglichen gibt es feste Besuchszeiten, an die man sich halten sollte (niemals während der Pflichtgebete). Vor dem Betreten der Moschee sind die Schuhe auszuziehen und seitlich abzustellen. Jeder Besucher sollte körperbedeckende Kleidung tragen (Schultern, Oberarme, Beine), Frauen außerdem ihr Haupthaar vollständig bedecken. Im Gebetsraum darf man nur die ausgelegten Teppichbahnen betreten, nicht die gewebten Gebetsteppiche, man darf auch keine Koranbücher anfassen. Wenn man sich dann auch noch leise und respektvoll verhält, hat man bereits die größten Gefahrenquellen gut gemeistert.

Viel Wohlwollen ernten Besucher, wenn sie auf den **arabischen Gruß** „As-Salam-Aleykum" („Friede sei mit Euch") korrekt antworten „Wa Aleykum As-Salam" („Auch mit Euch sei Friede"), oder zumindest höflich „Shukran" (Danke) sagen.

Der Umgang mit dem Alkohol: Oman hat eine vergleichsweise moderate Einstellung zum Alkoholgenuss seiner westlichen Gäste. Dennoch darf Alkohol nur in lizenzierten Räumlichkeiten wie Hotelbars und Restaurants oder in Privatzimmern konsumiert werden, niemals in der Öffentlichkeit.
In Dhofar wird Alkohol bislang nur in den Luxushotels Crowne Plaza, Hilton, Marriott, Juweira Boutique Hotel, Rotana Resort und im Hafenlokal Oasis ausgeschenkt. Auch in den Supermärkten Salalahs sind keine Alkoholika erhältlich, lediglich alkoholfreie, aromatisierte Malzbiere. Es gilt per Gesetz: Kein Alkoholausschank an islamischen Feiertagen sowie am Freitag- und Samstagnachmittag von 12–18 Uhr. Von So–Do darf kein Alkohol von 14–18 Uhr ausgeschenkt werde. Das Feiertagsverbot wird so streng genommen, dass nicht einmal die Business Lounge am Flughafen Alkohol ausschenkt.

Touristen dürfen für den Eigenkonsum pro Person zwei Flaschen mit max. je 1 l alkoholischen Getränken einführen, die man am besten unauffällig im Hotelzimmer genießt. Bitte beachten: Es ist verboten, offene oder geleerte alkoholische Flaschen im Auto dabei zu haben. Sollten Sie einmal an einem gemeinsamen Essen mit Omanis teilnehmen, gebietet es die Höflichkeit, auf Alkoholgenuss zu verzichten, wenn man nicht deutlich dazu aufgefordert wird.

Ramadan: Generell ist es geschickter, eine Reise in arabische Länder nicht während des Fastenmonats Ramadan durchzuführen, weil das öffentliche Leben stark eingeschränkt ist und die Gesellschaft sensibler auf Verstöße gegen religiöse Normen reagiert. Tagsüber haben die meisten Läden und Restaurants geschlossen, und es ist verboten, in der Öffentlichkeit zu essen, zu trinken, zu rauchen oder auch nur Kaugummi zu kauen (Ausnahme: kleine Kinder und Kranke). Nach Sonnenuntergang herrscht dann allerdings in den Städten lebhaftes Treiben bis spät in die Nacht. Alkoholische Getränke müssen in dieser Zeit abgedeckt sein, daher bieten manche Hotels während des Ramadans für alkoholische Getränke nur einen Room Service an, und sie verköstigen ihre nichtmuslimischen Gäste tagsüber in einem abgeschirmten Bereich.

Wichtige Tabus: Homosexualität ist in Oman illegal, Drogenkonsum ebenfalls. In der Öffentlichkeit werden keine Zärtlichkeiten zwischen Mann und Frau ausgetauscht. Berührungen und Händchenhalten von Mann zu Mann oder von Frau zu Frau sind dagegen gängige Gepflogenheit und kein Hinweis auf Homosexualität.

Tipps für Frauen

Europäerinnen denken meistens, sie seien in arabischen Ländern gegenüber ihren männlichen Partnern benachteiligt und in den persönlichen Freiheit beschnitten. Man kann es aber auch anders sehen: Während die westlichen Männer keinerlei Zugang zur arabischen Frauenwelt erhalten können, bewegen sich ihre Partnerinnen hierzulande in einer Art Zwischenwelt. Sie haben ein natürliches Recht auf alle Frauendomänen, genießen in Begleitung ihres westlichen Partners aber deutlich mehr Freiraum als einheimische Frauen und können sich daher auch manchen Männerdomänen nähern. Aus Höflichkeit und Rücksicht gegenüber der

westlichen Kultur akzeptieren Araber, dass Touristinnen Kaffeehäuser besuchen, sich an Gesprächen beteiligen, selbständig reisen, Geschäfte tätigen und vieles mehr. Wenn aufgeschlossene Touristinnen nun auch ihrerseits die kulturellen Gepflogenheiten berücksichtigen und durch Auftreten und Kleidung Würde ausstrahlen, werden sie sich auf einer Omanreise sehr wohlfühlen.

Die wichtigsten Regeln betreffen die **Kleidung**. Passende Kleidung ist vor allem weit geschnitten (nicht figurbetont), blickdicht, gepflegt und bedeckt sowohl das Dekolleté, die Schultern und Oberarme als auch die Beine bis über die Knie. Im Landesinnern sollte frau Arme und Beine möglichst ganz bedecken. Lange Haare gelten als sexuelles Attribut und sollten besser zusammengesteckt statt offen getragen werden. Badekleidung: Alle Meeresstrände sind öffentlich, es kommt daher vor, dass man beim Baden ungewollt männliche Zuschauer hat, was sich schwer vermeiden, aber etwas abmildern lässt, wenn man zumindest einen einteiligen Badeanzug anstelle des knappen Bikinis trägt und auf dem Weg zum Wasser bekleidet bleibt. Die mitunter unverhohlene Neugier der Passanten wird nachvollziehbar, wenn man weiß, dass einheimische Frauen nur vollständig bekleidet im Meer baden. Gelegentlich ignorieren Touristinnen das „Oben-ohne-Verbot“ beim Sonnenbaden am Hotelpool. Dies wird zwar höflich toleriert, eine nette Geste dem Gastland gegenüber ist dies aber nicht.

Alleinreisende Frauen: Im Vergleich mit seinen Nachbarstaaten haben alleinreisende Frauen in Oman wenig Einschränkungen zu befürchten. Sie dürfen allein einen Mietwagen fahren und können auch öffentliche Verkehrsmittel und Taxis benützen, ohne mit Belästigungen rechnen zu müssen. Doch treten im arabischen Kulturkreis Frauen nie allein in der Öffentlichkeit auf, daher fallen alleinreisende Touristinnen natürlich auf und irritieren. Sie werden leicht als freizügig und verfügbar missverstanden. Dies sollte man sich bewusst machen und alle Situationen vermeiden, die falsch verstanden werden könnten: Keine Kontakte zu arabischen Männern suchen, kein langer Augenkontakt, Menschengedränge meiden, sich ganz besonders „anständig“ kleiden, lange Haare nicht offen tragen, zurückhaltend und selbstbewusst auftreten, die räumliche Nähe zu anderen Frauen suchen. Am besten gibt man sich in Gesprächen als verheiratet und kinderreich aus, zeigt vielleicht auch gleich ein paar Familienfotos, das unterstreicht die persönliche Integrität.

Restaurantbesuche: Alle Restaurants haben neben dem Hauptgastraum auch eine abgetrennte „Family Section“, wo weibliche Gäste mit ihren Familien ohne belästigende Blicke durch Fremde speisen können. Touristenpaare werden häufig gleich in diesen Familienbereich gelotst, können aber frei wählen, wo sie lieber sitzen möchten. Indische und chinesische Restaurants haben zwar auch eine „Family Section“ für die arabischen Familien, in diesen Restaurants halten sich aber viele (z. B. indische) Frauen ganz ungezwungen mit ihren Familien im Hauptgastraum auf. So etwas wäre in jemenitischen Lokalen, die kaum weibliche Gäste haben, gar nicht denkbar. Alleinreisenden Frauen sei empfohlen, in allen Restaurants stets den Familienbereich zu nutzen.

Foto links: So streng wie in der Sultan Qaboos Moschee in Maskat, wo Sittenwächterinnen die Kleidung der Touristinnen prüfen, ist man in Salalah bisher nicht

Oben: Zugang zu einem Frauenbad

Tipps fürs Hotel

Einchecken: Beim Einchecken bieten die landestypischen Hotels meistens keine Begleitung ins Zimmer und keinen Kofferservice, sondern händigen dem Gast nur den Zimmerschlüssel aus.

Hotelzimmer: Viele Hotelzimmer haben sehr kühle, geflieste Böden, Abhilfe schaffen ein paar dünne Stoffschlappen. In der Regel gibt es nur einen Schlüssel pro Zimmer, und die Minibar ist leer. Dafür sind viele Zimmer mit einem Bügeleisen ausgestattet.

Gym & Spa-Bereich: Wenn das Hotel einen Fitnessraum hat, sind dessen Öffnungszeiten sehr lang, mitunter 24 Stunden täglich. In Oman geht man generell nicht nackt in die Sauna oder zu den Spa-Anwendungen, sondern trägt immer Badekleidung.

All-inclusive-Gäste sollten genau aufpassen, welche Getränke wann inkludiert sind, denn es gibt große Unterschiede. Manchmal wird der Alkoholausschank auf bestimmte Tageszeiten reduziert, manchmal gilt AI nur in einem einzigen Bereich des Resorts bzw. nur an der Bar und nicht im Restaurant. Mitunter sind die Soft Drinks in der Minibar inkludiert, anderswo jedoch nicht.

Kleiner Knigge fürs Hotel

Frühstücksbuffet: Es ist sehr unhöflich, heimlich belegte Brote in Servietten verpackt vom Hotelbuffet mitzunehmen.

Sonnenliegen: Wer in Oman morgens vor dem Frühstück mit Handtüchern die Liegen am Pool oder Strand belegt, fällt unangenehm auf.

Dress Code: Nach 18 Uhr ist in den meisten Hotels der „Smart Look" erwünscht: Keine Shorts und Badeschlappen für die Herren, keine Strandkleider für die Damen. Jackett und Krawatte sind nicht nötig. Bademoden: FKK und „Oben ohne" sind in Oman verboten, knappe String-Tangas überall höchst unpassend. Am Hotelpool sind Bikini und Badehose in Ordnung, für das Bad im Meer (alle Strände sind öffentlich zugänglich) sollten Damen besser auf einteilige Badeanzüge und Herren auf Badeshorts zurückgreifen.

Ein paar persönliche Reisetipps

Picknick: In Dhofar gibt es zahlreiche schöne Picknickplätze (Foto unten). Machen Sie es wie die Einheimischen, und bringen Sie von zuhause eine kleine Tischdecke, Trinkgläser, Flaschenöffner, Teller und Besteck mit. Idealerweise auch eine kleine Kühltasche; die gibt es aber auch in Supermärkten wie dem Carrefour günstig zu kaufen. Feine Mitnahmespeisen wie Salate und Sandwichs, erstklassiges frisches Baguette und Delikatessen wie Gänserillettes finden Sie dort auch.

Frisörbesuche: „Barber" sind nur für Männer zuständig, Frauen besuchen einen „Beauty Parlour". Traditionell ergänzt der Barber den Männerhaarschnitt mit einer Rasur und einer ausgiebigen Kopfmassage, parfümiert und salbt seinen Kunden sehr zeitintensiv und so hingebungsvoll, dass dieser danach stundenlang glänzt und duftet!

Öffentliche Toiletten: Bei den meisten öffentlichen Toiletten und vielen Restauranttoiletten handelt es sich um saubere arabische Hocktoiletten mit Duschschläuchen („Arabic Shower") anstelle von Toilettenpapier. Es empfiehlt sich, immer ein wenig Klopapier bei sich zu haben.

Für Autofahrer: Kaufen Sie bei Reisebeginn mehrere Wasserflaschen, die Sie für Pannen oder Notfälle im Auto deponieren. Wenn man einmal ohne Klimaanlage und Schatten in der Mittagszeit am Straßenrand ausharren muss, ist man froh darum. Frauen sollten im Auto auch eine langärmlige Jacke oder Bluse und ein großes Kopftuch, das Kopf, Schultern und alle Haare bedeckt, deponieren (günstig im Souk zu bekommen). So ist man immer gerüstet, wenn man eine Moschee oder ein Grabmal besuchen möchte. Übrigens: Sollten Sie beim Parken tropfendes Wasser unter dem Auto entdecken, handelt es sich in der Regel um harmloses Kondenswasser der Klimaanlage.

Gesundheitstipps

Im Hotel: Erkältungskrankheiten zählen zu den häufigsten Urlaubskrankheiten. Es ist gesünder, die Klimaanlage im Hotelzimmer nur bei Abwesenheit laufen lassen. Nasse Badekleidung sollte man stets wechseln.

Am Strand und im Wasser: Barfuß zu laufen birgt Verletzungsgefahr. Im Wasser kann man sich leicht an scharfkantigen Korallen oder durch Seeigel verletzen. Am besten trägt man Badeschuhe. Fassen Sie keine Fische an, denn manche sind giftig und gefährlich, z. B. Steinfische und Rotfeuerfische. Wenn man mit einer Qualle in Berührung gekommen ist, sollte man kein Wasser darüber laufen lassen, sondern die Stelle mit trockenem Sand abreiben. Beim Schnorcheln sollte man stets ein T-Shirt tragen, sonst verbrennt man sich unbemerkt den Rücken. Ungeübte probieren besser nicht leichtfertig anspruchsvolle Wassersportarten wie Kitesurfen aus. Bedenken Sie, wie schnell ein Unfall oder eine Sportverletzung die Urlaubsfreuden trüben kann. Baden Sie grundsätzlich nicht nachts im Ozean. Da kein Riff der Küste vorgelagert ist, brechen hier teilweise hohe Wellen an Land.

Während des Monsuns herrscht wegen der hohen Wellen Badeverbot im Meer, in den Wochen danach kann Baden zum Teil nur eingeschränkt möglich sein.

Sonneneinstrahlung: Gewöhnen Sie Ihre Haut vor allem in den ersten Tagen ganz langsam an die intensive Sonneneinstrahlung, meiden Sie die direkte Sonne in den Mittagsstunden (11–15 Uhr), und benützen Sie konsequent mehrmals täglich Sonnenschutzmittel mit hohem Lichtschutzfaktor. Die Haut rötet sich erst 4–6 Stunden nach der Sonneneinwirkung; schützen Sie sich also rechtzeitig. Benutzen Sie auch eine Kopfbedeckung zum Schutz gegen Sonnenstich.

Tauchen und Bergsteigen: Wer einen Tauchurlaub plant, sollte unbedingt vorab beim Arzt seine Tauchtauglichkeit testen lassen. Überprüfen Sie Ihren Versicherungsschutz hinsichtlich der geplanten Aktivitäten (Unfallversicherung und eine gute Auslandskrankenversicherung).

Gefahren durch Wildtiere: Die Wahrscheinlichkeit, mit einem tollwütigen Tier in Kontakt zu kommen, mag gering sein. Da man sie aber nicht ausschließen kann, sollten vorsichtige Reisende unbekannte Tiere nicht anfassen oder füttern. Hautverletzungen durch Tierbisse können sich auch ohne Tollwutgefahr leicht infizieren, sie müssen daher sorgfältig ausgewaschen werden.

Trinken: Ein wichtiger Rat ist von der Reise vollkommen unabhängig: viel trinken! Wer Durst verspürt, hat eigentlich schon einen Mangel, den der Körper anzeigt. Gesund ist, stets so viel zu trinken, dass sich kein Durstgefühl einstellt. Besonders geeignet sind die arabischen Lieblingsgetränke Wasser und Tee. Das Leitungswasser gilt in Oman zwar als Trinkwasser, dennoch empfehlen wir, lieber Mineralwasser zu trinken, das in handlichen Plastikflaschen von 0,5 bis 1,5 l sehr preiswert verkauft wird (Leitungswasser ist oft stark behandelt bzw. gechlort).

Mückenschutz: An der Küste kommen Stechmücken vor, im Landesinnern kaum. Bei Dämmerung und im Dunkeln schützt man sich am besten durch körperbedeckende Kleidung, möglichst in hellen Farben. Nach Sonnenuntergang hält man die Fenster besser geschlossen, sprüht abends ggf. die Räume mit einem Insektenabwehrmittel aus, das viele Hotels im Zimmer bereithalten.

Immunsystem stärken: Sorgen Sie auch im Urlaub für ausreichend Schlaf und gönnen Sie Ihrem Körper Erholung, um mit der Zeitverschiebung, dem veränderten Klima und der ungewohnten Nahrung zurecht zu kommen. Gönnen Sie sich Ruhepausen bei Unpässlichkeiten wie Magenproblemen. Durchfall gehört zu den häufigsten Krankheitserscheinungen bei Fernreisen; dabei handelt es sich in den meisten Fällen um harmlose Reaktionen des Körpers oder um bakterielle Infektionen, z. B. durch unreines Wasser. Wichtigste Maßnahme ist, der Dehydrierung entgegenzuwirken, also viel zu trinken; am besten Wasser mit Mineralienzusätzen. Ein harmloser, wässriger Reisedurchfall sollte sich nach zwei bis vier Tagen verflüchtigen, bei eitrigem, blutigem Durchfall oder Fieber ist jedoch ein Arzt aufzusuchen.

Was tun im Krankheitsfall vor Ort?

Wer vor Ort ambulante medizinische Leistungen eines Arztes oder einer Klinik in Anspruch nimmt, muss die Kosten zunächst selbst begleichen und reicht die aussagekräftige Rechnung später bei der Versicherung ein (auf der Rechnung müssen neben der Adresse des Rechnungsstellers der Name des Patienten, das Datum, die Behandlung und die Währung vermerkt sein).
Bei stationärem Aufenthalt in einem Krankenhaus ist der Versicherer sofort zu informieren. In solchen Fällen werden die Kosten in der Regel direkt zwischen der Versicherung und dem Krankenhaus abgerechnet.

Fototipps

Dhofar ist ein Traum für Fotografen – die Motive, Lichtstimmungen und die Klarheit der Luft machen das Land ausgesprochen fotogen.

Es gibt aber auch Objekte, die nicht fotografiert werden dürfen: Militär-, Erdöl- und andere Industrieanlagen, Flughäfen und Betende in den Moscheen. Bedenklich sind außerdem Fotos sämtlicher Regierungsgebäude und Amtssitze, von Soldaten und Straßensperren sowie generell von Frauen. Verzichten Sie daher auf solche Aufnahmen.

Es sollte selbstverständlich sein, immer erst um Erlaubnis zu fragen, ehe man Menschen ablichtet. Das gilt insbesondere in religiösen Stätten wie Moscheen und Grabmälern. Meistens ist es leichter, die Erlaubnis für ein Gruppenbild zu erhalten als für eine Einzelperson. Buben und Männer stimmen einem Foto manchmal fröhlich zu, Frauen und Mädchen lehnen dies fast immer ab. Fotografieren Sie nie jemanden gegen seinen Willen!

Am besten gelingen die Aufnahmen im sanften, warmen Licht der Morgen- und späten Nachmittagstunden. Mittags leiden viele Aufnahmen in der grellen Sonne durch Fehlbelichtungen oder zu harte Konturen. Mit Digitalkameras lassen sich schwierige Bedingungen meistern, indem man mehrere Aufnahmen mit voneinander abweichenden Belichtungen tätigt. Portraits dunkelhäutiger Menschen gelingen auch bei Tageslicht am besten mit Blitzlicht; Teleaufnahmen und Sonnenuntergangsszenen besonders gut mit einem Stativ.

Fotos links: Auf Tuchfühlung mit dem Kamel
Rechts: Die besten Fladenbrote werden im Tandur-Ofen gebacken

Kulinarische Tipps und Empfehlungen

Die omanische Küche ist stark geprägt von indischen Einflüssen und Gewürzen. „Bizar" heißt eine weit verbreitete omanische Würzmischung aus Koriander, Kardamom, Zimt, Cumin (Kreuzkümmel), Ingwer und Pfeffer. Indische Speisen sind längst nicht immer so scharf wie ihr Ruf, aber stets sind sie aromatisch würzig, wie das milde, in einer hellen Marinade ausgebratene Fleischgericht Malai Kebab oder Chicken Kashmiri, ein Hühnergericht in milder Cashew-Soße.

Arabische Speisen sind z. B. Mishqaq, ein Barbecue aus Mix Grill, und das gebratene Reisgericht Qabooli. Das omanische Nationalgericht Shuwa, ein mit Dattelbrei mariniertes Fleisch, das in einem Erdloch ausgebraten wird, ist in Dhofar nicht sehr verbreitet. Hier bevorzugt man eher jemenitische Kost: Reisfleisch (Mandi), auf Steinen gegartes Ziegenfleisch (Mudbi) oder fette Fleischstreifen von Kamel und Kuh (Majeen). Foul Medammes, braune Bohnen, werden oft zum Frühstück angeboten.

Die Grundlage jeder Mahlzeit bilden Reis und frische Fladenbrote, zu denen diverse Vorspeisen gereicht werden wie Humus (Kichererbsenpüree), Mutabel (Auberginenpüree), Tabouleh (Petersilien-Bulgur-Salat) und Falafel (Kichererbsenbällchen). Man unterscheidet folgende **Fladenbrote**: Als Beilage soßiger Currys eignet sich das ungesäuerte **Paratha** gut, ein pfannkuchenähnlicher, dicker Fladen, der beim Erkalten nicht hart wird. Manchmal wird er mit Kartoffeln (Aloo Paratha), Frischkäse (Paneer Paratha) oder Zwiebeln gefüllt und ist dann eine vollwertige Speise, die man in Raita oder Chutneys taucht. Die kleineren **Naan**-Fladen werden dagegen schnell hart und knackig, sie ähneln einem Pizzaboden.

Traditionell wird Naan aus gesäuertem Hefeteig mit Joghurt hergestellt und im speziellen Tandur-Ofen über offener Glut gebacken, was ihm einen besonderen Geschmack verleiht. Der Bäcker wirft die Fladen geschickt von oben an die heißen Seitenwände des tönernen Ofens, wo sie kleben bleiben und ausbacken. Mit einem Feuerhaken nimmt er sie dann im richtigen Moment aus der Hitze. Es gibt Naan „plain" oder mit Butter bestrichen. **Chapati** (auch **Roti** genannt) ähnelt dem Naan, wird aber häufig in einer gefetteten Pfanne ausgebacken und besteht aus einer Vollkornmehlmischung. Weniger häufig begegnet man den nordindischen **Kulcha**-Fladen, dicken Fladenbroten aus Weizenmehl und Backpulver, die gerne mit dem Frischkäse Paneer, Zwiebeln oder anderem Gemüse gefüllt werden.

Vom Tandur-Ofen leitet sich auch das berühmte indische Gericht **Tandoori Chicken Masala** ab, bei dem die mit Joghurt und feuerroter Masala-Würzmischung marinierten Hühnerstücke auf einem Spieß direkt im Tandur gebraten werden.

Beliebte **Getränke** sind Soft Drinks, süße Limonaden und Fruchtsäfte, auch Eistee und alkoholfreies Malzbier mit Erdbeer- oder Zitronengeschmack. Aus Indien wurde das Milchgetränk Lassi eingeführt. Ansonsten wird sehr viel Wasser, Tee, arabischer Kaffee und Nescafé getrunken. Oman produziert hervorragendes eigenes Mineralwasser, die Luxushotels importieren aber auch internationale Marken. Omanis lieben süße Nachspeisen, und ganz besonders **Halwa**. Die wackelpuddingähnliche, in Stücke geschnittene Süßspeise besteht aus stundenlang gekochtem und gerührtem Zuckerwasser mit Ei, dem nach und nach Nüsse, Rosenwasser, Kreuzkümmel und andere Gewürze zugegeben werden.

Die **Preisdifferenz** zwischen Touristenhotels und landestypischen kleinen Restaurants ist beträchtlich. Es gibt keine hygienischen Bedenken, außerhalb der Hotels zu essen, und bietet zudem einen viel größeren Erlebniswert. Die **omanischen Restaurants** sind für den europäischen Geschmack allerdings häufig etwas ungemütlich: Einfaches Plastikgestühl, Kleenex-Tücher statt Servietten, Plastikgeschirr, und mitunter dröhnt im Gastraum der Fernseher. Auch haben die Restaurants meistens keine sehr attraktive Lage, sondern breiten sich direkt an den viel befahrenen Highways aus. Den Einheimischen gefällt's, sie können mit dem Auto direkt vorfahren, essen rasch und verabschieden sich wieder. Jemenitische Lokale sind besonders einfach ausgestattet. Traditionell werden sie nur von Männern besucht, und anstelle von Tischen und Stühlen sitzt man hier in abgetrennten Bereichen auf Sitzkissen oder auf dem Teppich am Fußboden, und isst gemeinsam mit der rechten Hand von großen, silbernen Tabletts. In den landestypischen Restaurants wird zum Essen immer auch Wasser bereitgestellt; für die Einheimischen Leitungswasser, Touristen bekommen eine gekühlte Mineralwasserflasche gereicht.

Außerhalb der Städte sind Restaurants sehr rar. Manchmal kann man in ländlichen Supermärkten und Bäckereien Samosas (frittierte, gefüllte Teigtaschen) kaufen, mitunter findet man bei den Tankstellen auch ein einfaches Lokal.

Alkoholausschank: In Dhofar wird Alkohol bislang ausschließlich in den Luxushotels Crowne Plaza, Hilton, Marriott, Juweira Boutique Hotel, Rotana Resort und im Hafenlokal Oasis ausgeschenkt. Kein anderes Restaurant ist lizenziert. Es gilt per Gesetz: Kein Alkoholausschank am Freitag- und Samstagnachmittag von 12–18 Uhr sowie an islamischen Feiertagen. Von So–Do darf kein Alkohol von 14–18 Uhr ausgeschenkt werde.

Wasserpfeife rauchen: Omanis lieben es, abends ihre Shisha zu rauchen. Viele Hotels und Restaurants bieten Wasserpfeifen an (1 OMR). Es gibt verschiedene Aromen wie Erdbeere und Apfel. Die Mundstücke werden nach jedem Gebrauch gereinigt, meistens sogar mit einer Folie abgedeckt.

Zur Info: In Oman herrscht Rauchverbot in allen Innenräumen von Gaststätten.

Oben: Getränke aus dem Supermarkt
Unten: Wasserpfeifen

Autofahren in Oman

Das moderne, gut ausgebaute Straßennetz in Oman macht es europäischen Autofahrern einfach, sich zurechtzufinden. Die meisten Verkehrsschilder sind zweisprachig (Arabisch/Englisch), es herrscht Rechtsverkehr, und außerhalb der städtischen Stoßzeiten ist auch das Verkehrsaufkommen dünn.

Verkehrsregeln und Vorschriften: Höchstgeschwindigkeit in Ortschaften: 50–80 km/h, außerorts und auf Fernstraßen max. 120 km/h. Auf den Vordersitzen besteht Anschnallpflicht. Es besteht Handyverbot am Steuer. Bei Verstößen drohen empfindliche Bußgelder, auch ein allzu verdrecktes Fahrzeug kann geahndet werden. Autopapiere und den Führerschein muss man stets bei sich haben.

Arabische Autofahrer neigen zum schnell Fahren. Trotz Radarfallen werden die Geschwindigkeitsbegrenzungen gerne ignoriert. Auch betätigen Omanis häufig die Warnblinkanlage, z. B. bei Tieren auf der Straße, vergessen aber schon mal das Blinken beim Abbiegen oder beim Spurwechsel und Ausscheren aus einem Kreisverkehr. Viele Autofahrer sind mit ihren Mitfahrern ins Gespräch vertieft und abgelenkt, ihr Fahrstil wirkt in solchen Momenten etwas unaufmerksam und rücksichtslos.

Fahren in Salalah: Die Stadt hat viele breite Straßenzüge. Anstelle von Ampelkreuzungen gibt es zahlreiche „Roundabouts". Fahrzeuge im Kreisverkehr haben Vorfahrt. Vormittags ist der Stadtverkehr in Salalah sehr ruhig, nachmittags bis spät abends herrscht dagegen starker Verkehr.

Warnblinkanlage: Wenn Autofahrer die Warnblinker anschalten, sind in der Regel Kamele auf oder direkt neben der Fahrbahn.

Wadi-Furten: In den Flussbetten der Wadis stehen beiderseits der Straße rotweiße Pfosten. Sie dienen zur Orientierung, wenn die Furten nach Regenfällen vorübergehend überflutet sind. Solange das Wasser noch im weißen Bereich des Pfostens ist, darf man die Furt befahren; wenn die Flut bis in den roten Farbbereich steigt, nicht mehr.

Radarkontrollen: Auf den Fernstrecken gibt es zahlreiche Geschwindigkeitskontrollen. Die meisten Mietwagen sind mit einem Sensor ausgestattet, der bei Überschreitung der maximal zulässigen 120 km/h unangenehm zu piepen beginnt.

Tanken: Landesweit bestehen Festpreise für Treibstoff: Diesel kostet etwa 0,27 Euro/l, Benzin 0,23 Euro/l. Das Betanken ist eine Serviceleistung, man greift nicht selbst zum Zapfhahn, und man bezahlt in bar.

Alkohol: In Oman gilt sehr streng die Null-Promille-Grenze. Vorsicht: Großen Ärger kann es geben, wenn Sie mit leeren oder angebrochenen Flaschen alkoholischer Getränke im Auto erwischt werden, denn dies kann als Alkoholkonsum während der Fahrt interpretiert werden.

Unfälle mit Kamelen: Das omanische Gesetz sieht folgende Regelung vor: Passiert ein Verkehrsunfall mit einem Kamel tagsüber, gilt der Autofahrer als schuldig, passiert er bei Dunkelheit, wird der Kamelhalter zur Verantwortung gezogen.

Verkehrsunfälle: In Oman ist man verpflichtet, bei absolut jedem Verkehrsunfall die Polizei zu rufen, auch bei Bagatellschäden. Sie stellt ein polizeiliches Unfallprotokoll aus, dessen Kopie man stets bei sich tragen und später auch der Versicherung vorlegen muss. Dieses Protokoll ist außerdem die Voraussetzung, damit Autowerkstätten den Wagen überhaupt reparieren dürfen. Verlassen Sie den Unfallort keinesfalls und verändern Sie möglichst auch nicht die Fahrzeuge, bis die Polizei eintrifft. Kontaktieren Sie auch Ihre Mietwagenagentur. Bei Unfällen mit Personenschäden sollte man unverzüglich Kontakt zur eigenen Botschaft aufnehmen. Landesweiter Notruf: Tel. 9999.

Fahren auf tiefsandigen Pisten

Lange Sandstrecken befährt man langsam im untersetzten Gang und ggf. mit vermindertem Reifendruck, um die Auflagefläche der Reifen zu vergrößern. Bereits mäßig reduzierter Reifendruck – vorne um 30 %, hinten um 50 % – hilft auf Tiefsandstrecken enorm, weil das Fahrzeug weniger einsinkt. Schalten inmitten von Tiefsandfeldern ist dringend zu vermeiden, indem man bereits mit dem richtigen Gang und der passenden Drehzahl (nicht untertourig, aber auch nicht extrem aufs Gas gehen) in den Tiefsandbereich fährt. Wer stecken bleibt, weil er nicht im richtigen Gang war: erst zurücksetzen und dann im niedrigen Gang starten. Lenken Sie nicht übertrieben, die Räder suchen sich bei tiefsandigen Spuren von allein den Weg.

Sanddünen bewältigen: Reifendruck reduzieren, im 2. Gang Untersetzung und

Allrad mit Schwung anfahren und zügig, aber ohne Hektik und ohne zu schalten die Düne überqueren.

Im Sand stecken geblieben?

Folgende Maßnahmen sind anzuwenden:

1) Schaufeln (vor den Reifen, wenn der Wagen aufsitzt auch unter dem Fahrzeug), bei Bedarf auch die Mittelspur vor dem Wagen etwas abtragen.
2) Reifendruck deutlich reduzieren.
3) Wenn möglich, kurz zurücksetzen, um den Wagen freizustellen. Mitfahrer dabei anschieben lassen.
4) Sobald ein Reifen durchdreht: Stopp! Erst erneut Sand schaufeln.
5) Falls vorhanden, Differenzialsperre(n) zuschalten.
6) Falls vorhanden, Wagen an einer Seite hochbocken und Sandblech unterlegen.
7) Schließlich zügig mit Anschieben, Allrad und Sperren durchfahren.
8) Nach Verlassen des sandigen Gebiets den Reifendruck wieder erhöhen, da sonst Gefahr droht, die Reifen durch scharfkantige Steine aufzuschlitzen.

Fahren auf Geröllpisten

Wellblech-Rüttelpisten sind zwar nervenzerreißend, aber am sichersten ganz langsam zu fahren. Nur Fahrer mit ausreichend Pistenerfahrung dürfen sich in höhere Geschwindigkeitsbereiche vorwagen. Geschwindigkeiten über 80 km/h sind lebensgefährlich! Schlechte Stoßdämpfer wirken sich auf Schotterpisten besonders fatal aus. Der Wagen kann blitzartig ausbrechen und unkontrollierbar werden; nicht selten kommt es dann zu Überschlägen. Halten Sie auf allen Pisten immer genügend Abstand zum Vordermann und verzichten Sie auf riskante Überholmanöver. Es besteht auf Schotterpisten erhöhte Steinschlaggefahr während des Überholens und bei Gegenverkehr.

Wasserdurchfahrten

Bevor man sein Auto in die Furt eines überfluteten Wadis lenkt, sollte man die Fahrspur untersuchen. Mit einem Stecken vorausgehend kann man ertasten, wie tief das Wasser wird. Schließlich durchquert man die Wasserstelle im Allradmodus zügig, aber ohne Hast. Hauptsächliche Gefahr ist ein Steckenbleiben inmitten des Gewässers, wodurch Wasser in den Motor dringen und diesen beschädigen könnte. Im Zweifelsfalle verzichtet man besser auf das feuchte Abenteuer und wartet, bis die Flut nach ein paar Stunden wieder zurückgeht.

Wüstentouren in die Rub al-Khali

Wer eine Wüstentour plant, die über den gängigen Ausflug nach Ubar und das Empty Quarter Camp oder das Al Hashman Camp hinausgeht, sollte über ausreichend Erfahrung im Bereisen von Wüsten und extremer Wildnis verfügen, denn er begibt

sich hier in eine der unwirtlichsten und einsamsten Gegenden der Welt. Allzu leicht werden die Gefahren unterschätzt. Fahren Sie stets im Konvoi von mindestens zwei autarken Allradfahrzeugen und mit GPS-Navigationsgeräten. Denken Sie bei solchen Touren an ausreichend Trinkwasser und Treibstoff (Vorsicht: der Spritverbrauch erhöht sich im Weichsand beträchtlich).
In jedes Fahrzeug gehören außerdem: Bergegurt/Abschleppseil, Schäkel, Sandschaufeln, Ersatzreifen, Reifenflickzeug, Radmutterkreuz, Wagenheber, Starthilfekabel, Reifendruckmessgerät, 12-Volt-Kompressor oder Handluftpumpe, Taschenlampe, Keilriemen, Sicherungen, Spanngurte, Sandbleche oder Holzunterlage, Erste-Hilfe-Set. Campieren Sie nie in einem Wadibett. Selbst weit entfernte regionale Unwetter können überraschend Fluten anschwellen lassen. Verlassen Sie bei Pannen nicht Ihr Auto, um Hilfe zu holen. Ein liegengebliebenes Fahrzeug wird viel leichter entdeckt als ein verirrter Fußgänger. Bleiben Sie beieinander, trennen Sie sich nicht. Hilfreich ist, wenn man zuvor einer Vertrauensperson die genaue Route und Dauer der Tour nennt, damit diese Hilfe organisieren kann, wenn man nicht rechtzeitig zurückkehrt. Wer ein Satellitentelefon besitzt, kann in Notlagen selbst aktiv werden.

Die sprachliche Verständigung

Arabisch ist eine sehr schwer zu lernende semitische Sprache, die sich in Grammatik, Satzbau und Schrift deutlich von den europäischen Sprachen unterscheidet. Arabische Texte liest man von rechts nach links; die Sprache kennt 28 Konsonanten und nur drei Vokale, a, i und u, die je nach Aussprache zahlreiche Bedeutungen haben. Der omanische Dialekt unterscheidet sich darüber hinaus vom Hocharabischen. Die unterschiedlichen Schreibweisen für arabische Namen und Orte sind dem Versuch geschuldet, die Aussprache eines arabischen Wortes in lateinischen Buchstaben wiederzugeben. Da es dafür keine einheitliche Form gibt, kommt es zu entsprechenden Variationen.

Als Reisender ohne Arabischkenntnisse wird man die Sprache kaum während einer Urlaubsreise lernen, zumal die meisten Kontaktpersonen zumindest ein wenig Englisch sprechen. Dennoch wird wohlwollend honoriert, wenn Touristen sich um ein paar höfliche Redewendungen bemühen.

Ein paar Grundlagen für die richtige Aussprache

sh = sch

s = stimmloses ß oder ss

z = stimmhaftes s

kh = ch wie in Dach

gh = ungerolltes r

r = auf der Zunge gerolltes r

j = stimmhaftes dsch

h = aus dem Rachen gehauchtes h

th = gelispeltes englisches th, wird dabei scharf gesprochen

dh = gelispeltes englisches th, wird dabei weich gesprochen

w = sehr weich gesprochen

q = wie ein „k“ gesprochen

y = wie ein „j“ gesprochen

Die Zahlen von 1 bis 9

0 = sifr	4 = arbaa	8 = thamaya
1 = wahid	5 = khamsa	9 = tsa
2 = ithnan	6 = sitta	
3 = thalatha	7 = saba	

Wertvolle Grußformeln und Ausdrücke

Danke	shukran
Bitte (*Aufforderung*)	min fadhlak (*zum Mann*) min fadhlik (*zur Frau*)
Bitte (*Gewährung*)	tafaddhal (*zum Mann*) tafaddhali (*zur Frau*)
Gut, o.k.	tamam
Willkommen!	marhaba
Höflicher Gruß	as-salam aleykum
Antwortgruß	wa aleykum as-salam
Wie geht es dir?	kaif al hal?
Antwort	al-hamdulillah!
Guten Morgen!	sabah al khair
Antwortgruß	sabah an nur
Guten Abend!	masa al khair
Antwortgruß	masah an nur
Auf Wiedersehen!	Ma a salama
Wenn Gott will!	inshallah
Entschuldigung	asif, afwan
Toilette	hamam
Polizei	shurta
Kaffee / Tee	qahwa / shai
Ja / nein	na am / la
Deutschland	almaniya
Österreich	an-nimsa
Schweiz	swisra

Fotos oben und S. 237: Einige sprachliche Stilblüten, denen man in Oman begegnet, denn englische Begriffe werden in Arabien manchmal etwas ungewöhnlich geschrieben. Verstehen kann man es trotzdem gut!

Glossar

Abaya	Schwarzer Umhang der arabischen Frauen
Aflai	Plural von Falaj (trad. Bewässerungssystem)
AI	All-inclusive (Vollpension inklusive Getränke)
Ain	Quelle
Arides Klima	Wüstenhaft trockenes Klima
ATM	Geldautomat zur Bargeldabhebung
Bazar	Markt
Bedu	Beduine / Eigenbezeichnung arabischer Wüstennomaden
Bir	Brunnen
Birkat	Weiher, Teich, See sowie Zisterne
Bokhur	Räucherdüfte
Corniche	Küstenpromenade
Dune Bashing	Im Geländewagen über Sanddünen jagen
Falaj	Traditioneller Bewässerungskanal (siehe auch: Aflaj)
Halwa	Beliebte Süßspeise
Jebel	Berg bzw. Gebirgszug
Khanjar	Traditioneller omanischer Krummdolch
Khor	Lagune oder Meeresarm
Laban	Buttermilchähnlicher Trinkjoghurt
Luban	Weihrauch
Masjid	Moschee
Nejd	Halbwüste nördlich der Qaraberge
Roundabout	Kreisverkehr
Shisha	Wasserpfeife
Wadi	Trockenflusstal
Wadi Bashing	Im Geländewagen durch Wadis preschen

Tipps für Taucher

Der Fischreichtum Omans ist atemberaubend: Anemonenfische, Kofferfische, Papageifische, Igelfische, Fahnenbarsche, Makrelen, Süßlippen, Wimpelfische, Kaiserfische, Mantas ... schon die bunten Namen lassen erahnen, was für ein Spektakel sich hier unter Wasser abspielt. Es tummeln sich derart viele Schwärme im Ozean, dass man sich an ein Aquarium erinnert fühlt. Raubfische wie Querbänder-Barrakudas, Leopardenhaie und Arabische Zackenbarsche finden hier wahrlich einen reich gedeckten Tisch. **85 Hart- und Weichkorallenarten**, von denen zwei sogar endemisch sind, ergänzen das artenreiche Leben in den Gewässern Omans.

Die **Sichtweite** unter Wasser ist aufgrund des hohen Planktongehalts eher bescheiden, sie liegt meist bei zwölf Metern, manchmal auch nur bei fünf bis sieben Metern, und so wird die Begegnung mit mächtigen Adlerrochen, unheimlichen Muränen, gigantischen Pott- und Buckelwalen und bis zu 18 m langen und zehn Tonnen schweren Walhaien im fahlen, grünlichen Dämmerlicht durchaus unheimlich. Experten schätzen die Biomasse in diesem Gebiet zehnmal höher als im benachbarten Roten Meer. Daher die irrsinnigen Fischmengen, aber auch die schwache Sicht.

Die **besten Tauchgebiete Dhofars** liegen rund um Mirbat und Hasik. Viele Plätze können vom Land aus betaucht werden; Wale und Delfine mitunter sogar von Land aus beobachtet werden. Eine hiesige Spezialität ist das **Wracktauchen**. Die lange Seefahrtsgeschichte Omans hat ihren Tribut gefordert. Unzählige Dhaus, Handels- und Kriegschiffe sind vor der Küste des Weihrauchlands im Laufe der Jahrhunderte gekentert. Mit der Zeit wurden diese

Schiffswracks von den Korallen eingenommen und zu wertvollen Schutzräumen für Fische. Beliebt sind Tauchgänge zum „Chinese Wreck" vor dem Marriott Resort und zum „Aquarium" 8 km östlich von Mirbat, einer Bucht voller farbiger Stein- und Weichkorallen, in denen sich Schnecken und Oktopusse neben Netzmuränen und Jungfischen tummeln. Weitere Spots heißen Eagle Bay, Flamingo Bay, Coral Garden und The Wall. Fast alle Tauchgänge können auch von Anfängern gemeistert werden, denn die Strömung ist in der Regel schwach, und viele Tauchziele liegen nur wenige Meter unter Wasser. In Dhofar ist die ideale Tauchsaison zwischen Februar und Mai. Während des Monsuns ist die See viel zu aufgewühlt und unruhig zum Tauchen. Der Monsun sorgt allerdings selbst unter Wasser für **außergewöhnliche Naturphänomene**: Weil hier kalte und warme Meeresströmungen aufeinanderprallen, kommt es zur Koexistenz von Kälte liebenden Seetangwäldern und Hartkorallen aus tropischwarmen Gefilden.

Noch sind die wenigen Taucher hier unter sich, teilen sich zwei Tauchschulen die fast jungfräulichen Tauchgründe: Sub Aqua Dive Center im Hilton Hotel (www.subaqua-divecenter.com) und Extra Divers im Marriott Hotel (www.divesalalah.com).

Oben: Halfterfisch. Rechts oben: Taxitransfer vom Hotel

Informationen von A bis Z

Airporttax

In Oman fällt keine Flughafensteuer an.

Feiertage

Weltliche Feiertage:

1. Januar: Neujahr

23. Juli: Renaissance Day

18. November: National Day und zugleich der Geburtstag des Sultans

Religiöse Feiertage:

Die muslimischen Feiertage verschieben sich jedes Jahr um elf Tage nach vorne, da sie nach dem islamischen Mondjahr berechnet werden, das kürzer ist als der gregorianische Kalender.

Geburtstag des Propheten (Maulid al Nabi): 03.01.15, 24.12.15, 12.12.16, 01.12.17

Himmelfahrt des Propheten (Lailat al Isra): 16.05.15, 05.05.16, 24.04.17

Dreitägiges Fest des Fastenbrechens (Eid al Fitr): 18.07.15, 07.07.16, 26.06.17

Islamisches Opferfest (Eid al Adha): 23.09.15, 12.09.16, 01.09.17

Islamisches Neujahrsfest (Ras as Sanah al Hijryah): 15.10.15, 03.10.16, 22.09.17

Künftige Ramadan-Termine: siehe S. 40

Geldwechsel

Siehe S. 214

Geschäftszeiten

Traditionell sind Donnerstagnachmittag und Freitag die islamischen Wochenendtage. Um mit der globalen Welt besser in Einklang zu stehen, stellen viele arabische Staaten ihr Wochenende auf Freitag und Samstag um. 2013 hat auch Oman diese Umstellung durchgeführt, als Arbeitswoche gilt seither Sonntag bis Donnerstag.

Behörden/Ämter:	So–Do 7.30–14.30 Uhr
Banken:	So–Do 8–13 Uhr
Wechselstuben:	So–Do 8–13 Uhr und 16–19 Uhr, vereinzelt auch länger
Läden:	wie Wechselstuben
Supermärkte:	ganztags 8–22 Uhr, teilweise noch länger

Maße & Gewichte

Heutzutage sind in Oman die metrischen Maße und Gewichte üblich. Ältere britische Landkarten und Bücher verwenden gelegentlich die englischen Maßeinheiten.

Umrechnungshilfen:

1 mile	=	1,609 km
1 foot	=	30,480 cm
1 square mile	=	2,590 km²
1 gallon (brit.)	=	4,546 l
1 acre	=	40,470 a

Die Formel zur Umrechnung von Fahrenheit in Grad Celsius lautet:

Fahrenheit minus 32, multipliziert mit 5, dividiert durch 9 ergibt den Wert in Grad Celsius.

F	32	41	50	59	68	77	86	95
C	0	5	10	15	20	25	30	35

Medien: Fernsehen und Zeitungen

Fast alle Hotels stellen in den Zimmern TV-Geräte zur Verfügung, die meisten empfangen verschiedene arabische und asiatische Sender. Nur in Touristenhotels empfängt man westliche Sender wie BBC, Euronews, CNN, ZDF und ARD. Oman Television strahlt jeden Abend Nachrichten auch in englischer Sprache aus. Ansonsten dominieren beim lokalen Programm Seifenopern aus dem indischen Bollywood und schwülstige Musikvideos, die meistens so überzeichnet sind, dass sie durchaus unterhaltsam sein können.

Postgebühren

Die Briefmarke für eine Postkarte nach Europa kostet 150 Baizas, für einen Brief 350 Baizas.

Ramadan

Siehe S. 226

Sicherheit

Oman ist ein sehr sicheres Reiseland; Bettelei, Raub und Einbrüche sind hier fast ein Fremdwort. Es ist völlig unproblematisch, abends noch einmal das Hotel zu verlassen oder tagsüber am Strand spazieren zu gehen. Dennoch gilt: Wertsachen gehören grundsätzlich in den Hotelsafe, Kreditkarten lässt man nicht aus den Augen, und man bleibt wachsam im Marktgedränge.

Landesweiter Notruf: Tel. 9999

Stromversorgung

In Oman ist 220/240 Volt Wechselstrom üblich, man benötigt einen britischen Dreipolstecker mit eckigen Polen (Steckertyp BS 1363).

Telefon

Vorwahl von Oman: 00968. Daran schließt sich die achtstellige Rufnummer an, deren erste zwei Ziffern die Landesregion anzeigen, z. B. 23 für Salalah und 24 für Maskat. Omans Festnetzanbieter heißt Omantel. Es gibt sehr viele öffentliche Kartentelefone in Salalah, die Telefonkarten kauft man in Supermärkten und an Tankstellen. Nachts sind die Tarife günstiger als tagsüber.

Mobilfunk: Die gängigen Mobilfunkanbieter im deutschsprachigen Raum haben Roamingverträge mit Oman abgeschlossen, sodass Handyempfang problemlos möglich ist. Günstiger ist es, in Oman eine SIM-Karte von einem der beiden Mobilfunkanbieter Oman Mobile oder Nawras und entsprechendes Gesprächsguthaben (Prepaid-Karte) zu kaufen.

Trinkgeld

Außer in den Luxushotels sind in den meisten Restaurants bereits 17 % Service Charge und Tourism Tax inkludiert (wenn nicht, erkennt man das an dem Symbol „++" hinter den Preisen). Aber auch dort freut sich das schlecht bezahlte Servicepersonal über ein kleines Trinkgeld, wenn man z. B. den Betrag aufrundet. In einfachen Lokalen und an Tankstellen ist kein Trinkgeld üblich, Dienstboten im Hotel und Taxifahrer erwarten es dagegen schon. Die Höhe des Trinkgelds sollte sich nach der erbrachten Leistung und den Landesverhältnissen richten, also der Situation angemessen bleiben.

Oben: Schild an der Beach Bar des Rotana Resorts

Zeitverschiebung

In Oman gilt MEZ + 3 Stunden (europäische Winterzeit plus drei Stunden, in der Sommerzeit plus zwei Stunden).

Zoll

Bei der Einreise bestehen folgende **Freigrenzen**: Erwachsene Personen dürfen 400 Zigaretten, 100 ml Parfüm und bis zu zehn DVDs zollfrei nach Oman einführen. Nichtmuslimische Reisende, die älter als 21 Jahre sind und auf dem Luftweg einreisen, dürfen außerdem noch zwei Flaschen (max. 2 l) oder 24 Dosen mit alkoholischen Getränken zollfrei einführen. Dies gilt allerdings nicht bei Einreise auf dem Land- und Seeweg (Kreuzfahrtreisende und Autoreisende aus den VAE). Gegenstände des persönlichen Bedarfs dürfen zollfrei eingeführt werden, dazu zählen Foto- und Filmausrüstung, Computer, Navigationsgerät, Mobiltelefon, außerdem Devisen und die omanische Währung.

Verboten ist die Einfuhr von Waffen und Munition, Pflanzensamen, Zeitschriften mit freizügigem Inhalt oder Titelbild, Pornographie und Drogen, worunter in Oman auch zahlreiche stärkere und halluzinogene Medikamente wie Antidepressiva und Psychopharmaka fallen. Da Drogenbesitz sehr streng geahndet wird, auf Drogenhandel sogar die Todesstrafe steht, sollten Reisende, die starke Schmerz- und Betäubungsmittel bzw. Psychopharmaka benötigen, unbedingt ein mehrsprachiges ärztliches Attest und die Originalverpackung des Arzneimittels mit sich führen. Außerdem ist die Einfuhr von frischen Lebensmitteln, vor allem Schweinefleischprodukten, untersagt. Bespielte Videokassetten werden wegen des Pornographieverbots manchmal zunächst eingezogen und auf ihren Inhalt geprüft.

Tipp: Bei der Ankunft am Flughafen von Maskat befindet sich ein Duty Free Shop mit großer Wein- und Spirituosenauswahl zwischen Immigrationsschalter und dem Gepäckband. Hier können Touristen problemlos Alkohol innerhalb der erlaubten Freigrenzen einkaufen.

Ausfuhr aus Oman: Es ist verboten, Fossilien, Korallen, archäologische Fundstücke oder historische Kulturgüter aus Oman auszuführen. Die EU-Reisefreigrenzen bei der Rückkehr aus Oman erlauben pro Person 200 Zigaretten, 2 l Wein, 1 l Spirituosen, 50 ml Parfüm und 500 g Kaffee zollfrei einzuführen. Die Freigrenzwerte liegen bei 430 Euro für Personen ab 15 Jahren und bei 175 Euro für Kinder bis 15 Jahren. Es besteht Einfuhrverbot für alle Fleischprodukte. Die EU praktiziert eine strenge Anwendung des Washingtoner Artenschutzabkommens. Die Einfuhr von geschützten Produkten und Trophäen wie Reptillederprodukte, Schildkrötenteile und Muscheln ist verboten.

Weitere Informationen zum Thema Artenschutz und Zoll erhalten Sie im Internet unter www.zoll.de und www.artenschutz-online.de.

Adressen und Informationsstellen

Mietwagenagenturen

Dollar Rent A Car: Hilton Resort, Tel. 23 212 778, www.dollaroman.com

Europcar: Hilton Resort, Tel. 23 212 460, www.europcar.de

Budget: Tel. 23 290 097 sowie im Crowne Plaza Hotel, Tel. 23 235 160, www.budget.de

AVIS: Salalah, Al-Nahda Street, Tel. 23 202 2583 sowie im Holiday Inn Tel: 23235581, www.avis.de

Thrifty Rent-a-Car: Tel. 99 323 619, www.thrifty.com

Speedy Oman: 23rd July Road, Tel. 95 176 500, www.speedyoman.com

Value Plus Rent A Car: Salalah, Tel. 23 210 125, www.valueoman.com

Zahara Tours: Maskat, www.zaharatours.com

Elite Travel & Tourism: Maskat, www.eliteoman.com

Hertz: www.hertz.de

SIXT: www.sixt.de

Al-Rawasi Car Rental: Tel. 23 298 770, E-Mail: alrawasw@omantel.net.om

Die meisten Verleiher sind außerdem am Flughafen von Salalah vertreten.

Guter deutscher Anbieter mit großem Vergleichsportal: www.billiger-mietwagen.de

Reiseveranstalter

Diamir Erlebnisreisen: www.diamir.de

DERTOUR: www.dertour.de

Explorer Fernreisen: www.explorer.de

Karawane Reisen: www.karawane.de

Geoplan: www.geoplan-reisen.de

Bedu Expeditionen: www.bedu.de

Tischler Reisen: www.tischler-reisen.de

Ikarus Tours: www.ikarus.com

Gebeco: www.gebeco.de

East Asia Tours: www.eastasiatours.de

Studiosus Reisen: www.studiosus.com

Meier's Weltreisen: www.meiers-weltreisen.de

Travel Individuell: www.oman-individuell.de

Sun Trips: www.suntrips.de

Marco Polo Reisen: www.marco-polo-reisen.com

Windrose: www.windrose.de

Abendsonne Afrika: www.abendsonneafrika.de

TUI: www.tui.com

FTI: www.fti.de

Klaus Demel: www.einfach-losfahren.de

Nomad GmbH: www.nomad-reisen.de

Profi Team Reisen: www.arabienspezialist.de

Emirates World Travel Cologne: www.ewtc.de

Rose Travel Co.: www.rosetravel.de

Arabica Orient-Reisen: www.arabica-orientreisen.ch

Bischofberger Reisen: www.bischofberger-reisen.ch

Arabia Felix: www.oman.de

Reiseagenturen in Salalah

Bahwan Travel Agencies: www.bahwantravels.com

Zahara Tours: www.zaharatours.com

Orient Tours: http://orient-tours-uae.com

Mezoon Travel: www.mezoontravel.com

Gulf Ventures: www.gulfventures.ae

Mark Tours: www.marktoursoman.com

National Travel & Tourism: nttoman@omantel.net.om

Al Fawaz Tours: www.alfawaztours.com

Silk Road Tours: http://tour-salalah.com

Airlines

Oman Air: www.omanair.com

Emirates: www.emirates.de

Etihad: www.etihadairways.com

Qatar Airways: www.qatarairways.com

Lufthansa: www.lufthansa.com

Turkish Airlines: www.turkishairlines.com

Swiss: www.swiss.com

KLM: www.klm.com

British Airways: www.britishairways.com

Gulf Air: www.gulfair.com

Rechts: Straßenlokal an der Fernstraße nahe Hasik

Fremdenverkehrsamt

c/o Interface International GmbH
Karl-Marx-Allee 91a
10243 Berlin, Deutschland
Tel. 0049-30-420 880 12
Fax 0049-30-422 562 86
E-Mail: info@omantourism.de
www.omantourism.de

Informative Webseiten

Ministerium für Tourismus:
www.omantourism.gov.om
www.omantourism.de

Visainformationen: www.rop.gov.om

Restauranttipps: www.omanicuisine.com

Forum für Selbstfahrer:
www.wuestenschiff.de

Archäologische Forschung in Südarabien:
www.arabian-archaeology.com

Vogel-Kontrolllisten weltweit:
http://avibase.bsc-eoc.org

Website mit etlichen Tipps für Salalah:
www.secretsalalahs.com

Website für Residents in Oman:
www.expatwoman.com/oman

Englischsprachige Tageszeitungen:
www.timesofoman.com und
http://main.omanobserver.om/

Deutsch-Omanische Gesellschaft:
www.deutschoman.de

Touristische Informationen:
www.destinationoman.com
www.omaninfo.om

Wie Sie Reisekataloge richtig lesen

Es ist fast wie beim Arbeitszeugnis: Auf den ersten Blick klingt alles nur positiv, aber die Wahrheit versteckt sich gerne zwischen den Zeilen. Manch freundliches Wort im Reiseprospekt kaschiert dabei mitunter Nachteile oder Einbußen. Ein paar Beispiele:

- „Ruhige Lage“: Hier gibt es kaum Geschäfte, Restaurants und evtl. auch keine öffentlichen Verkehrsmittel in der Umgebung
- „Verkehrsgünstige Lage“: Dies deutet auf Flughafennähe oder auf eine laute, viel befahrene Straße hin, an der das Hotel liegt
- „Lage direkt am Meer“: Bedeutet nicht unbedingt, dass das Hotel auch direkten Strandzugang hat
- „Aufstrebender Urlaubsort“: Hier ist möglicherweise mit vielen Baustellen und Bauarbeiten zu rechnen
- „Direktflug“: Unwissende verstehen darunter gerne einen Nonstop-Flug, dabei bedeutet ein Direktflug eine Umsteigeverbindung
- „Zimmer zur Meerseite“: Vorsicht: Keine Garantie für einen Meerblick!
- „Zweckmäßig eingerichtet“: Das Zimmer ist zumeist ohne Komfort und eher einfach ausgestattet
- „Landestypischer Stil“: Ebenfalls ein Hinweis auf einfache Ausstattung ohne Komfort

Literaturtipps & Quellennachweis

Reiseführer

Dekeersmaker, Maria: The DNA of Salalah, Dhofar. A Tourist Guide. Dhofar National Printing Press, Salalah, Oman, 2011 (e)

Oman Off-Road Explorer. Explorer Publishing, Dubai, VAE, 2010 (e)

Darke, Diane: Oman. Bradt Travel Guide, Bucks, GB, 2013 (e)

Heck, Gerhard: Reise-Handbuch Oman. DuMont Reiseverlag, Ostfildern, BRD, 2011 (d)

Franzisky, Peter und Kabasci, Kirstin: Oman. Reise Know-How Verl., Bielefeld, BRD, 2013 (d)

Wirtschaft & Gesellschaft

Janzen, Jörg: Die Nomaden Dhofars/Sultanat Oman. Traditionelle Lebensformen im Wandel. Bamberger Geographische Schriften, Universität Bamberg, BRD, 1980 (d)

Kabasci, Kirstin: KulturSchock Kleine Golfstaaten und Oman. Reise Know.How Verlag, Bielefeld, BRD, 2009 (d)

Historische Reiseberichte von Forschungsreisenden

Thesiger, Wilfred: Die Brunnen der Wüste. Mit den Beduinen durch das unbekannte Arabien. Piper Verlag, München, BRD, 2010 (d)

Thomas, Bertram: Arabia Felix. Across the Empty Quarter of Arabia. Lightning Source, UK Ltd., Reprint des Berichts von 1932 (e)

Stark, Freya: Die Südtore Arabiens. Eine wagemutige Europäerin auf den Spuren der Weihrauchstraße. Heyne Verlag, München, BRD, 1994 (d)

Expeditionsberichte: Die Suche nach Ubar

Clapp, Nicholas: Die Stadt der Düfte. Auf der Suche nach dem Atlantis der Wüste. Aufbau-Verlag, Berlin, BRD, 2001 (d)

Fiennes, Ranulph: Atlantis of the Sands. The Search for the Lost City of Ubar. Penguin Group, London, GB, 1993 (e)

Fotos rechts: Fischer in der Salalah Beach Marina; Jebalis im Marktcafé

Archäologie & Geschichtsforschung

Phillips, Wendell: Kataba + Saba. Entdeckung der verschollenen Königreiche an den biblischen Gewürzstraßen Arabiens. Büchergilde Gutenberg, Frankfurt/Main, BRD, 1958 (d)

Doe, Brian: Südarabien. Antike Reiche am Indischen Ozean. Gustav Lübbe Verlag, Bergisch Gladbach, BRD, 1975 (d)

Hanna, Samir S.: Geology of Oman. The Historical Association of Oman, Oman, 2006 (e)

Geschichte

Scheck, Frank Rainer: Die Weihrauchstraße. Von Arabien nach Rom – Auf den Spuren antiker Weltkulturen. Komet Verlag, Köln, BRD, 2007 (d)

Gardiner, Ian: In the Service of the Sultan. A first hand Account of the Dhofar Insurgency. Pen & Sword Books Ltd., South Yorkshire, GB, 2011 (e)

Moderne Romane

Kirkby, Bruce: Im Leeren Viertel. Auf dem Kamel durch die arabische Wüste. Piper Verlag, München, BRD, 2001 (d)

Roes, Michael: Rub Al-Khali. Leeres Viertel. Invention über das Spiel. Eichborn Verlag, Frankfurt, BRD, 1996 (d)

Ornithologie – Vogelbestimmung

Erisen, Hanne & Jens: Common Birds in Oman. Al Roya Press, Muscat, Oman, 2010 (e)

Eriksen, Hanne & Jens: Bird Watching Guide to Oman. Al Roya Press, Muscat, Oman, 2008 (e)

Landkarten

Omans Süden: Dhofar. Straßenkarte mit Ortsplänen. 1:600 000. Ilona Hupe Verlag, München, BRD, 2015 (d/e)

Oman. Karte, 1:850 000. Reise Know-How Verlag, Bielefeld, BRD, 2014 (d/e)

Salalah Map. Ministry of Tourism, Governorate of Dhofar, Oman (e)

Sultanat of Oman Maps. Ministry of Tourism, Governorate of Dhofar, Oman (e)

Abaya, Burka, Tschador – was trägt man in Oman?

Der bodenlange schwarze Überhang arabischer Frauen heißt **Abaya** und verdeckt den Kopf nicht, im Gegensatz zur afghanischen Burka und dem iranischen Tschador. Ein schwarzes Kopftuch, Hijab genannt, tragen sehr viele Araberinnen, manche verhüllen sich auch mit einem dünnen Gesichtsschleier, der Niqab heißt. Das knöchellange Gewand der Männer Arabiens heißt **Dishdasha** und unterschiedet sich von Land zu Land nur im Detail am Halskragen: Omanis tragen eine Quaste, die sie gerne parfümieren. In den Emiraten mag man es schmuck- und kragenlos, Kuwaitis bevorzugen gefaltete Krägen und in Saudi-Arabien sind Stehkragen üblich. Dort trägt man auch dreieckige weiße Kopftücher, Gutrah genannt, oder die in Europa unter dem Namen „Palästinensertuch" bekannten karierten Stofftücher, die von einer dicken schwarzen Kordel gehalten werden. Nicht so jedoch in Südoman. Hier mögen die Herren eine bunt bestickte Kappe namens Kumma oder für offizielle Anlässe ein schlichtes weißes Tuch, den Massar.

A

B

C

D

S

T

U

V

W

Y

Z

Bibliografische Information der Deutschen Bibliothek
Die Deutsche Bibliothek verzeichnet diese Publikation in der Deutschen Nationalbibliografie: Detaillierte bibliografische Daten sind im Internet abrufbar über http://dnb.ddb.de.

Liebe Leserinnen und Leser,

Danke, dass Sie unseren Reiseführer ausgewählt haben.
Wir freuen uns darauf, Ihre Meinung zu diesem Oman-Reiseführer zu erfahren.
Bitte schreiben Sie uns, wenn Ihnen Veränderungen und Korrekturen auffallen, gerne auch Tipps und Verbesserungsvorschläge, damit dieser Reiseführer auch künftig aktuell und leserfreundlich bleibt.

Alle Angaben und Daten in diesem Reiseführer wurden gewissenhaft recherchiert. Dennoch sind diese Angaben und Preise häufigen Veränderungen unterworfen, auch mögliche Auslassungen sind nicht völlig auszuschließen. Für eventuelle Fehler können der Verlag und die Autoren keinerlei Verpflichtung oder Haftung übernehmen.

Impressum

1. Auflage 2015

Volkartstraße 2, 80634 München, Deutschland
Tel. +49-89-16783783 Fax +49-89-1684474
E-Mail: info@hupeverlag.de
Internet: www.hupeverlag.de

Text: Ilona Hupe
Fotos: Manfred Vachal, Ilona Hupe
Layout & Design: Ilona Hupe
Druck: freiburger graphische betriebe GmbH & Co. KG
Bebelstraße 11, 79108 Freiburg, Deutschland

Printed in Germany
ISBN (13) 978-3-932084-64-5 / (10) 3-932084-64-0 [17,90 Euro]